KB160909

방어적 민주주의

방어적 민주주의

김 종 현

景仁文化社

서 문

이 책은 필자의 서울대학교 법과대학 헌법학 박사학위 논문인 "방어적 민주주의에 관한 연구"(2017)의 오탈자를 바로잡고 내용을 약간 수정·보완하여 출간하는 것입니다. 우리 사회에서는 통합진보당 해산결정을 전후하여 방어적 민주주의에 대한 관심이 크게 제고되었습니다. 그러나 민주주의를 여러 위험으로부터 수호하고 공고히 하기 위한 노력은 앞으로도 계속되어야 할 것입니다.

방어적 민주주의는 민주주의에 내재한 취약성을 지적하고, 민주주의를 그 적으로부터 방어할 수 있는 규범적 대안을 제시한 가장 영향력 있는 이론으로 꼽힙니다. 그러나 방어적 민주주의는 도리어 민주주의의 본질을 해치거나 정치적인 의도로 오·남용될 위험으로부터 자유롭지 못합니다. 이 책은 이러한 점을 상기하면서, 방어적 민주주의의 정확한 개념을 파악하고 오늘날 방어적 민주주의의 규범적인 원리를 제시하고자 하였습니다. 또한 방어적 민주주의의 적절한 적용 범주를 설정하고, 우리나라가 방어적 민주주의를 도입하였다고 볼 수 있는지 만약 그렇다면 그 규범적인 위상은 어떠한지를 검토하였습니다.

변호사로 일하다 학교로 돌아와 박사학위논문 작성에 전념하기로 한 것은 커다란 변화가 아닐 수 없었습니다. 그 동안 저를 지켜보고 응원해준 가족들과 기쁨을 함께 하겠습니다. 저에게 헌법학을 처음 가르쳐주시고 학위논문을 지도해주신 송석윤 교수님께 깊이 감사드립니다. 부족한 초안이 한 편의 박사학위논문으로 완성되기까지 조언하고 이끌어주신 음선필 교수님, 이효원 교수님, 전종익 교수님, 이우영 교수님께도 감사의 말씀을 드립니다.

학위논문 심사를 앞두고부터 헌법재판소 헌법재판연구원에서 책임연구관으로 일하게 되었습니다. 논문심사를 준비하는 동안 배려해주신 원장님, 부장님, 팀장님과 선배 연구관님들께 감사드립니다. 학위논문을 준비하기 훨씬 전부터 지금까지 학문적인 교류를 이어가고 있는 여러 학우들에게도 감사의 말을 전합니다.

2018년 7월

김 종 현

〈목 차〉

서 문

제1장
서 론

제1절 연구의 배경

오늘날 민주주의는 가장 보편적인 정치체제로 널리 인정받고 있으나,[1] 일각에서는 민주주의의 한계 내지 실패 가능성을 지적해 왔다. 이 가운데에는 어떤 외부적인 요인을 통해 민주주의의 실패를 설명하는 견해도 있다. (특히 신생 민주주의 국가에서) 민족·종교·언어 등에 기인한 문화적 충돌이 민주주의의 붕괴로 이어질 수 있다는 진단[2]이나, 가장 성공적인 민주주의 국가들조차 사회적·정치적 위험, 재정불안, 지구 온난화, 테러리즘의 문제에 직면해 있다는 평가[3]가 그 예이다. 그러나 이와 달리 민주주의 자체의 결함에 보다 주목하는 견해도 개진되며, 이러한 문제제기는 자못 그 뿌리가 깊다.[4] 어떤 사회가 보다 많은 민주주의를 구가할수록 더욱 불안정하고 예견

1) 민주주의가 오늘날 우리가 유일하게 이용할 수 있는 방식(the only game in town)이 되었다는 평가로 Juan J. Linz and Alfred C. Stepan, "Toward Consolidated Democracies", *Journal of Democracy*, Vol. 7, No. 2, 1996, p. 15. 민주주의에 대한 선호는 전 세계적으로 보편적인 현상이며, 지난 한 세대에 걸쳐 민주주의 국가가 배로 증가하였음을 지적한 연구로 Svetlana Tyulkina, *Militant Democracy: Undemocratic Political Parties and Beyond*, London: Routledge, 2015, p. 11.

2) 어떻게 하면 민주주의 국가들이 잠재적인 문화적 갈등을 평화롭고도 민주적인 방식으로 극복할 수 있을 것인지의 문제를 제기한 연구로 Alfred Stepan ed., *Democracies in Danger*, Baltimore: Johns Hopkins University Press, 2009, p. 3 이하.

3) David Runciman, *The Confidence Trap: A History of Democracy in Crisis from World War I to the Present*, Princeton: Princeton University Press, 2013, p. xiii.

4) 가령 Plato는 민주주의 국가를 배에 비유하면서, 무지한 다중(hoi polloi)이 통치하는 정체이자, 대중선동가(demagōgos)가 이들을 이용해 자신의 탐욕을 달성하려 하는 체제라고 비판하였다. 손병석, "플라톤과 민주주의", 『범한철학』, 제78집, 범한철학회, 2015, 42-44쪽.

불가능하게 된다는 지적[5]이나, 민주주의 사회는 현명한 지도자 및 방향성을 결여하고 있어 아무도 깨닫지 못하는 사이에 잘못된 방향으로 인도될 수 있다는 비판[6] 등이 그것이다. 1933년 독일에서 미국으로 망명한 헌법학자 Karl Loewenstein이 주창한 방어적 민주주의는, 현대적 의미에서의 민주주의에 내재한 취약성을 지적하고 나아가 민주주의를 그 적으로부터 방어할 수 있는 규범적 대안[7]을 제시한 가장 영향력 있는 이론으로 꼽힌다.[8]

오늘날에는 이른바 '바이마르의 교훈'이 우세하다는 평가도 있다. 실제로 바이마르 공화국이 민주주의의 적들에 대하여 무방비였기 때문에 몰락하였는지에 관하여는 견해가 대립하나, 민주주의가 생존하기 위해 일정한 자기방어의 기제가 필요하다는 점에 대하여 민주주의의 공고화 여부나 경제수준, 민주주의가 실패한 경험의 존부를 막론하고 일정한 규범적 합의가 존재한다는 의미이다.[9] 일련의 국제

5) Mark Chou, "When Democracies Fail", *Political Studies Review*, Vol. 9, No. 3, 2011, p. 354.

6) Chou는 Plato로부터 단초를 얻어 민주주의의 이 같은 내재적 문제에 관하여 유의미한 언급을 한 동시대 최초의 사상가로 호주의 정치학자 John Keane을 언급하고 있다. Mark Chou, *Democracy Against Itself: Sustaining an Unsustainable Idea*, Edinburgh: Edinburgh University Press, 2014, pp. 10-11.

7) 민주주의를 그 적으로부터 수호하기 위한 제도적 안배 역시 오랜 역사를 가진다. 가령 고대 그리스의 도편추방제는 반민주적인 정치 엘리트로부터 민주주의 체제를 방어하기 위한 제도로 활용되었다. Alexander S. Kirshner, "A Theory of Militant Democracy", Ph.D. Dissertation, Yale University, 2011, p. 26.

8) 당시 민주주의가 그 적들에 맞서 스스로를 방어해야 한다는 인식이 Loewenstein만의 것은 아니었다. 가령 Tyulkina는 1930년대 Karl Popper 역시 민주주의를 방어하기 위해 관용(tolerance)을 제한할 필요를 역설했음을 언급한다. Svetlana Tyulkina, "Militant Democracy", J.S.D. Dissertation, Central European University, 2011, pp. 10-11.

9) Alexander S. Kirshner, *A Theory of Militant Democracy: the Ethics of Combatting Political Extremism*, New Haven: Yale University Press, 2014, pp. 2-3. 오늘날 세계가, 과거 파시스트 세력이 독일, 이탈리아 등지에서 집권했던 역사로부터

공법이나 여러 국제법원의 판례가 방어적 민주주의의 정당화 논거로 기능하고 있을 뿐 아니라, 각국에 방어적 민주주의에 입각한 조치들을 취할 적극적인 의무를 부과한다는 견해도 있다.[10] 최근에는 테러리즘, 신생 민주주의 국가들의 불안정한 정국, 소수민족의 분리주의 독립운동, 종교적 근본주의, 혐오표현(hate speech) 등 여러 현상들과 관련하여 방어적 민주주의에 관한 논의가 활발해지는 양상이다.[11] 국내에서도 통합진보당 해산결정[12]을 전후하여 방어적 민주주의에 대한 학계 및 사회 전반의 관심이 크게 제고되었다.

그러나 방어적 민주주의에 관한 국내외적 관심이 환기되었음에도 불구하고, 방어적 민주주의의 개념, 범주 및 도입 여부에 대하여는 일관된 인식을 찾아보기 어렵다. 예컨대 '방어적 민주주의'와 '전투적(투쟁적) 민주주의'가 동일한 의미인지의 여부,[13] Loewenstein이

교훈을 얻은 것으로 보인다는 유사한 입장으로 Samuel Issacharoff, "Fragile Democracies", *Harvard Law Review*, Vol. 120, No. 6, 2007, p. 1410.

10) Svetlana Tyulkina, 앞의 글(2011), pp. 350-351.

11) 방어적 민주주의에 관한 논의의 구체적인 전개양상은 제2장에서 다룬다.

12) 헌재 2014. 12. 19. 2013헌다1, 판례집 26-2하, 1.

13) 독일어의 방어적 민주주의(streitbare Demokratie)를 전투적(투쟁적) 민주주의로 번역하는 것은 부적절하다는 주장이 있다. 방어적 민주주의는 민주주의의 적들이 민주주의를 공격할 때 민주주의가 이에 대응하여 싸울 수 있다는 의미이지, 민주주의가 먼저 공격적인 태도를 취한다는 의미가 아니라는 이유에서다. 장영수, "정당해산 요건에 대한 독일 연방헌법재판소의 판단기준에 관한 연구", 『헌법학연구』, 제20권 제4호, 한국헌법학회, 2014a, 303쪽. 그러나 다수의 문헌은 방어적 민주주의와 전투적(투쟁적) 민주주의를 같은 의미로 이해하거나 양자를 구별 없이 사용한다. 이성환 외, 『정당해산심판제도에 관한 연구』, 헌법재판소, 2004, 146쪽; 추홍희, 『국회의원을 심판하다! 정당국가의 문제점 해부』, 세계법제연구원, 2015a, 23쪽; 성낙인, 『헌법학』, 법문사, 2017, 150쪽 등. 살피건대 방어적 민주주의와 전투적(투쟁적) 민주주의 모두는, 민주주의가 적들에 '맞서'(전투적) 스스로를 '방어해야'(방어적) 한다는 같은 생각을 담고 있다. 다만 헌법재판소는 일관되게 '방어적 민주주의'라는 표현을 사용하여 왔는바, 특별한 사정이 없는 한

고안한 'militant democracy'와 독일 연방헌법재판소가 독일공산당(Kommunistische partei Deutschlands: KPD) 해산결정[14] 당시 설시한 'streitbare Demokratie'가 같은 개념이라 볼 수 있는지의 여부에 대해서도 견해가 대립한다.[15] 방어적 민주주의의 개념 및 용례에 관한 이 같은 인식의 차이는 방어적 민주주의의 적절한 적용범위, 방어적 민주주의가 세계적으로 보편적인 현상인지의 여부, 우리 헌정질서가 방어적 민주주의를 채택하였다고 볼 수 있는지 여부에 대한 이견(異見)으로 이어진다. 방어적 민주주의 이론의 기원과 특징을 면밀히 검토하여 그 정확한 개념을 설정해야 하는 이유가 여기에 있다. 한편 민주주의의 근본원리를 제한함으로써 민주주의를 방어한다는 내용을 담고 있는 방어적 민주주의는 그 자체로 역설적인 성격의 것으로 상당한 위험성을 가지는바,[16] 그 논의의 역사적 전개를 검토하고 오늘날의 적절한 적용 범주를 획정할 것이 요청된다.

이 책에서도 방어적 민주주의라 표기하기로 한다.

14) BVerfGE 5, 85.

15) 일각에서는 Loewenstein이 주창한 militant democracy가 제2차 세계대전 종전 이후 서독의 방어적 민주주의(wehrhafte Demokratie) 내지 투쟁적 민주주의(streitbare Demokratie)로 이어졌다고 본다. Werner Sollors, *The Temptation of Despair: Tales of the 1940s*, Cambridge: Harvard University Press, 2014, p. 170. 그러나 Loewenstein의 방어적 민주주의 이론이 전후 독일의 방어적 민주주의론과 전적으로 동일하다거나 직접적으로 연결되어 있다고 보기에는 다소 어려움이 있다. 전후 독일의 방어적 민주주의론과 정당해산제도는 헌법보호와 정당보호 사이에서 보다 균형 잡힌 형태로 진행되었다. 송석윤, "정당해산심판의 실체적 요건－정당해산심판제도의 좌표와 관련하여－", 『서울대학교 법학』, 제51권 제1호, 서울대학교 법학연구소, 2010a, 41쪽.

16) Martin Morlok, "Das Parteiverbot", *Juristische Ausbildung*, Bd. 35, Hft. 4, 2013, S. 317f. 정당해산과 같은 방어적 민주주의의 수단은 민주주의에 있어 거의 극약처방이나 다름없는 것이라는 평가로 김종철, "민주공화국과 정당해산제도－통합진보당 해산심판청구를 소재로－", 『공법학연구』, 제15권 제1호, 한국비교공법학회, 2014, 38쪽; 윤정인·김선택, "유럽인권재판소의 정당해산 심판기준", 『공법학연구』, 제15권 제3호, 한국비교공법학회, 2014a, 71쪽.

제2절 연구의 목적과 구성

이 책은 방어적 민주주의 이론의 정확한 개념과 특징을 파악하고 그 전개양상을 살펴보는 한편, 오늘날 방어적 민주주의의 규범적 원리를 제시하고 적절한 적용 범주를 설정하며, 우리의 헌정사 및 헌정질서라는 맥락에서 방어적 민주주의를 검토하는 것을 주된 목적으로 한다. 이 책은 크게 방어적 민주주의 관련 논의의 역사적 전개(제2장), 방어적 민주주의에 관한 이론적 검토(제3장), 한국에서의 방어적 민주주의(제4장)로 구성된다.

제2장에서는 방어적 민주주의에 관한 논의의 전개양상을 살핀다. 먼저 1930년대 방어적 민주주의 이론이 등장하게 된 역사적인 배경을 개괄하고, 그것이 어떠한 내용을 담고 있었는지 검토한다(제1절). 다음으로는 방어적 민주주의에 관한 논의가 어떻게 전개되어 왔는지를, 중요한 사례들을 중심으로 하여 시기 순으로 돌아본다(제2절 내지 제5절). 이를 통해 방어적 민주주의 관련 논의 및 제도화가 언제 어떠한 여건 속에서 활발히 이루어져왔는지, 민주주의의 공고화 정도와 방어적 민주주의의 관련성은 어떠한지를 다룬다. 또한 방어적 민주주의를 보편적인 원리라고 할 수 있는지 논구하고, 오늘날 방어적 민주주의론의 현주소를 짚어본다.

제3장에서는 우선 고전적인 방어적 민주주의 이론을 그 시의성과 규범적 정당성을 중심으로 평가한다(제2절). 그 동안 학계에서는 바이마르 공화국의 붕괴가 가치상대주의에 기인한 것이 아니었으며, 방어적 민주주의가 민주주의의 본질을 약화할 우려가 적지 않은데다, 그 효율성에 있어서도 여러 난관이 따른다는 이유에서, 당시 이 같은 별도의 이론구성이 필요했는지에 대한 의문이 제기되어왔다. 반면 민주주의가 민주적 근본주의로 이해될 우려가 있다는 점, 방어

적 민주주의는 민주주의의 가치구속성을 환기·강화하는 순기능을 가진다는 점, 동 이론이 위기상황에서의 단기적 전략이었음을 감안할 필요가 있다는 점 등을 근거로 방어적 민주주의의 시대적 필요성을 인정하는 견해도 적지 않다. 고전적인 방어적 민주주의 이론을 평가한 다음에는, 비판론을 극복할 수 있는 대안으로서 오늘날 방어적 민주주의의 규범적 원리를 제시한다(제3절). 또한 최근 방어적 민주주의가 새로운 현상에 확대되는 양상을 평가하고, 방어적 민주주의의 적절한 적용 범주를 설정한다(제4절). 구체적으로는 테러리즘, 국가정체성에 대한 도전, 혐오표현, 위협적인 정당의 결성 및 활동이 각각 방어적 민주주의의 적용대상에 포함될 수 있는지를 살핀다. 이 과정에서는 Loewenstein의 방어적 민주주의 이론이 '민주주의'를 위협하는 대단히 '특유한 적'에 대한 처방이었다는 점이 중요하게 고려된다.[1)]

제4장은 우리 헌정사 및 헌정질서의 맥락에서 방어적 민주주의를 검토한다. 어떠한 법 조항이나 학설, 판례, 제도 모두는 그 나라의 역사와 전통, 사회와 정치의 산물이며, 그 사회 전체의 문맥을 고려해야만 이를 온전히 이해할 수 있다.[2)] 따라서 예컨대 우리나라가 방어적 민주주의를 수용하였고 그것이 우리의 헌정질서 속에서 기능할

1) 방어적 민주주의와 테러리즘의 관련성에 관한 논의(제3장 제4절 Ⅱ.)는 필자의 종전 연구를 보완한 것이다. 김종현, "방어적 민주주의에 대한 헌법학적 연구－반(反)테러리즘과의 관련성을 중심으로－", 『헌법학연구』, 제22권 제2호, 한국헌법학회, 2016a, 147-179쪽. 또한 위협적인 정당의 결성 및 활동과 관련하여, 정당금지의 패러다임 변화에 대한 Gur Bligh의 견해를 소개하고 그 의의 및 한계를 검토하는바(제3장 제4절 Ⅴ.), 이는 김종현, "방어적 민주주의에 대한 헌법학적 연구－정당금지의 패러다임 변화에 대한 논의를 중심으로－", 『저스티스』, 통권 제155호, 한국법학원, 2016b, 98-123쪽을 수정하여 간추린 것이다.

2) 최대권, "헌법학방법론의 문제－그 합리성 모색을 위한 담론－", 『서울대학교 법학』, 제43권 제1호, 서울대학교 법학연구소, 2002, 46쪽.

수 있었는지 여부를 판단하기 위해서는, 우리의 헌정사 및 정치사회적 배경에 대한 이해가 전제되어야 한다. 우리나라가 독일과 같이 정당해산심판제도를 두고 있다고 하여, 우리가 독일처럼 방어적 민주주의를 헌법상의 원리로 채택하였다는 결론이 당연히 도출된다고 말할 수는 없는 것이다. 제4장 제2절에서는 이러한 문제의식에 입각하여, 방어적 민주주의의 도입 내지 자생을 인정할 수 있는 전제요건이 구비되었는가를 중심으로 우리의 헌정사를 순차적으로 돌아본다. 다음으로는 방어적 민주주의의 성격을 가진다고 볼 수 있는지에 관하여 견해가 대립하는 국가보안법과 국민보호와 공공안전을 위한 테러방지법[3)]을 각각 검토하고(제3절), 방어적 민주주의의 관점에서 통합진보당 해산결정을 평석한다(제4절).

---

3) 이하 '테러방지법'이라 한다.

제3절 연구의 방법

이 책은 다음과 같은 이유에서, 규범적·실증적·헌정사적인 연구의 방법을 취한다.

첫째, 이 책은 방어적 민주주의가 가지는 규범적인 측면을 고려하는 연구를 수행한다. Loewenstein이 방어적 민주주의를 주창한 것은, 민주주의를 그 적으로부터 수호하기 위해 가능한 모든 노력을 경주하여야 한다는 규범적 판단의 결과였다. 게다가 방어적 민주주의는 정치적으로 악용될 가능성으로부터 자유롭지 못하며,[1] 민주주의의 방어성을 남용하는 것이 방어성을 인정하지 않는 경우보다 더 큰 위험을 초래할 우려도 있다.[2] 또한 민주주의에 대한 위협을 인식하고 그에 따라 개인이나 정당 등 정치적 결사에 법적인 제한을 가하는 것은 실로 정치적인 판단이며, 이러한 판단은 (각국의 제도에 따라) 법관이나 입법자 내지 관료에 의하여 이루어진다.[3] Loewenstein의 방어적 민주주의가 시대적 정당성을 가졌는지 여부를 검토하고 (제3장 제2절) 오늘날 방어적 민주주의의 규범적인 원리를 제시하는 것이나(제3장 제3절), 방어적 민주주의의 기원 및 특징을 고려하며 적절한 적용 범주를 설정하는 것(제3장 제4절) 모두는 규범적 연구라 할 수 있다.

둘째, 이 책은 개별국가 및 국제적 차원에서의 방어적 민주주의 관련 제도와 실무를 망라하는 실증적인 연구를 수행한다. 전술한 것

---

1) Svetlana Tyulkina, 앞의 글(2011), p. 352.

2) 장영수, "방어적 민주주의", 고려대학교 대학원 법학과 법학석사학위논문, 1983, 82쪽.

3) Nancy L. Rosenblum, "Banning Parties: Religious and Ethnic Partisanship in Multicultural Democracies", *Law and Ethics of Human Rights*, Vol. 1, No. 1, 2007, pp. 24-25.

처럼 Loewenstein의 방어적 민주주의론은 위기에 처한 민주주의를 구해야 한다는 규범적인 판단에 따른 것이었으나, 또한 당시 유럽의 여러 민주주의 국가들이 처한 정치현실 및 이들의 제도에 대한 치밀한 고증에 근거하고 있었다. 그리고 방어적 민주주의 논의의 전개양상과 현주소, 방어적 민주주의를 보편적인 원리라고 할 수 있는지 여부, 민주주의의 공고화와 방어적 민주주의의 관련성(제2장)을 이해하기 위해서는, 다양한 사례의 검토 및 비교연구가 전제되어야 한다. 다만 비교연구와 사례연구가 가지는 한계에 대하여는 미리 언급해두고자 한다. 초국가적 제도나 각국의 규정을 종합적으로 연구할 필요성에 따라 근래 헌법학에서 비교법적 연구에 대한 관심이 증가한 것은 사실이나, 이 같은 비교연구는 연구자의 인식에 의하여 편향될 위험을 안고 있다. 또한 방어적 민주주의에 대한 포괄적인 연구를 수행한다 하더라도 관련 사례 모두를 망라하기는 현실적으로 어려우며, 연구대상의 선정은 임의성으로부터 자유롭지 못하다.[4] 다만 이 책은 방어적 민주주의의 중요한 전제조건인 민주주의를 구비한 것으로 평가되는 국가들을 주된 연구의 대상으로 하였으며,[5] 선행연구를 통해 역사적·학문적 중요성이 인정된 사례들을 중심으로 하여 연구자의 자의를 배제하고자 하였음을 밝힌다.

셋째, 이 책은 헌정사적인 연구방법을 취한다. 각국에서 방어적 민주주의의 이론과 실무가 전개된 양상(제2장)을 파악하기 위해서는, 그 나라의 헌정사 및 정치사에 관한 충실한 이해가 필연적으로 요청된다. 그리고 방어적 민주주의가 우리의 헌정질서에 수용되어 기능

4) 비교연구 및 사례연구의 위험성과 한계에 대하여는 Markus Thiel, "Introduction", in Markus Thiel ed., *The Militant Democracy's Principle in Modern Democracies*, Farnham: Ashgate Publishing Ltd., 2009c, pp. 5-6.

5) 방어적 민주주의가 그 정치공동체의 민주성을 전제하는 이유에 관하여는 후술한다.

할 수 있었는지의 여부(제4장 제2절)는, 우리의 헌정사 및 정치사회적 배경에 대한 이해가 전제되어야 답할 수 있는 문제이다.

제4절 선행연구의 개괄

이하에서는 방어적 민주주의에 관한 국내 및 국외에서의 주요 선행연구를 개괄한다. 국내의 선행연구는 시기 순으로 검토하여 그 흐름을 정리하고, 국외의 경우 비교적 근래의 연구를 주제별로 살펴봄으로써 학계의 동향을 조망해 보고자 한다.

Ⅰ. 국내 연구

1. 초기 연구

국내에 방어적 민주주의가 본격적으로 소개되어 연구가 이루어진 것은 1980년대 이후라 할 수 있다.[1] 이 시기 대표적인 연구로는 방어적 민주주의의 이론적 기초와 기원을 개괄하고, 독일 연방헌법재판소의 판례 및 학설을 통해 방어적 민주주의의 전개양상을 추적하는 한편, 당시 우리 헌법을 해석함에 있어 방어적 민주주의론의 적용을 시도한 것이 있다.[2]

이 연구는 독일에서 1950년대 정당해산결정을 통해 조심스럽게 발전되어온 방어적 민주주의가 1970년대 이래 국민의 기본권 제한을 인정하는 근거로 광범위하게 적용되었음을 지적하고, 방어적 민주주의 이론이 이데올로기에 감염되기 쉽다고 경계한 Peter Häberle 및 방어적 민주주의를 보다 폭넓은 개념으로 이해할 것을 주문한 Eckart

---

1) 차진아, “독일의 정당해산심판의 요건과 판단기준에 대한 연구”, 『고려법학』, 제72호, 고려대학교 법학연구원, 2014, 102쪽. 1980년대 이전의 연구로 박규하, “자유민주적 기본질서와 투쟁적 민주주의의 원리”, 『고시연구』, 제45권, 고시연구사, 1977, 124-133쪽.

2) 장영수, 앞의 글(1983), 11쪽 이하.

Bulla의 견해를 각각 소개하였다. 또한 동 연구는 (당시) 현행헌법상 민주주의의 방어적 성격으로부터 방어적 민주주의 이론의 적용이 간단하게 긍정될 수는 없으며, 우리나라의 경우 독일 연방헌법재판소와 같은 기관이 존재하지 않는 등 방어적 민주주의가 이론으로 성립되고 유용하게 적용되기 위한 전제조건이 갖추어져 있지 못하다고 보았다.

2. 1990년대의 주요 연구

민주화 이후 얼마간의 시간이 경과한 1990년대에는, 유신헌법과 국가보안법에 대한 비판적 접근이라는 맥락에서 방어적 민주주의에 관한 연구가 이루어졌다.

김민배(1990)는 서독기본법[3]이 전투적 민주주의[4] 원리를 최초로 성문화하였으며, 그 특징은 예방적 수단의 완비 및 인민주권원리의 제거라고 하였다.[5] 이 연구는 유신헌법이 평화통일과 자유평화수호라는 허위와 기만의 기치 아래 '자유민주적 기본질서'라는 문언(文言)을 통해 전투적 민주주의를 도용하였으나, 이는 독일기본법에서의 자유롭고 민주적인 기본질서(freiheitliche demokratische Grundordnung)[6]를 생각한 것이 아니었다고 본다. 또한 이 시기에 긴급조치·형법개정·

3) 이하에서는 시기를 구별하지 않고 '독일기본법' 또는 '기본법'이라 한다.
4) 동 연구는 일관되게 전투적 민주주의라는 용어를 사용하고 있다.
5) 이러한 인식은 후행연구에서도 마찬가지로 확인된다. 김민배, 『전투적 민주주의와 국가보안법』, 인하대학교출판부, 2004, 37쪽.
6) 자유민주적 기본질서로 번역하는 것이 학계의 관행이나 '자유주의적 민주주의(liberal democracy)'를 가리키는 말로 오해될 수 있어 주의가 요구된다는 지적으로 이황희, "'민주적 기본질서 위배'의 의미－헌법재판소의 해석(2013헌다1)에 관한 분석－", 『법조』, 제65권 제5호, 법조협회, 2016, 13-14쪽. 이하 이 책은 '자유민주적 기본질서'라는 번역을 따랐다.

국가보안법 등을 통해 자유민주주의가 폭력적이고 억압적인 방식으로 왜곡·관철되었다는 것이 동 연구의 관찰이다.[7)]

국순옥(1994) 역시 자유로운 민주주의적 기본질서[8)]의 실체가 전투적 민주주의[9)]라는 입장이다. 이 연구에 따르면 전투적 민주주의는 반공주의를 그 원동력으로 하며, 억압 및 배제를 그 기본적인 속성으로 한다는 점에서 고전적인 파시즘과 역사적 본질을 같이 한다. 또한 동 연구는 국가보안법을 전투적 민주주의의 측면에서 고찰하면서, 동법이 인간의 사고를 원천봉쇄하기 위한 사상탄압법이며 이단으로 규정된 사상에 대하여 국가폭력을 휘두르는 체제유지법이라고 보았다.[10)] 이 같은 일련의 연구에 대하여, 방어적 민주주의는 좌파를 억압하는 논리가 아니며 만일 방어적 민주주의의 이름으로 인권의 침해가 발생하였다면 그것은 방어적 민주주의를 잘못 적용한 결과로 보아야 한다는 비판이 있다.[11)]

그 밖에도 이 시기에는 자유민주적 기본질서 및 정당해산제도에 관한 논의가 이루어졌다. 홍성방(1993)은 우리 헌법상의 민주적 기본질서와 자유민주적 기본질서는 같은 의미로 해석해야 하고, 독일 연방헌법재판소가 자유민주적 기본질서의 구체적 요소로 열거한 내용은 우리 헌법상의 자유민주적 기본질서의 내용으로 원용할 수 있다는 입장을 밝혔다.[12)] 박병섭(1995)은 사회주의제국당(Sozialistische Reichspartei:

---

7) 김민배, "지배이데올로기로서의 '전투적 민주주의'의 논리와 그 비판", 『민주법학』, 제4호, 민주주의법학연구회, 1990, 8-10, 25-26, 39-41쪽.

8) 이 연구는 freiheitliche demokratische Grundordnung을 '자유로운 민주주의적 기본질서'라고 번역하였다.

9) 김민배(1990)와 마찬가지로 전투적 민주주의라는 용어를 일관되게 사용하고 있다.

10) 국순옥, "자유민주적 기본질서란 무엇인가", 『민주법학』, 제8호, 민주주의법학연구회, 1994, 125-126, 152-162쪽.

11) 차진아, 앞의 글(2014), 102-105쪽.

12) 홍성방, "자유민주적 기본질서", 『한림법학 FORUM』, 제2권, 한림대학교 법

SRP) 해산결정[13] 당시 자유민주적 기본질서에 대한 독일 연방헌법재판소의 설시는, 왜 특정한 헌법 원리는 자유민주적 기본질서에 포함되고 다른 헌법 원리는 포함되지 않는가에 관한 기준을 제시하지 못한다고 하였다. 또한 이 연구는 독재정권이 정치적 반대자를 합법적으로 제거하는데 정당해산제도가 사용되고 있음을 지적하고, 위헌정당에 대한 대응은 우선 민주적 의사결정과정 속에서 강구되어야 한다고 보았다.[14]

3. 2000년대 이후의 주요 연구

2000년대 이후에는 방어적 민주주의에 대한 연구가 보다 활발해졌다. 이는 각국의 정당해산결정이 유럽인권협약(European Convention of Human Rights: ECHR)[15]에 위배되는지에 관한 유럽인권재판소(European Court of Human Rights: ECtHR)[16]의 판례가 집적되고, 베니스위원회[17]에서 '정당의 금지와 해산 및 유사 조치에 관한 지침'[18]을 공표하였으며, 독일에서 위헌정당의 해산여부가 다시금 문제되었기 때문으로

학연구소, 1993, 14-40쪽.

13) BVerfGE 2, 1.

14) 박병섭, "정당해산제도에 대한 헌법적 고찰: 독일기본법을 중심으로", 『민주법학』, 제9호, 민주주의법학연구회, 1995, 224-227, 234-236쪽.

15) 정식 명칭은 '인권과 기본적 자유의 보호에 관한 유럽협약(European Convention for the Protection of Human Rights and Fundamental Freedoms)'이다.

16) 유럽인권재판소의 발전과정에 관하여 자세히는 김성진, "유럽인권재판소를 통해 살펴본 지역인권보장체계", 『헌법학연구』, 제21권 제1호, 한국헌법학회, 2015, 19-39쪽.

17) 유럽평의회(Council of Europe) 산하의, 법을 통한 민주주의 유럽위원회(European Commission of Democracy through Law)를 말한다.

18) European Commission for Democracy through Law(Venice Commission), "Guidelines on Prohibition and Dissolution of Political Parties and Analogous Measures", CDL-INF(2000)001, 10 January 2000.

풀이된다.

외국의 정당해산제도와 사례를 개괄하고 정당해산의 실체적 요건·절차·효력·집행 등을 검토한 이성환 외(2004)는, 어떠한 민주주의도 민주주의를 파괴하려는 사람이나 집단에 대해 무한정으로 상대적일 수 없다는 점에서 방어적 민주주의를 헌법상의 독자적인 원리로 인정할 헌법상의 근거나 필요성은 존재하지 않는다는 입장을 밝혔다.[19)]

송석윤(2010a)은 Loewenstein의 방어적 민주주의론을 정리·평가하는 한편, 민주주의의 방어는 그 정치공동체가 민주주의를 획득한 헌정사적 경험과 무관할 수 없다고 하였다.[20)] 송석윤(2010b)은 민주적 기본질서를 위협하는 정도가 아니라면 헌법질서에 반대하는 정당의 존재가 반드시 부정적인 것만은 아니며, 성숙한 민주적 법치국가에서는 정당해산제도가 실질적으로 정당의 자유를 보호하는 기능을 하게 된다고 보았다.[21)]

윤정인·김선택(2014a)은 유럽인권재판소가 구축한 심판기준은 정당해산이 예외적인 조치로서 신중히 적용되어야 한다는 점을 말해준다며, 지금까지 수많은 정당해산 사건 가운데 해산이 정당화될 수 있다고 본 것이 2건에 불과함을 강조했다.[22)] 윤정인·김선택(2014b)은 유럽인권재판소가 터키 복지당(Refah Partisi: RP) 사건[23)]을 통해 민주주의를 수호하기 위해 종교적 극단주의에 기반을 둔 정당의 해산이

---

19) 이성환 외, 앞의 책(2004), 148쪽.

20) 송석윤, 앞의 글(2010a), 29-32, 61쪽.

21) 송석윤, "정당해산제도의 딜레마", 『세계헌법연구』, 제16권 제3호, 국제헌법학회 한국학회, 2010b, 84-86쪽.

22) 윤정인·김선택, 앞의 글(2014a), 71-72쪽.

23) Refah Partisi (The Welfare Party) and Others v. Turkey, ECtHR, Applications nos. 41340/98, 41342/98. 41343/98 and 41344/98, judgment of 13 February 2003 (Grand Chamber).

정당화될 수 있다는 중요한 기준을 만들어냈다고 평하고, 스페인 Batasuna사건[24]은 방어적 민주주의가 반테러 수단으로 적용된 사례라고 풀이했다.[25]

오향미(2011)는 독일기본법에서 민주주의의 방어가 '기본권의 제한' 및 '영구보장 조항'을 통해 구체화되었다고 하였다.[26] 정극원(2008)은 기본권의 실효, 위헌정당의 해산, 저항권 등 독일의 헌법수호제도를 개괄하였다.[27]

박용상(2012)에 따르면, 국가보안법은 우리 헌법이 전제하는 근본규범으로서의 자유민주주의 체제를 수호하는 법으로, 정부수립 이후 공산주의 기타 파괴적인 사상을 불법화하였다는 점에서 방어적 민주주의 개념을 도입한 것이라 할 수 있다.[28] 국가보안법은 제4장 제3절 Ⅰ.에서 자세히 다룬다.

4. 최근의 연구

근래에는 통합진보당 해산결정을 전후하여 방어적 민주주의에 관한 다수의 연구가 이루어졌다. 가령 이종수(2015)는 정당해산제도가 반드시 방어적 민주주의를 전제하지 않음에도, 우리 헌법상 방어적 민주주의의 채택·수용을 기정사실화하는 오해가 확산되어 있다

24) Herri Batasuna and Batasuna v. Spain, ECtHR, Applications nos. 25803/04 and 25817/04, judgment of 30 June 2009 (Fifth Section).

25) 윤정인·김선택, "유럽인권재판소의 정당해산심판 사례 분석", 『세계헌법연구』, 제20권 제2호, 세계헌법학회 한국학회, 2014b, 234, 241쪽.

26) 오향미, "독일 기본법의 "방어적 민주주의" 원리: 그 헌법이론적 논거의 배경", 『의정연구』, 제33권, 한국의회발전연구회, 2011, 125쪽.

27) 정극원, "독일의 헌법수호제도", 『세계헌법연구』, 제14권 제3호, 국제헌법학회 한국학회, 2008, 473-494쪽.

28) 박용상, "국가안보와 표현의 자유-국가보안법을 중심으로", 『저스티스』, 통권 제128호, 한국법학원, 2012, 89, 111쪽.

고 지적하였다.[29)]

이재희(2015a)는 전투적 민주주의[30)]의 발동 자체가 민주주의의 기본전제인 다원성과 가치상대주의에 반하는 것이기에 그 적용에 신중을 기해야 한다며, 민주주의 실현의 기본조건들에 대한 충분한 보장·비상시에 한한 한시적 적용·예외성·최후수단성을 정당화 요건으로 제시하였다.[31)]

통합진보당 해산 당시 헌법재판소의 의원직 상실결정에 주목한 정만희(2015)는, 방어적 민주주의에 따라 국민대표성을 희생하는 논리는 타당하나, 실정법적 근거가 없는데도 헌법재판소가 의원직을 상실케 하는 것은 월권이라 하였다.[32)] 장영수(2015b)는 방어적 민주주의가 다수결의 한계를 인정하는 것에서 출발한다는 점 등을 이유로 의원직 상실결정의 필요성 및 근거를 역설했다.[33)]

한상익·김진영(2015)은 통합진보당 해산결정이 매우 사전적이고 능동적인 방어적 민주주의를 보여주며, 이는 정당해산제도를 정당의 보호수단으로 간주해온 헌법재판소의 입장에 변화가 있음을 의미한다고 보았다.[34)] 김현철(2016) 또한 동 결정이 1950년대의 독일이나 성숙한 민주주의 국가라고 보기 어려운 터키의 사전적·능동적인 성격

---

29) 이종수, "우리 헌법상 '방어적 민주주의'의 수용 부인론", 『법과사회』, 제48권, 법과사회이론학회, 2015, 219, 240쪽.

30) 이 연구는 '전투적 민주주의'라는 용어를 일관적으로 사용하고 있다.

31) 이재희, "전투적 민주주의(Militant Democracy)로부터의 민주주의 수호", 『공법학연구』, 제15권 제2호, 한국비교공법학회, 2015a, 106-107, 112-113쪽.

32) 정만희, "국회의원의 정당기속과 자유위임", 『헌법재판연구』, 제2권 제1호, 헌법재판소 헌법재판연구원, 2015, 153-155쪽.

33) 장영수, "통합진보당 해산결정의 주요 쟁점－헌재 2014. 12. 19. 2013헌다1 결정에 대한 평석－", 『법조』, 제63권 제3호, 법조협회, 2015b, 170-180쪽.

34) 한상익·김진영, "통합진보당 해산에 대한 이론적 접근: 전투적 민주주의론을 중심으로", 『동북아연구』, 제30권 제2호, 조선대학교 동북아연구소, 2015, 63쪽.

의 방어적 민주주의를 따른 것이라는 입장이다.[35)]

그 밖에 통합진보당 해산결정을 소재로 한 방어적 민주주의에 관한 연구로는 동 결정을 정당민주주의를 수호하기 위한 공화주의적인 방어조치로 이해한 채진원(2015),[36)] 동 결정이 방어적 민주주의라는 포장 하에 반대파를 이단으로 규정한 것이라고 비판한 한상희(2015)[37)]와 김선수 외(2015)[38)]가 대표적이다. 우리나라와 같은 국가통제형 정치체제에서 방어적 민주주의는 체제수호의 장치라기보다 정치적 통제의 연장선에 위치할 위험성이 농후하다고 경고한 김종철(2015),[39)] 동 결정은 방어적 민주주의 개념의 남용이며 방어적 민주주의를 통해 지키려는 가치들을 오히려 조롱한 것이라고 비판한 장은주(2015)[40)]도 있다.

통합진보당 해산결정에 대한 평석과 함께, 통일 이후 방어적 민주주의의 필요성에 관한 논의가 이루어지고 있다는 점은 특기할 만하다.

장영수(2016)에 따르면 방어적 민주주의는 독일만의 특수한 제도

---

35) 김현철, “정당해산심판의 목적 및 해산사유-헌재 2014. 12. 19. 2013헌다1 결정에 대한 평석을 겸하여-”, 『헌법학연구』, 제22권 제2호, 한국헌법학회, 2016, 388쪽.

36) 채진원, “정당민주주의 수호를 위한 공화주의적 방어-독일과 한국의 위헌정당해산 비교논의”, 『한국정치학회보』, 제49집 제4호, 한국정치학회, 2015, 244쪽.

37) 한상희, “통합진보당 해산 결정, 이래서 문제다”, 『시민과 세계』, 제26호, 참여연대 참여사회연구소, 2015, 74쪽.

38) 김선수 외, 『통합진보당 해산결정, 무엇이 문제인가?』, 도서출판 말, 2015, 33쪽.

39) 김종철, “헌법재판소는 주권적 수임기관인가?-대한민국의 헌법적 정체성과 통합진보당 해산결정”, 『저스티스』, 통권 제151호, 한국법학원, 2015, 48쪽.

40) 장은주, “통합진보당 이후의 진보: ‘민주적 공화주의’의 시각”, 『사회와 철학』, 제30집, 사회와 철학 연구회, 2015, 57쪽.

가 아니며, 민주주의의 보편성으로 말미암아 어느 나라에서나 발생할 수 있는 문제를 해결하기 위한 제도로서 일반성을 갖는다. 이 연구는 통일헌법에서도 자유민주적 기본질서는 존중되어야 하며, 남북한의 대립이 종식된 뒤에도 헌법적대적인 세력이 탄생할 가능성이 존재하는 한 방어적 민주주의가 여전히 헌법수호의 기능을 담당하게 된다고 본다. 특히 정당해산심판은 통일 이후에도 방어적 민주주의를 대표할 수 있는 제도로서, 위헌정당의 출현에 대응하기 위해 필요할 것이라고 한다.[41)]

반면 도회근(2015)은 통일헌법의 이념적·정치적 기본원리가 자유민주주의일 수밖에 없다고 하면서도, 정당해산제도는 통일헌법의 내용으로서 수용하지 않는 것이 바람직하다고 주장한다. 단순히 특정 이념을 지향하는 정당에 대해서라면 사상의 자유를 존중할 필요가 있으며, 정당이 헌정질서의 전복을 기도하는 경우라면 형법이나 국가보안법을 통해 제재를 가하는 것이 자유민주주의 체제에 부합한다는 이유에서다.[42)]

Ⅱ. 국외 연구

1. 방어적 민주주의의 정당화 논거를 탐구한 연구

방어적 민주주의의 규범적 정당성에 천착한 일련의 연구가 있다. Paul Cliteur and Bastiaan Rijpkema(2012)에 따르면, Loewenstein은 권위주의의 성격 및 민주주의에 내재한 취약성을 상세히 분석하고 이를 극

41) 장영수, “통일 이후의 한국 사회와 방어적 민주주의”, 『통일과 법률』, 통권 제28호, 법무부, 2016, 7-9, 13-16, 22-23쪽.
42) 도회근, “통일헌법의 기본원리”, 『법조』, 제64권 제10호, 법조협회, 2015, 33-35쪽.

복할 수 있는 규범적 대안으로서 방어적 민주주의를 제시했으나, 그 이론적 정당화의 측면에서는 만족스럽지 못하다. 이 연구는 민주주의를 영속적인 자기교정(permanent self-correction)의 과정으로 이해한 George Van den Bergh에 주목한다. 민주주의를 이렇게 이해할 경우, 민주주의를 폐지하는 것은 민주주의의 자기교정이라는 본성에 반하는 불가역적인 결과를 초래하므로 용인할 수 없다는 결론에 이르게 된다. 동 연구는 민주주의의 취약점을 규명하고 파시즘이 민주주의의 약점을 활용하는 양상을 묘사한 Loewenstein과, 비록 방어적 민주주의라는 용어를 구사하지는 않았지만 그 이론적인 근거를 제시한 Van den Bergh가 방어적 민주주의의 두 아버지라고 말한다.[43]

Miodrag Jovanović(2016)는 민주주의와 게임의 유사성으로부터 방어적 민주주의의 규범적 정당성을 논증한다. 이 연구는, 게임의 특징은 경주에서 결승선을 통과하는 것과 같은 궁극적인 목적의 존재 및 그 목적을 달성할 수 있는 수단의 자발적 제한에 있으며, 사람들이 이러한 규칙을 받아들이는 이유는 단지 그 규칙을 수용해야만 할 수 있는 활동을 수행하기 위해서라는 Bernard Suits의 견해[44]에 주목한다. 민주주의도 게임과 마찬가지로 궁극적인 목적(집권)에 이르는 수단을 스스로 제한(선거)하는 특징을 가지는바, 민주주의의 적들은 게임의 규칙을 받아들이려 하지 않는 존재로 정당하게 배제될 수 있다는 것이 동 연구의 결론이다.[45]

---

43) Paul Cliteur and Bastiaan Rijpkema, "The Foundation of Militant Democracy", in Afshin Ellian and Gelijn Molier eds., *The State of Exception and Militant Democracy in a Time of Terror*, Dordrecht: Republic of Letters Publishing, 2012, pp. 230-246.

44) Bernard Suits, "What is a Game?", *Philosophy of Science*, Vol. 34, No. 2, 1967, pp. 149-156; Bernard Suits, *The Grasshopper: Games, Life and Utopia*, Toronto: University of Toronto Press, 1978, pp. 35-41.

45) Miodrag Jovanović, "How to Justify 'Militant Democracy': Meta-Ethics and the Game-Like Character of Democracy", *Philosophy and Social Criticism*, Vol. 42, No.

2. 오늘날 방어적 민주주의의 규범적 지침을 제시한 연구

자유주의적인 관점에서 방어적 민주주의의 규범적 지침을 제시한 연구로 Alexander S. Kirshner(2014)가 있다. 폴란드 자유노조(Solidarity) 운동을 이끈 Adam Michnik의 자기제한적인 혁명(self-limiting revolution)으로부터 영감을 얻은 이 연구는, 민주주의에 대한 위협이 초래하는 문제의 핵심은 정치과정에 참여할 수 있는 권리 및 이해관계에 있다고 본다. 이와 같은 인식 하에 Kirshner는 방어적 민주주의의 다음 세 가지 원리를 제시한다. 첫째, 모든 시민들은 민주주의 정치과정에 참여할 정당한 권리와 이해관계를 가진다(participatory principle). 둘째, 방어적 민주주의는 모든 시민들이 정치과정에서 의미 있는 역할을 수행하는 불완전한 다두정치(polyarchy)라는 제한된 목적을 추구해야 하며, 정당해산 등의 배제적인 조치는 반민주주의자들이 타인의 정치적 권리를 침해하는 경우에만 취해져야 한다(principle of limited intervention). 셋째, 정당한 것이라 하더라도 민주주의를 수호하기 위한 조치가 적잖은 비용과 위험성을 초래한다는 점을 인식하고 이를 벌충하려는 노력을 기울여야 한다(principle of democratic responsibility). 그는 이것을 자기제한적인 방어적 민주주의(self-limiting theory of militant democracy)라고 말한다.

자기제한적인 방어적 민주주의 이론에 의하면, 누군가가 반민주주의자라 할지라도 그가 정치과정에 참여할 수 있는 타인의 권리를 침해하지 않는 한 원칙적으로 개입이 정당화될 수 없다. 예컨대 민주주의를 혐오하는 농민도 자신이 경작한 농작물에 보다 많은 보조금이 지급되기를 바랄 수 있는바, 이러한 그의 이해관계는 존중되어야 하며 여기에서 아무런 반민주적 요소를 찾아볼 수 없다는 것이

8, 2016, pp. 745-762.

다. 또한 민주주의를 방어하기 위한 조치가 불가피하게 취해졌다고 하더라도, 이는 반민주주의자들이 가지는 정당한 이해관계를 제약하기 때문에 가능한 조속히 이들을 정치공동체에 재통합할 필요가 있다. 요컨대 방어적 민주주의는 반민주주의자들에 대한 항구적 배제일 수 없다는 것이다.[46)]

3. 정당금지의 패러다임 변화를 제시한 연구

오늘날 정당해산을 비롯한 정당금지(party ban)[47)]의 패러다임이 본질적으로 변화하였다는 주장이 있다. Gur Bligh(2013)에 따르면, 초창기의 정당금지는 파시즘과 같이 명백히 반민주적인 성향을 가진 정당이 민주주의의 제도 및 관용을 활용하여 민주주의 체제를 폐제하는 것을 방지하기 위해 비자유주의적인 성격의 예방적 조치를 취하는 것이었다. Bligh는 이것을 '바이마르 패러다임'이라 칭하는바, 그 논리는 방어적 민주주의와 다르지 않다. 그러나 오늘날에는 증오나 차별을 선동하는 정당, 테러리즘 등 폭력을 지지하는 정당, 세속주의

46) Alexander S. Kirshner, 앞의 책(2014), pp. 4-9, 26-60. 반민주주의자들도 정당한 정치적 권리를 가진다는 Kirshner의 입장을 지지한 연구로 Jan-Werner Müller, "Protecting Self-Government from the People? New Normative Perspectives on Militant Democracy", *Annual Review of Political Science*, Vol. 19, 2016, p. 258.

47) 정당금지(party ban, prohibition of political parties)는 정당해산을 포함하는 보다 넓은 개념이다. 이는 단지 강학상의 개념이 아니며, 베니스위원회도 정당해산(dissolution of political parties)과 함께 정당금지라는 용어를 사용한다. Bligh는 독일처럼 정당을 해산하고 그 재산을 몰수할 수 있는 유형, 이스라엘과 같이 정당이 해산되지는 않지만 특정 선거에 참여할 수 없게 되는 유형, 벨기에처럼 같이 국가보조금 지급이 거부되는 유형 등으로 나누어 정당금지를 설명한다. Gur Bligh, "Democracy Challenged: Limitations on Extremist Participation in the Electoral Arena", J.S.D. Dissertation, Columbia University, 2010, pp. 81-83. 정당금지는 제3장 제4절 Ⅴ.에서 보다 자세히 검토한다.

나 영토적 통합성 등 국가정체성에 도전하는 정당이 금지·해산되고 있으며, 이는 종전의 바이마르 패러다임으로 적절히 설명할 수 없다는 것이 Bligh의 판단이다.

Bligh는 오늘날 정당이 국가의 폭넓은 지원과 규제를 받는 준(準) 공공기관으로 변모하고 있으며, 이것이 정당의 정치적 입장을 보다 정당한 것으로 인식되게끔 한다고 본다. 그는 정당금지가 정당이라는 지위로부터 비롯하는 정당화 효과(legitimizing effects)를 박탈하기 위한 것이라는 '정당성 패러다임(legitimacy paradigm)'을 제안한다.[48] 동 연구의 보다 구체적인 내용과 의의 및 한계는 제3장 제4절 Ⅴ.에서 다룬다.

4. 상황에 따른 방어적 민주주의의 적용을 주장한 연구

Samuel Issacharoff(2007)는 정치공동체의 상황에 따른 방어적 민주주의의 차등적 적용을 제안한 연구로 이해된다. 이 글은 일부 민주주의 국가들이 민주주의를 파괴하려는 세력에 보다 취약함을 강조한다. 안정적인 민주주의 국가에서라면 반민주주의자들의 위험은 미미하며 이에 맞서 국가권력을 동원할 필요가 절실하지 않겠지만, 민주주의를 종식시키려는 거대한 세력이 존재하는 불안정한 사회에서는 사정이 다르다는 것이다. 또한 이 연구는 민주주의를 방어하는 문제와 관련하여, 두 차례의 세계대전과 숱한 국지전, 인종갈등 등에도 불구하고 안정적인 양당제를 구가해온 미국의 정치상황을 일반화하는 것을 경계한다.[49] 뒤에서 보는 것처럼, 방어적 민주주의가 과

48) Gur Bligh, "Defending Democracy: A New Understanding of the Party-Banning Phenomenon", *Vanderbilt Journal of Transnational Law,* Vol. 46, No. 5, 2013, pp. 1321-1379.

49) Samuel Issacharoff, 앞의 글(2007), pp. 1406-1421, 1466-1467.

도기의 불완전한 민주주의 국가들에 보다 적합한 것이라는 주장은 1990년대 이래 많은 논자들에 의하여 개진되어왔다.

5. 방어적 민주주의의 확대양상에 관한 연구

최근 방어적 민주주의의 확대적용에 대하여 상반된 평가를 한 연구가 있어 눈길을 끈다. Svetlana Tyulkina(2011)는 헌법이 새로운 사회적·정치적 현실을 반영할 수 있어야 한다는 전제 하에, 방어적 민주주의가 테러리즘이나 종교적 근본주의의 문제에도 적용될 수 있다고 본다. 예컨대 방어적 민주주의와 반테러리즘은 모두 민주주의를 존중하지 않는 자의 자유와 권리를 부정할 수 있다는 가정에 입각해 있으며, 테러리즘에 방어적 민주주의를 적용하면 기본권 제한에 있어서의 불확실성을 줄이고 국가권력을 합법적인 틀 내로 제약할 수 있다는 것이다.[50)]

반면 Carlo Invernizzi Accetti and Ian Zuckerman(2016)은 방어적 민주주의가 확대되는 양상에 우려를 표한다. 동 연구에 따르면, 무엇이 민주주의의 적이냐에 관한 결정은 필연적으로 자의적이다. 민주주의가 치자와 피치자의 동일성 원리에 입각해 있다고 할 때, 방어적 민주주의에 따라 누군가를 정치과정에서 배제하는 것은 곧 공동체로부터의 배제와 마찬가지이며 이러한 결정은 민주적으로 이루어질 수 없다는 것이다. 민주주의 절차는 그 개념상 구성원(demos)의 범주가 이미 정해져 있음을 전제하기 때문이다. 이 연구는 민주주의를 파괴할 현실적인 가능성이 없었던 독일공산당이나 민주주의의 폐지가 궁극적인 목적이었는지 불확실했던 터키 복지당에 대한 해산결정, 정치적 결사를 형성하거나 집권할 의도가 없는 개인의 종교적

---

50) Svetlana Tyulkina, 앞의 글(2011), pp. 80-83.

복장 착용이 문제된 Leyla Şahin v. Turkey 사건[51] 모두 방어적 민주주의가 자의적으로 확장된 사례라고 본다.[52]

6. 초국가적인 방어적 민주주의의 가능성을 타진한 연구

Jan-Werner Müller(2015)는 유럽연합이 초국가적인 방어적 민주주의를 추진할 권한(authority)과 역량을 가지고 있는지 묻는다. 동 연구는 회원국들이 유럽연합의 규칙에 따르기로 합의한 점, 유럽연합 관련 법제는 회원국들이 만들며 유럽연합의 모든 구성원에게 영향을 미친다는 점,[53] 유럽연합조약(Treaty on the European Union: TEU)에 회원국들을 축출할 근거규정이 없다는 점[54]을 근거로, 유럽연합이 회원국들의 민주주의를 수호하기 위한 조치를 취할 권한을 가진다고 주장한다. 이 연구는 민주주의의 방어를 개별적 기본권의 침해 문제에 주력하는 법원이나 파당적인 정당정치에 맡기는 것에는 한계가 있다며, 유럽 민주주의의 수호자로 기능할 수 있는 새로운 기구를 만들 것을 제안한다.[55]

반면 James Allan(2014)은 국제연합, 유럽연합 등의 국제기구에서

51) Leyla Şahin v. Turkey, ECtHR, Application no. 44774/98, judgment of 10 November 2005 (Grand Chamber).

52) Carlo Invernizzi Accetti and Ian Zuckerman, "What's Wrong with Militant Democracy?", *Political Studies*, Vol. 64, Issue 1, 2016, pp. 3-12.

53) Müller는 공론장의 참여주체를 공동체의 정치적인 결정으로부터 직접 영향을 받는 구성원으로 규정하는 '영향의 원칙(all-affected principle)'을 언급한다. 영향의 원칙에 대하여 보다 자세히는 Sofia Näsström, "The Challenge of the All-Affected Principle", *Political Studies,* Vol. 59, Issue 1, 2011, p. 117.

54) 반면 유럽연합조약 제50조 제1항에 의하여, 모든 회원국은 그 헌법상의 요청에 따라 연합으로부터의 탈퇴를 결정할 수 있다.

55) Jan-Werner Müller, "Should the EU Protect Democracy and the Rule of Law inside Member States?", *European Law Journal,* Vol. 21, No. 2, 2015, pp. 144-151.

민주주의 원리가 작동하고 있는지 의심스러우며, 국제법은 미국이나 영국 등 선진 민주주의 국가들의 국내법에 비해 투명성, 민주적 정당성, 책임성을 현저히 결여하고 있다고 본다.[56] 이러한 입장에서는 초국가적인 방어적 민주주의의 정당성 및 가능성을 회의적으로 인식할 것이다.

7. 절차적 민주주의와 방어적 민주주의의 대안을 제시한 연구

Anthoula Malkopoulou(2016)에 따르면, 절차적·가치상대주의적 민주주의가 바이마르 공화국의 실패 등으로 한계를 드러냈으나, 방어적 민주주의 또한 민주주의의 핵심원리인 다원성이나 다수결에 반하는 문제가 있다. 이 연구는 민주주의를 방어하는 역할을 정치적 권위의 원천인 시민들에게 확대할 것을 주장한다. 민주주의를 민주적으로 수호하기 위해서는, 시민들의 정치참여를 제한하기보다 오히려 장려할 필요가 있다는 것이다. Malkopoulou는 고대 그리스의 도편추방제나 오늘날의 소환 제도처럼 시민들이 반민주적인 대표자의 권한을 박탈할 수 있는 절차를 제안하며, 충분히 다수인 시민들에 의해서만 대표자의 권한을 박탈할 수 있게끔 안배한다면 제도의 남용도 통제할 수 있다고 본다.[57]

생각건대 동 연구는 수동적인 존재로 그려지기 쉬운 시민의 역할을 환기하고, 다수결에 반하지 않는 방식으로 민주주의를 방어하는 방안을 제시하였다는 점에서 의의를 가진다. 그러나 민주주의를 수

56) James Allan, *Democracy in Decline: Steps in the Wrong Direction,* Montreal: McGill-Queen's University Press, 2014, pp. 83, 107-121.

57) Anthoula Malkopoulou, "De-presentation Rights as a Response to Extremism", *Critical Review of International Social and Political Philosophy,* Vol. 19, No. 3, 2016, pp. 301-311.

호하는 역할을 시민들에게 확대하자는 것은 어디까지나 민주주의의 가치에 대한 시민들의 헌신(commitment)을 전제한 주장이다. 따라서 이 연구는 유권자 다수가 반민주적인 정부를 선택하는 '민주주의의 역설(paradox of democracy)'[58]에 답하지 못한다는 점에서 근본적인 한계가 있다.

58) Nancy L. Rosenblum, *On the Side of the Angels: An Appreciation of Parties and Partisanship,* Princeton: Princeton University Press, 2008, p. 415.

제2장
방어적 민주주의 논의의 역사적 전개

앞서 본 것처럼 방어적 민주주의의 개념과 적절한 적용범위, 우리 헌정사에서의 수용 여부 등에 관하여는 적잖은 이견이 존재하며, 이는 방어적 민주주의 이론의 기원과 특징 및 전개양상을 고려한 종합적인 연구가 필요함을 말해준다. 제2장에서는 방어적 민주주의의 이론 및 실무가 전개되어온 양상을, 주요 사례를 중심으로 하여 시기 순으로 돌아본다. 그리고 이를 통해 방어적 민주주의를 보편적인 원리라고 할 수 있는지의 여부, 민주주의의 공고화 정도와 방어적 민주주의의 관련성, 방어적 민주주의의 현주소 등을 검토한다.

제1절 1930년대 방어적 민주주의 이론의 등장

Ⅰ. 방어적 민주주의 이론의 역사적 배경

여기서는 방어적 민주주의 이론이 등장한 배경을, 당시 바이마르 공화국의 헌정현실과 국제정치적 상황 및 Loewenstein의 삶의 궤적을 통하여 살펴보기로 한다.

1. 바이마르 공화국의 헌정현실

1930년대 Loewenstein이 제시한 방어적 민주주의 이론은, 동시대 바이마르 공화국의 헌정현실에 관한 비판적인 관찰로부터 비롯되었다. 바이마르 공화국은 양질의 교육제도를 가지고 있었으며, 높은 교양수준 및 전대미문의 정치적 자유 보장으로 특징지어졌으나, 이를 지속하는데 실패하였다. 1920년대 초기의 진보와 역동성이 퇴보와 붕괴로 이어진 바이마르 당시는, 전례 없는 전환의 시기였다고 할 수 있다.[1] 바이마르 공화국의 헌정현실을 간략히 서술하면 다음과 같다.

제1차 세계대전 종전 이후 바이마르 공화국은 많은 영토를 상실하고 막대한 전쟁배상금의 부담에 직면했으며, 패전에 따른 민족적 분노와 정치적 불만이 팽배하였다. 특히 뮌헨은 빠른 산업화, 인구증가, 인플레이션, 계층 분화, 인종집단 사이의 적의(hostility)와 같은 여러 문제가 산적한, 대중적 불만의 진원지(epicenter)였다.[2] 이러한 현실 속에서, Adolf Hitler와 그가 이끄는 나치당은 당시 독일인들의 민족적·정치적 불만을 자극하고 반유대주의를 부추김으로써, 대중

1) Mark Chou, 앞의 책(2014), p. 57.
2) Mark Chou, 위의 책(2014), pp. 52-53.

을 효과적으로 선동하였다. 그 결과 이들은 (때로는 노골적으로 민주주의 원리를 침해하기도 하였지만) 대체로 바이마르 공화국의 민주주의 체제의 제약 내에서 활동하며 다수의 지지를 얻게 되었다. 공공연하게 반민주적인 성향의 지도자가 민주주의의 기제를 활용하여 집권한 것이다.[3)]

2. 당시의 국제정치적 환경

이 시기 반민주적 세력이 집권하고 민주주의 체제가 파괴된 것은 바이마르 공화국만의 일이 아니었다. 1920년대 존재했던 26개의 유럽 민주주의 국가들 가운데 절반가량이 1938년에 이르기까지 독재국가로 변모하였다. 제2차 세계대전이 발발하기 직전 유럽 내에서 자유민주주의 국가는 스칸디나비아 각국과 프랑스, 영국 정도에 불과했다.[4)] 다만 바이마르 공화국은 당시 실패한 민주주의 국가들 중에서 특히 주목되었다. 바이마르 공화국은 위에서 본 여러 문제의 존재에도 불구하고 정치적 진보와 문명의 표지로 여겨졌는바, 이처럼 진보적이고도 자유로운 사회가 민주적인 방식으로 붕괴되었다는 사실은 관찰자들에게 큰 충격으로 다가왔다.[5)]

3. Loewenstein의 망명과 방어적 민주주의 주창

민주주의와 유대인에 대한 반감이 만연하였던 당시 바이마르 공화국의 헌정현실은 특히 자유주의자들과 유대인들에게 견디기 힘든

---

3) Mark Chou, 위의 책(2014), p. 53.

4) Ian Kershaw, "Introduction: Perspectives of Weimar", in Ian Kershaw ed., *Weimar: Why did German Democracy Fail?* London: Weidenfeld and Nicolson, 1990, p. 1.

5) Mark Chou, 앞의 책(2014), p. 51.

것이었다. 1891년 비교적 유복한 유대인 가정에서 태어난 Loewenstein은 저명한 사회학자 Max Weber에게서 많은 영감을 받으며 법학을 연구하였다. 그러나 유대인에게 적대적이었던 당시 독일에서, Loewenstein은 그 학문적 열정과 성취에도 불구하고 대학에 정착할 수 없었다. 그는 법조 실무에 종사하면서도 민주주의와 의회에 관한 연구를 지속하여 1931년 뮌헨대학 법과대학의 사강사(私講師: Privatdozent)가 되었으나, 바이마르 공화국의 몰락이 기정사실화된 1933년 사임하고 독일을 떠나게 된다.[6)]

바이마르 공화국 등 유럽 각국의 민주주의가 위험에 처한 당시 그가 택한 것은 미국으로의 망명이었다. Loewenstein은 '독일 추방 학자 구제를 위한 비상위원회(Emergency Committee in Aid of Displaced German Scholars)'의 도움으로 예일대학에서 2년간 강의를 하였으며, 1936년에는 애머스트 대학(Amherst College)으로 자리를 옮긴다. 제2차 세계대전의 전운이 감도는 상황에서, 그는 제1차 세계대전 이후 자유민주주의와 파시스트 독재의 사투에 관한 연구에 주력하였다. 미국에 안전하게 정주함으로써, Loewenstein은 뮌헨에서는 다룰 수 없었던 독일의 문제(The German Question)를 비판적으로 탐구할 수 있게 된 것이다.[7)]

Ⅱ. Loewenstein의 방어적 민주주의 이론

여기서는 Loewenstein의 방어적 민주주의 이론[8)]을 검토한다.[9)] 구

6) Mark Chou, 위의 책(2014), pp. 53-55.
7) Mark Chou, 위의 책(2014), pp. 55-56.
8) Loewenstein의 방어적 민주주의론과 관련하여 주로 다루어지는 것은 1937년의 문헌이나, 그는 1935년 이미 방어적 민주주의의 개념을 언급한 바 있다. 그는 스칸디나비아 각국의 정부가 파시스트 세력의 선전에 맞서 방어적 민주주의를 구가하였으며, 이는 바이마르 공화국이 하지 못하였던 바라고

체적으로는 그가 당시 민주주의에 대한 심각한 위협으로 인식했던 파시즘[10)]의 특징과, 이에 맞서 Loewenstein이 제시한 규범적 대응방안을 각각 살펴보기로 한다.

1. 파시즘의 특징

가. 공통의 원인을 찾아보기 어려운 전 세계적인 현상

Loewenstein은 파시즘이 몇몇 국가에서의 개별적인 현상이 아닌 전 세계적인 움직임이라고 보았다. 그것은 프랑스 혁명 이후 절대주의에 맞서 일어났던 유럽의 자유주의에 비견할 만한 것이었다. 당시 유럽에서 민주주의를 고수하고 있는 것은 영국, 아일랜드자유국, 프랑스, 벨기에, 네덜란드, 스위스, 스웨덴, 노르웨이, 덴마크, 핀란드, 체코슬로바키아 정도에 불과했다.[11)]

그러나 파시즘이 발생하여 국제적으로 확산되는 어떤 공통적인 원인을 찾아보기는 어렵다는 것이 Loewenstein의 생각이었다. 제1차

평가했다. Karl Loewenstein, "Autocracy versus Democracy in Contemporary Europe, II", *The American Political Science Review*, Vol. 29, No. 5, 1935b, p. 762.

9) 주지하듯이 Mannheim 또한 민주주의의 생존을 위한 방안으로 방어적 민주주의를 제시하였다. Karl Mannheim, *Diagnosis of Our Time: Wartime Essays of a Sociologist*, London: Kegan Paul, Trench, Trubner & Co. Ltd., 1943, pp. 6-7. 그러나 시기상으로도 Loewenstein의 방어적 민주주의 이론이 Mannheim의 것보다 앞서며, 방어적 민주주의에 관한 다수의 연구가 Loewenstein의 문헌에 의지하고 있는바, 이 책에서도 Loewenstein의 방어적 민주주의를 검토하기로 한다.

10) 그는 당시 프랑스 정도를 제외하면 공산주의가 깊숙이 침투한 민주주의 국가는 눈에 띄지 않는다고 하였다. Karl Loewenstein, "Militant Democracy and Fundamental Rights, II", *The American Political Science Review*, Vol. 31, No. 4, 1937b, p. 645.

11) Karl Loewenstein, "Militant Democracy and Fundamental Rights, I", *The American Political Science Review*, Vol. 31, No. 3, 1937a, pp. 417-418.

세계대전 패전국이 아닌 나라, 민주주의의 오랜 역사를 가진 나라, 대공황의 여파가 크지 않았던 나라에서도 파시즘이 흥기한 것을 고려할 때, 민족적인 좌절감이나 민주주의 전통의 결여 내지 경제위기로는 파시즘의 욱일승천을 만족스레 설명하기 어렵다는 것이다. 사회주의의 확산으로 특권을 상실할 위험에 처한 자본가 계층의 반동이 파시즘을 강화한다는 설명 역시 한계가 있었다. 무릇 자본주의는 법치주의에 따른 예견가능성이 보장되는 민주주의 체제에서 번성하며, 무엇보다도 평화 및 투자의 안정성을 요하기 때문이다.[12)]

나. 반민주주의 등을 그 내용으로 하는 정치적 기술

Loewenstein은 파시즘이 어떠한 이념이나 사상이 아니라고 단언한다.[13)] 파시즘은 철학이나 현실적·건설적인 강령을 결여하고 있으며, 권력을 획득하고 유지하려는 정치적 기술에 불과하다는 것이다. 그는 사상이 불멸한다고 믿었으나, 파시즘은 이데올로기의 탈을 쓴 채 대중의 감수성을 자극하는 정치적 기술에 불과하며 따라서 패퇴시킬 수 있다는 입장이었다. 다만 그는 파시즘이 기술의 발전 및 감성적인 대중에 따른 시대적 소산이며, 근대사에서 가장 효율적인 기술이라고 인정했다.[14)]

또한 Loewenstein이 보기에 국제적인 움직임인 파시즘은 놀랍게도 그 내용이 한결같았다. 그는 파시즘이 공산주의에 대한 적개심, 반유대주의(antisemitism), 지도자 원리, 협동조합주의(corporativism), 맹렬한 민족주의(rampant nationalism), 자유민주주의에 대한 폐지 주장 등으로 특징지어진다고 썼다.[15)]

---

12) Karl Loewenstein, 위의 글(1937a), pp. 421-423.
13) Karl Loewenstein, 위의 글(1937a), p. 423.
14) Karl Loewenstein, 위의 글(1937a), pp. 423, 432.

다. 민주주의에 대한 적응 및 합법성

이처럼 파시즘은 민주주의의 폐지에 대한 주장을 그 내용의 하나로 하였으나, 그럼에도 불구하고 민주주의에 완벽하게 적응함으로써 성공할 수 있었다는 것이 Loewenstein의 분석이다. 민주주의 및 민주주의 사회에서의 관용이 바로 그 민주주의를 파괴하는데 활용되었다는 것이다.[16] "매우 최근까지, 민주적 근본주의(democratic fundamentalism)와 법적 맹목성(legalistic blindness)은, 민주주의의 기제가 적들이 도시에 들어오도록 하는 트로이의 목마임을 깨달으려 하지 않았다."[17]

한편 그의 설명에 의하면, 파시즘은 민주주의의 핵심적인 원리인 합법성(legality)을 적극 활용하였다. 파시즘은 민주주의의 가장 큰 실수라 할 수 있는 비례대표제 등에 힘입어 집권하며,[18] 민주주의는 반민주적인 정당이라도 외견상 합법성을 갖춘 한 이를 용인할 수밖에 없었다는 것이다. 그는 각국의 파시스트 결사와 정당이 법치주의 원리에 충실한 채로 남아있다는 점을 강조했다.[19]

---

15) Karl Loewenstein, 위의 글(1937a), p. 421.

16) Karl Loewenstein, 위의 글(1937a), p. 423.

17) Karl Loewenstein, 위의 글(1937a), p. 424.

18) Loewenstein은 비례대표제가 어떠한 의미에서 민주주의의 실수인지에 대하여 부연하고 있지 않으나, 비례대표제 하에서는 일정한 저지선(threshold) 이상의 득표만 하면 반민주적인 정치세력이 의회에 진출할 수 있다는 점을 염두에 둔 평가로 생각된다.

19) Karl Loewenstein, 앞의 글(1937a), p. 419. 구체적으로는 반역의 의도를 공공연히 드러내지 않는다는 점, 헌법상 보장되는 집회·결사의 자유를 향유하며 합법적인 정치적 비판을 가장한다는 점, 선전의 수단으로 선거를 활용한다는 점을 언급하였다. Karl Loewenstein, 앞의 글(1937b), p. 652; Karl Loewenstein, "Legislative Control of Political Extremism in European Democracies Ⅰ", *Columbia Law Review*, Vol. 38, No. 4, 1938a, p. 596; Karl Loewenstein, "Legislative Control of Political Extremism in European Democracies Ⅱ", *Columbia Law Review*, Vol. 38, No. 5, 1938b, p. 742.

라. 소결

지금까지 Loewenstein이 당시 민주주의에 대한 주된 위협으로 인식했던 파시즘의 특징을 살펴보았다. 파시즘은 공통된 원인을 규명하기 어려운 전 세계적인 움직임이었으며, 어떠한 사상이나 이념이 아니라 단지 지배하기를 원하는 정치적 기술에 불과했고, 민주주의의 폐지를 주장하면서도 민주주의에 적응하며 외견상의 합법성을 가졌던, 반공·반유대인·민족주의·지도자 원리·협동조합주의 등을 내용으로 하는 감성주의 운동이었다.

2. 파시즘에 대한 Loewenstein의 규범적 대응방안

가. 반파시즘 관련 법제의 정비

Loewenstein은 파시즘의 위협에 대처하기 위한 14가지 유형의 입법적 대응방안을 제시하였다. 여기에는 반역·폭동죄에 대한 처벌의 강화, 정치적 제복과 상징물에 대한 규제, 정당의 준군사적 조직 금지, 화기(火器)의 제조·유통·소지·사용 금지, 의원의 면책특권 남용 통제, 언론·출판의 자유 제한, 이념공세 및 선전으로부터 군(軍)의 보호, 공무원의 정당가입 제한, 정치경찰의 창설이 포함된다.[20] 이 모두는 민주주의를 '방어'하기 위하여 어떠한 '자유 내지 권리를 제한'하는 내용을 담고 있다는 의미에서 '비자유주의적인 예방수단'이라 할 수 있다.

공직자들이 반민주적인 정당을 지지·지원하지 못하도록 한 것이나 (정치적) 표현의 자유에 한계를 설정하고 국회의원의 면책특권

---

20) Karl Loewenstein, 위의 글(1937b), pp. 644-656.

남용을 통제한 것은, 민주주의를 활용하는 파시즘의 행태를 겨냥한, 다시 말해 민주주의 고유의 병폐에 대한 처방으로서의 성격을 가진다.[21] 하지만 반역·폭동이나 무기의 사용은 시기를 막론하고 거의 모든 국가에서 허용되지 아니하는바, 반드시 민주주의 국가만의 문제라고 하기 어렵다. 이를 종합하면, Loewenstein이 제시한 입법적 대응방안은 모든 종류의 극단주의에 맞서기 위한 모든 법 규정을 망라하는 실로 광범위한 것이었다고 할 수 있다.[22]

나. 규율된, 권위주의적인 민주주의

이처럼 Loewenstein은 파시즘에 맞서기 위한 다양한 입법적 대응방안을 제시하였으나, 그 효용성을 과대평가하는 것을 경계했다. 생존하려는 불굴의 의지에 의하여 뒷받침되지 못한다면, 아무리 잘 만들어진 실정법이라 하더라도 그것이 작성된 종이만큼의 가치도 없다는 것이다.[23]

한편 그는 파시스트들이 초국가적인 전선을 구축한 것에 비해 민주주의 국가들 간의 긴밀한 협력은 거의 이루어지지 못하였다고 보았는바, 민주주의 국가들의 공동전선(Common Front)은 파시즘에 대한 궁극적인 해결책이라고 하기 어려웠다.[24] 그리고 사람들이 더 이상 자유를 위해 희생을 감수하려 하지 않는 현실에서, 민주주의는 감성주의(emotionalism)를 성공적으로 동원할 수 없다는 것이 Loewenstein의 판단이었다.[25]

바이마르 공화국이 실패한 원인이 그 호전성(militancy)의 결여에 있

21) Mark Chou, 앞의 책(2014), p. 67.
22) Svetlana Tyulkina, 앞의 글(2011), p. 71.
23) Karl Loewenstein, 앞의 글(1937b), p. 657.
24) Karl Loewenstein, 앞의 글(1937a), pp. 429-430.
25) Karl Loewenstein, 위의 글(1937a), p. 428.

다고 진단한 Loewenstein은,[26] 민주주의가 패망한 경험에 눈을 감는 것은 민주주의의 생존을 포기하는 것과 다르지 않다고 보았으며, 민주주의가 다시금 정의될 필요가 있다고 하였다. 파시즘의 확산이라는 위기를 이겨내기 위해서는 규율된(disciplined), 권위주의적인(authoritarian) 민주주의로의 전환이 불가피하다는 것이다. 민주주의는 전투적인 것이 되어야 하며, 민주주의를 방어하기 위해서는 민주주의의 근본원리가 침해되는 위험과 비용도 감수해야 한다는 것이 그의 결론이다.[27]

3. 고전적인 방어적 민주주의의 정의와 개념요소

지금까지 Loewenstein의 방어적 민주주의 이론의 요지를 돌아보았다. 이를 종합하면 "민주주의 제도 내지 절차를 활용하여 민주주의를 전복하거나 파괴하려는 자들에 맞서 예방적인 조치를 취함으로써 민주주의를 방어할 기회를 가지는 법적·정치적 구조"라는 것이 고전적인 의미에서의 방어적 민주주의에 대한 적절한 개념정의인 것으로 보인다.[28] 방어적 민주주의의 주요 표징과 개념요소는 다음과 같이 정리해볼 수 있다.

첫째, 방어적 민주주의는 당해 정치공동체의 민주주의를 전제한 이론이었다. '방어적 민주주의'에서 '방어적'은 '민주주의'의 성격 내지 지향성을 드러내는 수식어이다. Loewenstein의 방어적 민주주의론이 민주주의 국가들을 연구대상으로 하며,[29] 각국의 민주주의를 구

26) Karl Loewenstein, 위의 글(1937a), p. 426.

27) Karl Loewenstein, 위의 글(1937a), p. 432; Karl Loewenstein, 앞의 글(1937b), pp. 657-658.

28) Svetlana Tyulkina, 앞의 글(2011), p. 347.

29) Gregory H. Fox와 Georg Nolte도 반민주적 행위자에 관한 연구의 범위를 안정적인 민주주의 국가들로 한정하였다. Gregory H. Fox and Georg Nolte,

하기 위한 처방으로 제시되었다는 점에 주목을 요한다. 요컨대 방어적 민주주의는 민주주의의 특수한 한 형태인 것이지, 민주주의로부터의 일탈일 수 없다.[30)]

둘째, 방어적 민주주의는 외견상의 합법성을 갖추고 민주주의를 활용하는, 민주주의의 특유한 적에 대한 처방이었다. 파시즘이 민주주의에 완벽하게 적응함으로써 성공할 수 있었다는 것이 Loewenstein의 생각이었으며, Paul Joseph Goebbels는 "민주주의가 그 치명적인 적에게 자신을 파괴할 수단을 기꺼이 제공하였다는 것은 언제나 민주주의 최고의 우스개 가운데 하나일 것"이라 하였다.[31)] Loewenstein이 제시한 입법적 대응방안이 내란죄에 대한 처벌의 강화나 무기 사용에 대한 제재, 준군사적 결사의 금지 등을 망라하고 있기는 하다. 그러나 그가 우려한 것은 반민주성과 가벌성이 명백한 폭동이나 무력시위가 아니었다. 그는 파시스트 세력이 정당을 설립하여 선거에 참여하며, 헌법상 보장되는 언론·출판·집회·결사의 자유를 향유하는 등 민주주의에 적응하고 합법적인 형태를 취한다는 점을 거듭 강조했다.

셋째, 방어적 민주주의는 민주주의를 파괴하려는 세력에 맞서, 자유와 권리를 제한하는 내용의 예방수단을 사용하는 것을 불사한다. Loewenstein은 아직 파시즘에 의하여 전복되지 않은 각국의 민주주의

"Intolerant Democracies", *Harvard International Law Journal*, Vol. 36, No. 1, 1995, p. 21.

30) Paul Harvey, "Militant Democracy and the European Convention on Human Rights", *European Law Review*, Vol. 29, No. 3, 2004, p. 408; 이재희, "정당해산제도의 예외적 적용가능성과 한계", 『헌법연구』, 제2권 제2호, 헌법이론실무학회, 2015b, 250쪽.

31) "Das wird immer einer der besten Witze der Demokratie bleiben, dass sie ihren Todfeinden die Mittel selber stellte, durch die sie vernichtet wurde." András Sajó, "From Militant Democracy to the Preventive State?", *Cardozo Law Review*, Vol. 27, No. 5, 2006, p. 2262, fn. 20에서 재인용.

를 수호하려는 목적에서, 규율된, 권위주의적인 민주주의라는 규범적 대안을 제시한 것이다.

위의 개념요소들은 방어적 민주주의에 대한 여러 개념정의에서 공통적으로 확인된다. "민주적 수단들에 의거하여 민주주의를 전복시키려는 세력들이 민주주의 체제를 붕괴시키는 것을 방지하기 위하여 일응 비자유주의적인 성격의 예방수단들을 채택할 용의를 가지고 있는 민주주의"라는 정의[32)]가 그 예이다.

Ⅲ. 소결

제1절에서는 1930년대 방어적 민주주의 이론이 등장하게 된 역사적 배경을 개괄하고, Loewenstein이 주창한 고전적인 의미에서의 방어적 민주주의 이론을 살펴보았다.

방어적 민주주의는 파시즘에 의하여 바이마르 공화국 등 유럽 각국의 민주주의가 위기에 처한 상황에서, 반민주적 세력에 맞서기 위한 규범적 대응방안으로 제시되었다. 그것은 ①민주주의 국가가 ②외견상 합법성을 갖추고 민주주의를 활용하면서 바로 그 민주주의를 파괴하려는 세력에 맞서 ③비자유주의적인 예방수단을 불사한다는 내용을 담고 있었다.

32) 한수웅 외, 『주석 헌법재판소법』, 헌법재판소 헌법재판연구원, 2015, 704쪽. 이와 유사한 개념정의로 김승대, 『헌법학강론』, 법문사, 2017, 25쪽; 허영, 『한국헌법론』, 박영사, 2017, 90쪽; Otto Pfersmann, "Shaping Militant Democracy: Legal Limits to Democratic Stability", in András Sajó ed., *Militant Democracy*, Utrecht: Eleven International Publishing, 2004, p. 47.

제2절 제2차 세계대전 직후 도입·제도화

제1절에서는 Loewenstein이 방어적 민주주의를 제시하게 된 역사적 배경을 개괄하고, 고전적인 의미에서의 방어적 민주주의 이론의 내용을 살펴보았다. 제2절에서는 독일기본법의 제정과 독일에서의 정당해산결정 및 유럽공동체의 설계를 중심으로, 제2차 세계대전 직후 방어적 민주주의 논의의 전개를 검토한다.

Ⅰ. 독일기본법의 제정과 두 차례의 정당해산결정

제1장 제1절에서 살펴본 것처럼 민주주의 자체의 결함에 대한 문제제기는 오랜 역사를 가지며, Loewenstein의 방어적 민주주의론은 현대적 의미에서의 민주주의에 내재한 취약성을 지적하고 그 규범적인 대안을 제시한 가장 영향력 있는 이론으로 꼽힌다. 동 이론이 바이마르 공화국의 실패를 그 배경으로 한 것이었으며, 제2차 세계대전 이후 독일(서독)이 방어적 민주주의 원리를 헌법적인 차원으로 고양한 최초의 국가였다는 점[1]에서, 독일은 방어적 민주주의의 본산이라고도 평가할 수 있다.

1. 독일기본법의 제정

가. 배경

1949년 제정된 독일기본법은 바이마르 공화국의 실패에 대한 반성을 그 배경으로 하였다.[2] 물론 바이마르 공화국이 호전성과 방어

1) Svetlana Tyulkina, 앞의 글(2011), p. 65.

수단을 결여하여 붕괴한 것인지에 대하여는 견해가 대립한다. 그러나 바이마르 공화국의 실패원인에 대한 이 같은 '인식'은, 방어적 민주주의를 수용해 헌법적인 차원으로 고양한 기본법의 제정으로 이어졌다.[3] 요컨대 기본법은 민주주의가 민주주의를 파괴하려는 세력들로부터 스스로를 보호할 수 있어야 한다는 판단에 따른 의식적인 노력의 소산이었다.[4]

다만 기본법 제정에 관여하거나 초창기 서독의 정치를 주도한 이들 모두가 바이마르의 헌법에 부정적인 것은 아니었으며, 바이마르 헌법의 내용 가운데 의회민주주의·연방제·권력분립 등은 대체로 유지되었다. 반면 순수한 비례대표제가 완화되고 연방헌법 차원에서 직접민주제적 요소가 배제되었으며, 행정부 특히 대통령의 권한이 제한되고 사법심사가 강화되었는바, 이는 당시 대중민주주의와 법실증주의에 대한 회의감을 보여준다.[5]

나. 독일기본법의 방어적 민주주의 관련 규정 개관

(1) 영구조항(제79조 제3항)

독일기본법상 방어적 민주주의의 요소는 어떠한 경우에도 가장 근본적인 헌법원리가 개정될 수 없도록 한 제79조 제3항에서 찾아볼 수 있다. '영구조항'이라고도 불리는 동 규정은 설사 만장일치에 의

2) John E. Finn, *Constitutions in Crisis: Political Violence and the Rule of Law*, Oxford: Oxford University Press, 1991, p. 179.

3) 바이마르 헌법이 민주주의의 적에 대한 법적 방어수단을 갖추고 있었으나, 바이마르 공화국의 법적 상태에 대한 부분적으로 잘못된 이해에 힘입어 방어적 민주주의가 독일의 규범적 정체성을 구성하는 요소가 되었다는 견해로 한수웅 외, 앞의 책(2015), 705-706쪽.

4) 차진아, 앞의 글(2014), 100쪽.

5) John E. Finn, 앞의 책(1991), pp. 182-183, 187.

하더라도 인간의 존엄성(제1조), 민주적이고 사회적인 연방국가로서의 성격(제20조 제1항), 국민주권의 원리(제20조 제2항) 등이 개정될 수 없게끔 하였다.[6] 제79조 제3항에 의하여 보호되는 것은 나치 체제 하에서 무시되었던 가치이며, 기본법 제정자들은 동 규정을 통해 향후 이러한 역사가 되풀이되지 않도록 결단을 내린 것으로 평가된다.[7]

(2) 기본권의 실효(제18조)

독일기본법 제18조 제1문은 "의사표현의 자유, 특히 출판의 자유(제5조 제1항), 교수의 자유(제5조 제3항), 집회의 자유(제8조), 결사의 자유(제9조), 서신·우편·전신의 비밀(제10조), 재산권(제14조) 또는 망명권(제16a조)을 자유민주적 기본질서에 대한 공격을 위해 남용하는 자는, 이 기본권들이 실효된다."고 규정한다. Loewenstein의 방어적 민주주의는, 민주주의를 폐지하려 하면서도 민주주의에 적응하고 헌법상 보장된 권리를 활용하는 특유한 적(파시즘)에 대한 규범적 대응방안이었다. 기본법 제18조는 이처럼 자유민주적 기본질서를 파괴하려는 목적에서 기본권을 남용할 경우 해당 기본권이 실효됨을 예정하고 있다.

기본권의 실효는 정당해산과 달리 개인으로서 등장하는 헌법의 적에 대항하는 헌법보호수단이며, 기본권을 남용하여 동 규정의 적용을 받더라도 해당 기본권 이외의 기본권 행사는 여전히 보장된다. 한편 기본법 제18조 제2문은 동 제도가 오·남용될 가능성을 고려하여, 기본권 실효결정을 연방헌법재판소의 심판사항으로 유보하였다.[8] 아직까지 기본권의 실효가 이루어진 사례는 없으며, 사실상 사

6) 독일기본법과 독일 연방헌법재판소법의 번역은 헌법재판연구원의 것을 참고하였다. https://ri.ccourt.go.kr/cckri/cri/world/selectLawList.do에서 확인 가능 (최종접근일 2018. 6. 13.)

7) Svetlana Tyulkina, 앞의 글(2011), pp. 72-73.

문화되었다는 평가도 있다.[9)]

(3) 결사의 자유 제한(제9조 제2항)

독일기본법 제9조 제2항에 따라, 그 목적이나 활동이 형법에 저촉되거나 헌법적 질서 또는 국제우호의 사상에 적대적인 결사는 금지된다. 연방내무부는 동 규정에 의거하여 네오나치 관련 결사들에 대하여 해산조치를 하여왔으며,[10)] 헌법적인 의미에서의 정당으로 볼 수 없다는 이유에서 정당해산심판 청구가 각하되었던 민족주의명부(Nationale Liste: NL)와 자유독일노동자당(Freiheitliche Deutsche Arbeiterpartei: FAP) 또한 함부르크주 내무부와 연방내무부에 의해 각각 금지되었다.[11)]

(4) 정당금지(제21조 제2항 내지 제5항)

독일기본법 제21조 제2항은 "그 목적이나 추종자의 행태에 의할 때, 자유민주적 기본질서를 제한 또는 제거하거나 독일연방공화국의 존립을 위태롭게 하려고 하는 정당은 위헌이다."라고 규정하며, 위헌성의 문제에 관하여는 연방헌법재판소가 판단한다(동조 제4항). 또한 정당해산심판의 청구가 이유 있는 것으로 밝혀진 경우 연방헌법재판소는 그 정당이 위헌임을 확인하며, 이 확인에는 정당 또는 정당의 독립된 부분의 해산 및 그 대체조직의 결성금지를 부가하여야 한다(독일 연방헌법재판소법 제46조 제1항, 제3항).

정당이 통상의 결사와 달리 오로지 연방헌법재판소의 결정에 의

8) 정극원, 앞의 글(2008), 477-478쪽; 이종수, 앞의 글(2015), 227-228쪽.

9) 장영수, 『헌법학』, 홍문사, 2017, 396쪽.

10) 예컨대 1994. 11. 10. '바이킹 청년단(Wiking-Jugend)'이, 2009. 3. 9. '환경 및 동시대인과 고국의 수호를 위한, 고국에 충성하는 독일청소년연맹(Heimattreue Deutsche Jugend Bund zum Schutz für Umwelt, Mitwelt und Heimat e.V.)'이 각각 해산되었다. 장영수, 앞의 글(2014a), 319-320쪽의 각주 73 참조.

11) 송석윤, 앞의 글(2010b), 62쪽의 각주 4.

해서만 해산될 수 있도록 한 것은, 정당해산의 남용을 막기 위한 안배임과 동시에 정당의 특권(Parteienprivileg)을 규정한 것이라 할 수 있다.[12] 그러나 동시에 기본법 제21조 제2항은 정당의 목적이나 추종자의 행태에는 자유민주적 기본질서에 따른 한계가 있음을 규정하며, 독일의 정당해산제도는 방어적 민주주의의 가장 핵심적인 제도로 꼽힌다.[13]

2017년 7월 기본법이 개정되면서, 위헌정당을 해산하지 않고 국고보조금을 지급하지 않을 수 있게 되었다. 보조금을 박탈하는 결정이 내려지면, 당해 정당에 대한 세재상의 혜택과 기부금도 배제된다(제21조 제3항). 보조금을 박탈하는 결정 또한 연방헌법재판소에 의한다(동조 제4항). 경우에 따라서는 정당해산결정보다 완화된 제재수단을 통해서도 자유민주적 기본질서를 수호할 수 있다는 판단이 이 같은 개정의 배경이라 할 수 있다.

(5) 기타

이 밖에 방어적 민주주의 관련 규정으로는 공직자의 헌법에 대한 충성의무를 규정한 것으로 여겨지는 기본법 제33조 제5항,[14] 저항권을 명시한 기본법 제20조 제4항,[15] 연방 또는 지방의 존립에 대한 위험의 방지에 관한 기본법 제91조 제1항[16] 등이 논의된다.[17]

---

12) Martin Morlok, 앞의 글(2013), S. 318.

13) Svetlana Tyulkina, 앞의 책(2015), p. 14.

14) 직업공무원제의 전통적 원칙들을 참작하여 공무원법을 규정하고 계속 발전시켜야 한다.

15) 모든 독일인은 이러한 질서의 제거를 감행하는 자에 대하여, 다른 구제수단이 가능하지 아니한 경우, 저항할 권리를 가진다.

16) 연방 또는 지방의 존립이나 자유민주적 기본질서를 위협하는 위험의 방지를 위하여 지방은 다른 지방의 경찰력과 다른 행정청 및 연방국경수비대의 인력 및 시설을 요청할 수 있다.

17) Svetlana Tyulkina, 앞의 글(2011), p. 74; José-Antonio Santos, "Constitutionalism,

2. 정당해산결정

독일기본법은 제21조 제2항을 통해 위헌정당의 해산가능성을 열어놓았으며, 1950년대 두 차례의 정당해산결정이 있었다. 이하에서는 사회주의제국당과 독일공산당에 대한 해산결정을, 방어적 민주주의와 관련된 측면을 중심으로 간략히 소개한다.

가. 사회주의제국당(1952)

사회주의제국당(Sozialistische Reichspartei: SRP)은 지난날 독일 우익정당들의 구성원들을 새로이 정치적으로 조직하려는 움직임의 일환으로 1949. 10. 2. 설립되었다. 동 정당은 활동 초기부터 정부의 정책을 비판하며 연방정부(Bundesregierung)와 대립하였으며, 연방정부는 1951. 11. 19. 동 정당에 대한 해산심판을 청구하였다. 청구이유는 사회주의제국당이 나치당의 후계 정당으로, 나치당과 동일·유사한 목적을 추구하며 자유민주적 기본질서의 폐지를 의도하고 있다는 것으로 정리된다. 연방헌법재판소는 1952. 10. 23. 사회주의제국당의 해산을 결정한바,[18] 특히 방어적 민주주의와 관련하여 중요한 설시는 다음과 같다.

첫째, 연방헌법재판소는 아직 방어적 민주주의라는 표현을 사용하지는 않았으나, 기본법 제21조 제2항이 규정하는 '자유민주적 기본질서(freiheitliche demokratische Grundordnung)'의 구체적인 의미를 밝혔다. 자유민주적 기본질서는 "일체의 폭력적·자의적 지배를 배제하고

Resistance and Militant Democracy", *Ratio Juris*, Vol. 28, No. 3, 2015, p. 398; 김민배, 앞의 책(2004), 41쪽.

18) 사회주의제국당의 역사 및 해산경과에 대하여 자세히는 이성환 외, 앞의 책(2004), 42-44쪽; 차진아, 앞의 글(2014), 106-108쪽.

그때그때 다수의 의사와 자유 및 평등에 의거한 국민의 자기결정을 토대로 하는 법치국가적 지배질서"라는 것이다. 또한 이러한 질서의 기본적 원리에 속하는 것으로 "기본법에 의해 구체화된 인권 특히 생명과 그 자유로운 발현을 위한 인격권의 존중, 국민주권, 권력분립, 정부의 책임성, 행정의 합법성, 사법권의 독립, 복수정당의 원리와 합헌적인 야당의 구성권과 행동권을 가진 모든 정당의 기회균등"을 언급하였다.[19)]

둘째, 연방헌법재판소는 기본법이 정당의 설립·활동의 자유가 가지는 특별한 의미를 인정하면서도, 다른 한편으로 그것이 자유민주적 헌법국가의 근본가치를 침해해서는 아니 됨을 확인하고 있다고 보았다.[20)]

셋째, 당시 명문의 규정이 없었음에도 정당의 위헌성이 확인되면 그 소속의원의 연방의회, 주의회 의원직이 상실된다고 한 것은 특기할 만하다.[21)] 위헌정당 소속 의원들이 계속해서 활동하는 것을 허용할 경우 제도의 목적이 달성될 수 없다고 보았던 것이다.[22)] 이후 독일은 연방선거법(Bundeswahlgesetz)에 의원직 상실에 대한 근거규정(제46조 제4항)을 마련하였다.[23)]

정당해산제도를 도입한 중요한 이유가 나치즘의 부흥을 예방하는데 있었기 때문에, 사회주의제국당에 대한 해산결정은 당시 당연한 것으로 평가되었다.[24)]

---

19) BVerfGE 2, 1, 12f.
20) BVerfGE 2, 1, 10.
21) BVerfGE 2, 1, 2.
22) BVerfGE 2, 1, 73f.
23) 정만희, "정당해산심판의 헌법적 쟁점: 정당해산심판의 요건과 효과를 중심으로", 『공법연구』, 제42집 제3호, 한국공법학회, 2014, 132쪽.
24) Markus Thiel, "Germany", in Markus Thiel ed., *The Militant Democracy' s Principle in Modern Democracies*, Farnham: Ashgate Publishing Ltd., 2009b, p. 121.

나. 독일공산당(1956)

사회주의제국당 해산결정과 달리 독일공산당 해산결정에 관하여는 당시 많은 논란이 있었고,[25] 오늘날 동 결정의 법리가 유지될 수 있는지에 대하여도 견해가 나뉘었다. 이하에서는 독일공산당 해산결정의 경과, 주요 판시 및 그에 대한 학계의 평가, 해산결정 이후의 추이를 개괄한다.

(1) 경과

독일공산당(Kommunistische partei Deutschlands: KPD)은 나치당이 집권한 이후 1933. 3. 31. 해산되었으나, 제2차 세계대전 종전 직후 재건되었다. 마르크스주의를 이론적 기반으로 하는 노동자계급의 전위정당으로서, 독일공산당은 서독의 재군비 반대, 동구 여러 나라와의 평화조약 체결, 독일의 재통일 등을 주장하며 정치활동을 전개하였다. 연방정부는 마르크스·레닌주의 이론과 독일공산당의 구체적 목표에 비추어 독일공산당이 자유민주적 기본질서를 침해·폐제하고자 하였으며, 기본법 전문에 규정된 독일 재통일의 요청을 남용하고 있다는 등의 이유에서 1951. 11. 28. 동 정당에 대한 해산심판을 청구하였고, 약 5년이 경과한 1956. 8. 17. 동 정당에 대한 해산결정이 내려졌다.[26]

---

25) 그 이유로는 정당해산제도가 나치스의 부흥을 막기 위해 도입되었다고 여겨진 점, 유럽의 여러 다른 나라에서 공산당을 합법화하고 있었다는 점, 당시 독일공산당에 대한 지지율이 미미했다는 점 등이 언급된다. 홍선기, "독일공산당(KPD) 해산결정의 비판적 검토",『국가법연구』, 제10집 제1호, 한국국가법학회, 2014, 146쪽.

26) 독일공산당의 역사와 해산결정에 이르기까지의 경과에 관하여는 이성환 외, 앞의 책(2014), 47-51쪽 참조. 판결이 지연된 것은, 해산심판청구가 시기상조이며 정당해산보다는 정치적으로 도태시키는 것이 바람직하다는 일

(2) 주요 판시사항

첫째, 연방헌법재판소는 기본법 제21조 제2항이 자유민주적 기본질서의 경계선상에 놓인 문제를 해결하려는 헌법적 의지의 표현이자 방어적 민주주의(streitbare Demokratie)에 대한 고백이라고 함으로써, 방어적 민주주의라는 새로운 개념을 사용하였다.[27)]

둘째, 사회주의제국당 해산결정에서 설시한 자유민주적 기본질서의 의미를 재확인한 연방헌법재판소는,[28)] 정당이 자유민주적 기본질서의 기본적인 요청을 수용하지 않거나 거부하거나 다른 것으로 대체하려고 한다 하여 곧바로 위헌정당이 되지는 않는다고 보았다. 어떠한 정당을 위헌정당으로 해산하기 위해서는, 현존질서에 대한 적극적·투쟁적·공격적인 태도가 더해져야 한다는 것이다. 다만 재판소는 정당해산제도의 예방적인 성격에 비추어, 형법에서 말하는 실행의 착수나 예비와 같은 구체적 행위가 요구되지는 않는다고 하였다.[29)]

셋째, 연방헌법재판소는 활동의 실효성이나 성공가능성은 해산여부를 결정함에 있어서 중요한 요소가 아니라는 입장이었다. 판례는 자유민주적 기본질서를 침해·제거하려는 의도가 입증된다면 그것이 언제 달성될 수 있는 것인지는 법적으로 중요치 않으며, 정당이 당분간 위헌적인 목적을 실현할 가능성이 없는 경우에도 위헌정당이 될 수 있다고 보았다.[30)]

넷째, 동 결정에서는 비례원칙이 고려되지 않았다. 독일에서 비례

부 재판관들의 인식에 따른 결과라는 평가로 Donald P. Kommers, *The Constitutional Jurisprudence of the Federal Republic of Germany*, Durham: Duke University Press, 1997, p. 222.

27) BVerfGE 5, 85, 139.

28) BVerfGE 5, 85, 140f.

29) BVerfGE 5, 85, 141f.

30) BVerfGE 5, 85, 143f. 이 같은 설시가 최후의 순간 개입하려 할 때는 이미 늦다는 1930년대의 교훈에 따른 것이라는 풀이로 Eric Barendt, *Freedom of Speech*, Oxford: Oxford University Press, 2005, p. 167.

원칙은 1950년대에 걸쳐 점진적으로 형성되었다.[31)]

(3) 평가

독일공산당 해산결정의 특징은 정당이 그 위헌적인 목적을 달성할 가능성이 없더라도 위헌정당이 될 수 있다고 보고 비례원칙을 고려하지 않았다는 점에 있으며, 학계에서의 논의도 이를 중심으로 이루어져왔다.

독일공산당 해산결정에 비판적인 논자들은 해산 당시 지지율이 2% 남짓에 그쳐 원외정당으로 밀려났던 독일공산당이 독일의 민주주의에 심각한 위협을 야기했다고 보기 어려웠다는 입장이다.[32)] 같은 맥락에서, 동 결정이 긴박성(imminence)의 요건을 검토하지 않은 채 집권가능성이 전무한 세력에 방어적 민주주의를 자의적으로 적용한 사례라는 비판[33)]도 제기된다. 비례원칙에 따른 심사의 결여를 지적한 견해도 있다. 추상적·논리적 위험성만으로 판단한 것과 비례원칙에 따른 엄격한 심사를 하지 않은 것이 동 결정 최대의 약점이라는 평가[34)]가 그 예이다.

이와 달리 독일공산당 해산결정의 법리를 지지하는 견해도 있다. 민주주의에 대한 구체적인 위험성을 초래하는 경우에만 정당을 해산할 수 있다면 이는 예방적 수단이라는 정당해산제도의 본질에 부

---

31) 자세히는 김대환, “독일에서 과잉금지원칙의 성립과정과 내용”, 『세계헌법연구』 제11권 제2호, 국제헌법학회 한국학회, 2005, 77-79쪽.

32) Sabine Michalowski and Lorna Woods, *German Constitutional Law: The Protection of Civil Liberties*, Aldershot: Ashgate, 1999, p. 19.

33) Carlo Invernizzi Accetti and Ian Zuckerman, 앞의 글(2016), p. 10.

34) 전영식, “헌법재판소의 2013헌다1 사건 결정문에 나타난 법리의 문제점”, 『헌법재판소 통합진보당 해산 결정 등에 따른 긴급토론회 자료집』, 민주사회를 위한 변호사 모임·민주주의법학연구회·민주화를 위한 전국교수협의회·법과사회이론학회, 2014. 12. 23, 9쪽.

합하지 않으며, 민주주의 및 국가존립에 대한 위험과 정치적 부담이 과중해진다는 것이다.[35] 이러한 입장에서는, 정당을 해산하기 위해서는 긴박한 사회적 필요가 있어야 한다며 선거에서의 득표율과 여론조사 결과 등을 그 판단의 자료로 삼았던 복지당 결정[36]이 오히려 부적절했다고 본다.[37]

근래 민족민주당(Nationaldemokratische Partei Deutschlands: NPD)에 대하여 다시금 해산심판이 청구되어 절차가 진행됨에 따라, 독일공산당 해산결정의 법리가 유지될 것인지의 여부에 관하여 견해가 대립하였다. 그러나 뒤에서 보는 것처럼, 연방헌법재판소는 정당이 당분간 위헌적인 목적을 실현할 가능성이 없는 경우에도 위헌정당이 될 수 있다고 하였던 독일공산당 사건의 법리를 지지하지 아니한다는 점을 분명히 하였다.

라. 추이

독일공산당 지도부가 동 해산결정에 대하여 유럽인권재판소에 제소하였으나, 당시 제소사건의 사전심사를 담당하였던 유럽인권위원회(European Commission on Human Rights: EComHR)는 심리적격이 없다며 이를 각하하였다. 독일공산당의 조직과 활동이 프롤레타리아 독재를 지향하며 개인의 권리와 자유의 파괴를 포함한다고 보는 이상, 이는 권리남용에 관한 유럽인권협약 제17조에 해당하며 동 협약 제9조 내지 제11조의 보호를 받을 수 없다는 이유에서였다.[38]

동 해산결정에 의하여 독일공산당과 그 하부조직이 해체되고 대

35) 차진아, 앞의 글(2014), 130-131쪽.
36) Refah Partisi (The Welfare Party) and Others v. Turkey, paras. 107-108.
37) 장영수, 앞의 글(2014a), 327-328쪽; 차진아, 앞의 글(2014), 131쪽.
38) German Communist Party v. Germany, EComHR, Application no. 250/57, judgement of 20 July 1957. 동 결정에 관하여 보다 자세히는 윤정인·김선택, 앞의 글(2014b), 214-215쪽 참조.

체조직의 설립이 금지되었으나,[39] 구 독일공산당의 간부들은 1968년 공산독일당(Deutsche Kommunistische Partei: DKP)을 설립하였다.[40] 당명(黨名)이나 인적 구성 등으로 미루어 공산독일당은 독일공산당의 후속 정당이 분명하다고 여겨졌으나, 연방정부는 공산독일당이 위헌정당이라고 비난하면서도 해산심판을 청구하지는 않았다. 이것은 당시 서독의 정치적 안정에 대한 연방정부의 자신감, 군소 급진정당은 정치과정을 통해 자연스레 도태되도록 하는 것이 바람직하다는 인식, Willy Brandt의 동방정책으로 동구권 국가들과의 교류가 활발해졌던 상황, 뒤에서 볼 '공직취임금지'라는 수단을 통해서도 공산독일당의 영향력 확대를 차단할 수 있다는 판단에 따른 것으로 설명된다.[41]

Ⅱ. 국제(유럽) 공동체의 설계

파시즘의 기억은 전후 국제사회, 특히 유럽 공동체의 설계에 지대한 영향을 미친 것으로 평가되고 있다.

1949. 5. 5. 설립된 유럽평의회는, 개별국가의 자기통제능력을 불신하여 인권·민주주의·법치주의에 대한 공동의 감시체제를 구축하는 것을 그 골자로 하였다.[42] 유럽평의회는 1950. 11. 4. 로마에서 유럽인권협약을 채택하였으며, 동 협약은 1953. 9. 3. 발효되었다.

민주사회에 필요할 경우 집회 및 결사의 자유가 제한될 수 있음을 규정한 유럽인권협약 제11조 제2항[43]은 정당해산 사건의 재판규

---

39) BVerfGE 5, 85, 392.

40) 이보다 앞선 1961년 공산주의자 지지자 동맹(Communist Voters' League)이 연방의회 선거에 참여하고자 하였으나 금지되었고, 1963년 연방헌법재판소는 동 조직이 독일공산당의 승계 또는 대체조직으로 금지됨을 확인하였다. BVerfGE 16, 4. 자세히는 Donald P. Kommers, 앞의 책(1997), pp. 223-224.

41) 장영수, 앞의 글(2014a), 316쪽; 차진아, 앞의 글(2014), 112-114쪽.

42) 김성진, 앞의 글(2015), 10쪽.

범으로 적용되고 있으며, 권리남용의 금지에 관한 협약 제17조[44]는 전체주의 세력이 협약상의 권리를 남용하지 못하도록 하는 것에 그 목적이 있다.[45] 민주주의를 폐제할 목적으로 헌법상의 권리를 남용하는 것이 과거 파시즘의 중요한 특징이었는바, 유럽인권협약도 독일기본법과 마찬가지로 바이마르 공화국이 실패한 경험을 반영하고 있으며 규율되지 아니한 대중민주주의에 대한 불신에 입각한 것이라는 평가가 유력하다.[46] 파시스트 세력을 지지했던 인민에 대한 깊은 불신에 따라 헌법재판소 등의 비(非)선출기관에 권한을 위임한 것이 전후 유럽정치의 특색을 이루며,[47] 헌법재판소의 부상 및 역할의 증대가 방어적 민주주의의 강화로 이어졌다는 연구[48] 또한 유사한 취지이다.

파시즘의 참상에 관한 기억으로부터 영향을 받은 것은 유럽 공동체만이 아니었다. 1948년 채택된 세계인권선언(Universal Declaration of

---

43) "이 권리의 행사에 대하여는 법률에 의하여 규정되고, 국가안보 또는 공공의 안전, 무질서 및 범죄의 방지, 보건 및 도덕의 보호, 또는 다른 사람의 권리 및 자유의 보호를 위하여 민주사회에서 필요한 것 이외의 어떠한 제한도 가해져서는 아니 된다. (후략)" 이하 유럽인권협약을 비롯한 국제인권법의 번역은 정인섭 편역, 『국제인권조약집』, 사람생각, 2000의 것을 참고하였다.

44) 이 협약 중의 어떠한 규정도 국가, 집단 또는 개인이 이 협약에 규정된 권리 및 자유를 파괴하거나, 또한 이 협약에 규정된 범위 이상으로 제한하는 것을 목적으로 하는 활동에 종사하거나 수행할 권리를 가지는 것으로 해석되지 아니한다.

45) European Commission for Democracy through Law(Venice Commission), "Code of Good Practice in the Field of Political Parties", CDL-AD(2009)021, 3 June 2009, para. 72.

46) Ruti Teitel, "Militating Democracy: Comparative Constitutional Perspectives", *Michigan Journal of International Law*, Vol. 29, No. 1, 2007, p. 64.

47) Jan-Werner Müller, 앞의 글(2015), pp. 151-152.

48) Jan-Werner Müller, "Beyond Militant Democracy?", *New Left Review*, Vol. 73, 2012b, p. 42.

Human Rights: UDHR) 제30조는 "이 선언의 그 어떠한 조항도 특정 국가, 집단 또는 개인이 이 선언에 규정된 어떠한 권리와 자유를 파괴할 목적의 활동에 종사하거나, 또는 그와 같은 행위를 할 어떠한 권리도 가지는 것으로 해석되지 아니한다."고 하였다. 시민적 및 정치적 권리에 관한 국제규약(International Covenant on Civil and Political Rights: ICCPR, 이하 '자유권규약')[49] 제5조 제1항에도 거의 같은 내용이 규정되었다. 권리남용을 통제하는 위 규정들은 파시스트 기타 극단주의 세력에 대한 기억에 연유한다.[50]

Ⅲ. 호주와 미국에서의 도입여부에 대한 논의

이처럼 제2차 세계대전 직후의 방어적 민주주의는 주로 독일을 중심으로 전개되었으며, 유럽 공동체의 설계에도 일정 부분 영향을 끼쳤다. 그러나 최근에는 이 시기 호주와 미국에서 있었던 사안들이 방어적 민주주의의 관점에서 논의되기도 하는바 간략히 소개한다.

1. 호주 공산당에 대한 해산시도

일반적으로 영미 국가들은 방어적 민주주의와 친하지 아니한 것으로 평가되어 왔으나,[51] 1950년 호주 공산당(Australian Communist

---

49) 동 규약은 1966. 12. 16. 제21회 국제연합 총회에서 채택되어 1976. 3. 23. 발효되었으며, 우리나라에서는 1990. 7. 10. 발효되었다.

50) Gregory H. Fox and Georg Nolte, 앞의 글(1995), pp. 40-41.

51) Capoccia는 그 이유로 방어적 민주주의의 개념 및 실무가 이들의 경험 외부의 것이었다는 점, 공산주의 국가들이 인민민주주의(people's democracy)를 주창하는 냉전 당시의 상황에서 민주주의의 이념형(ideal model)으로부터 이탈하는 것을 생각하기 어려웠다는 점을 든다. Giovanni Capoccia, "Militant Democracy: The Institutional Bases of Democratic Self-Preservation", *Annual Review*

Party)에 대한 해산의 시도를 방어적 민주주의와 관련하여 풀어낸 연구[52)]가 있어 주목할 만하다.

1920년 창당한 호주 공산당은 1944년 1인의 주의원 배출에 그치는 등 선거에서 이렇다 할 성공을 거두지 못해왔다. 그러나 1949년 총선에서 보수당의 Robert Gordon Menzies는 공산당 해산을 공약으로 제시하였고, 집권 후 제출한 공산당 해산 법률안이 1950. 10. 20. 발효되었다.[53)] Menzies 수상은 공산주의의 위협을 들어 해산 법률의 정당성을 주장하였으며, 당시의 여론 또한 여당의 편이었다. 호주 공산당은 정부가 이러한 법률을 제정할 권한이 없다며 동법에 대한 위헌결정을 구하였다.[54)]

이 사건의 주된 쟁점은 동법이 헌법 제51조에 규정된 정부의 법률제정권한을 일탈하였는지 여부였으며, 호주 공산당이 호주의 민주주의에 위협을 초래하였는지 여부는 크게 다루어지지 않았다. 호주 대법원은 국방에 대한 위협을 판단하는 권한은 정부가 아닌 대법원에 속한다는 이유에서, 동법이 법률제정권한을 일탈하여 무효라고 보았다.[55)] 이후 정부는 헌법을 개정해 공산당을 해산하겠다는 방침 하에 국민투표를 추진하였으나, 헌법개정안은 1951. 9. 22. 실시된 국민투표에서 부결되었다.[56)]

Svetlana Tyulkina(2011)는 호주가 스스로를 방어적 민주주의 국가라 생각하지 않으며, 호주에서 방어적 민주주의의 성격이 뚜렷한 헌법 규정도 찾아볼 수 없음을 인정한다. 그러나 이 연구는 당시 정부가 헌정질서의 유지를 명분으로 해산을 정당화한 것에서 방어적 민주

---

of Law and Social Science, Vol. 9, 2013, p. 210.

52) Svetlana Tyulkina, 앞의 글(2011), pp. 103-109.

53) The Communist Party Dissolution Act 1950 (Cth)

54) 추홍희, 『법이란 무엇인가?』, 세계법제연구원, 2015c, 10-18쪽.

55) Australian Communist Party v. The Commonwealth (1951) 83 CLR 1.

56) 추홍희, 앞의 책(2015c), 19-33쪽.

주의의 논리가 드러난다고 본다.[57)]

생각건대, 호주 공산당이 민주주의를 폐제하려 한다는 이유에서 해산되어야 한다는 것이 정부 측 입장이었다면, 그 논리는 방어적 민주주의와 크게 다르지 않다. 그러나 호주 공산당이 민주주의에 초래하는 위협이 이 사건의 주된 쟁점이 아니었던 점, 오늘날에도 호주가 스스로를 방어적 민주주의 국가로 인식하지 아니하는 점 등을 고려할 때, 60여 년 전 한 차례 실패한 정당해산 시도의 존재만으로 호주를 방어적 민주주의 국가로 보기는 어려울 것이다.

2. Dennis v. Unites States

호주와 마찬가지로 미국 또한 방어적 민주주의와 친하지 않은 국가라는 것이 일반적인 평가이다.[58)] 그러나 일명 '스미스법'[59)]이 수정헌법 제1조에 위배되는지 여부가 문제된 Dennis v. United States 사건[60)]을 방어적 민주주의로 설명한 최근의 연구가 있다. 이 연구에 따르면, 동 사건은 냉전 당시 공산주의 세력에 대한 비합리적이며 정당화될 수 없는 두려움에 이끌린 민주주의자들이 방어적 민주주의를 채택한 사례라고 할 수 있다.[61)]

---

57) Svetlana Tyulkina, 앞의 글(2011), pp. 104, 106-109.

58) 가령 Mark V. Tushnet, "United States of America", in Markus Thiel ed., *The Militant Democracy's Principle in Modern Democracies,* Farnham: Ashgate Publishing Ltd., 2009, pp. 376-377.

59) 1940. 6. 28. 발효된 외국인등록법(Alien Registration Act)의 제1조 내지 제3조를 말한다. 자세히는 오동석, "20세기 전반 미국 국가보안법제의 형성과 과제", 『공법학연구』, 제9권 제3호, 한국비교공법학회, 2008, 387-388쪽.

60) Dennis v. United States, 341 U.S. 494 (1951). 미국 정부가 스미스법에 따라 미국 공산당을 대대적으로 단속하여 관계자들을 기소한 사건이다. 박용상, 앞의 글(2012), 103-104쪽.

61) Svetlana Tyulkina, 앞의 글(2011), pp. 110-111.

여기서 표현의 자유에 관한 '명백하고 현존하는 위험의 법칙'이 후퇴한 사례로 널리 알려진 이 사건을 자세히 부연할 필요는 없을 것이다. 다만 스미스법이나 Dennis v. United States 사건이 방어적 민주주의의 논리에 따른 것이었다고 보기 어렵다는 점은 밝혀두고자 한다. 스미스법은 합법적인 정치세력으로서의 공산당에 대한 것이 아니었다.[62] 예컨대 동법 제2조의 (a) 제1항은 무력이나 폭력 혹은 정부 공무원의 암살을 통해 연방정부를 파괴 또는 전복할 필요성 혹은 의도를 주창·교사·조언·교수하는 행위를 처벌하는바,[63] 이러한 행위들은 그 자체로 위법성이 명백하며 민주주의 국가에서만의 문제도 아니다. 이 같은 구성요건에서는, 외견상 합법성을 갖추고 민주주의 제도를 활용하는 파시즘과의 유사성을 찾아보기 힘들다.

Ⅳ. 소결

제2차 세계대전 직후 독일은 바이마르 공화국의 실패에 대한 반성에서 독일기본법을 제정하였으며, 두 차례의 정당해산결정을 통해 방어적 민주주의 원리를 조심스럽게 관철하였다. 또한 파시즘에 대한 기억은 전후 국제사회, 특히 유럽 공동체의 설계에 커다란 영향을 미쳐, 권리남용을 금지하고 집회 및 결사의 자유를 제한하는 내용을 담은 유럽인권협약이 발효되었다. 최근에는 호주와 미국에서의 사건이 방어적 민주주의의 관점에서 논의되기도 한다.

---

62) Nancy L. Rosenblum, 앞의 책(2008), p. 432.

63) SEC. 2. (a) It shall be unlawful for any person－(1) to knowingly or willfully advocate, abet, advise, or teach the duty, necessity, desirability, or propriety of overthrowing or destroying any government in the United States by force or violence, or by the assassination of any officer of any such government

제3절 1970년대 독일에서의 광범위한 적용

독일에서 1950년대 두 차례의 정당해산결정을 통해 방어적 민주주의가 조심스럽게 관철되었다면, 1970년대에는 방어적 민주주의가 기본권 제한의 원리로서 보다 폭넓게 적용되었다고 할 수 있다.[1)2)] 한편 이 시기 독일사회에서는 게릴라 및 초국가적인 테러리즘이 문제된바 이에 대하여도 살펴본다.

Ⅰ. 독일 내 방어적 민주주의의 일반화

1970년대 독일은 방어적 민주주의를 극단적 위험에 대처하는 한계 원리로서가 아니라, 일반적으로 적용될 수 있는 기본권 제한의 원리로 확장하였다고 평가된다.[3)] '군인판결(BVerfGE 28, 36)'에서 연방헌법재판소는 "독일연방공화국은 국민들에게 자유민주적 질서를 방어할 것을 기대하며, 이 자유민주적 질서를 반대하기 위한 목적으로 기본권을 남용하는 것을 용납하지 않는 민주주의(국가)"라 하면서, 이러한 방어적 민주주의의 원칙은 연방군대 내부질서에 있어서도 타당하다고 설시하였다.[4)] 세칭 '도청판결(BVerfGE 30, 1)' 또한 방어적

---

1) 장영수, 앞의 글(1983), 67쪽.
2) 1960년대 독일에서는 기본권의 실효가 시도되었으나 무산된 바 있다. BVerfGE 11, 282. 이후 1969. 3. 20. 연방정부가 극우적이라 생각되는 출판인, 편집인에 대하여 출판의 자유를 상실시킬 것을 청구하였으나 1974. 7. 2. 기각되었다. BVerfGE 38, 23. 김백유, "헌법수호-평상적 헌법수호제도(정태적·동태적) 이론을 중심으로", 『성균관법학』, 제18권 제3호, 성균관대학교 비교법연구소, 2006, 58-59쪽의 각주 193.
3) 장영수, 앞의 글(2014a), 304쪽.
4) BVerfGE 28, 36, 48.

민주주의를 기본권의 한계를 긋는 원칙으로 폭넓게 적용함으로써 큰 논란을 초래한 사건으로 이해되고 있다.[5)]

특히 주목할 것은 공직자의 충성의무를 이유로 한 공직취임금지가 문제된 '급진주의자판결(BVerfGE 39, 334)'이다. 사건의 시작은 1972. 1. 28. Brandt 수상이 주지사들과의 협의를 통해 내린 결정인 급진주의자명령(Radikalenerlass)[6)]이었다. 이것은 헌법적대적인 조직의 구성원들을 공직에서 배제하는 것을 목적으로 하였으며, 특히 공산독일당을 겨냥하고 있었다.[7)] 이에 따라 슐레스비히-홀슈타인(Schleswig-Holstein)주의 시보 수습과정에서 배제된 한 사법직 후보가 소를 제기하였고, 연방행정법원은 슐레스비히-홀슈타인 주(州)공무원법률 제9조 제1항 제2호[8)]에 대한 위헌법률심판을 제청하였다. 연방헌법재판소는 이 사건에서, 방어적 민주주의가 기본법의 근본결단이며[9)] 직업공무원제에 따라 공무원의 헌법에 대한 충성의무가 인정된다는 점을 확인하고,[10)] 심판대상조항이 합헌이라 판시하였다. 헌법과 공무원법상의 규정들은, 자유민주적 기본질서의 보호를 위해 필요하며 국가에 봉사하려는 자는-그가 원하기만 한다면-누구나 충족할 수 있는 정당한 허용전제를 내세우고 있을 뿐이라는 것이었다.[11)] 동 판결

---

5) 장영수, 앞의 글(1983), 60쪽. 연방헌법재판소는 동 결정에서, 도청사실에 대한 사전통지의 배제는 국가의 존속과 자유민주적 기본질서의 수호를 위해 국민이 수인해야 하는 것이라고 하였다.

6) '공직에서의 헌법적대적 세력들의 문제에 관한 원칙들(Grundsätze zur Frage der verfassungsfeindlichen Kräfte im öffentlichen Dienst)'을 일컫는다. 차진아, 앞의 글(2014), 317쪽.

7) 차진아, 위의 글(2014), 317쪽.

8) 언제라도 기본법의 의미의 자유민주적 기본질서를 위해 나설 보장이 있는 자만이 공직에 취임할 수 있다는 내용의 규정이었다.

9) BVerfGE 39, 334, 349.

10) BVerfGE 39, 334, 366f.

11) BVerfGE 39, 334, 370f.

에 대하여는 국민의 기본권 보장보다 민주주의 수호를 우선하는 것이라는 우려[12]와 변형된 정당금지결정이라는 비판[13]이 제기되었고, 공직취임금지의 넓은 적용범위와 남용에 관한 지적[14]도 잇따랐다.

이후 독일에서는 공산독일당 당원으로 활동하며 공무원의 충성의무를 위반하였다는 이유에서 여교사 Dorothea Vogt를 해임한 것이 문제되었으며, 이 사건은 최종적으로 유럽인권재판소에서 다루어졌다. 유럽인권재판소는 공무원에게 헌법에 대한 충성의무를 부과하는 것 자체는 인정되지만, 당시 독일과 같이 엄격한 충성의무를 부과하는 회원국을 찾아볼 수 없다고 하였다.[15] 재판소는 해임 조치가 당사자의 명예에 중대한 영향을 미친다는 점, Vogt의 업무수행에 대한 평가가 양호했던 점, 공산독일당이 독일에서 금지되지 아니한 점 등을 고려하여, Vogt를 해임한 것이 유럽인권협약 제10조와 제11조를 위반한 것이라고 판단하였다.[16]

Ⅱ. 독일에서의 게릴라와 테러리즘

1970년대 독일은 도시 게릴라 및 초국가적인 테러리즘의 문제에 직면해 있었다. 팔레스타인 테러단체인 '검은 9월단(Black September)'이 뮌헨 올림픽 테러(Munich massacre: 1972)를 자행하였으며, 이어 스톡홀름 서독대사관 인질극(1975), 독일적군파(Red Army Faction: RAF)의

12) 장영수, 앞의 글(2014a), 318쪽.

13) 이종수, "헌법충실원칙(Verfassungstreue)에 관한 독일연방헌법재판소의 해석론과 그 비판-특히 급진주의자결정(Radikalen-Beschluβ)을 중심으로", 한국헌법판례연구학회 편,『헌법판례연구[2]』, 박영사, 2000, 91-92쪽 참조.

14) John E. Finn, 앞의 책(1991), pp. 207-209.

15) Vogt v. Germany, ECtHR, Application no. 17851/91, judgment of 28 September 1995 (Grand Chamber), para. 59.

16) Vogt v. Germany, para. 61. 이 사건에 관하여 자세히는 추홍희 편역,『유럽의 법과 정치: 정당해산심판』, 세계법제연구원, 2015, 24-48쪽 참조.

Hanns-Martin Schleyer 납치 사건(1977), 루프트한자 181편 납치 사건(1977)[17]이 발발했다.[18] 당시 도시 게릴라와 테러리즘은 비상조치법(Notstandsgesetze)·월남전·북대서양조약기구(NATO)에 대한 반감 및 1960년대 후반의 저항적인 정치 사조를 배경으로 하였다고 설명된다.[19]

독일 당국은 테러 및 도시 게릴라에 강경히 대처하였다. 테러리즘에 보다 효과적으로 대응하기 위해 경찰력의 집중화가 이루어졌고,[20] 뮌헨 올림픽 테러 이후에는 대테러 특수부대인 GSG-9(Grenzschutzgruppe 9 der Bundespolizei)가 창설되어 루프트한자 181편 납치 사건에서 구출 작전을 성공적으로 수행하였다.[21] 흥미로운 것은 이 같은 독일의 반(反)테러법제나 실무를 방어적 민주주의의 측면에서 논의한 문헌이 많지 않다는 점이다.[22] 테러리즘과 방어적 민주주의의 관련성은 제3장 제4절 Ⅱ.에서 상세히 검토한다.

Ⅲ. 소결

독일에서 방어적 민주주의가 점차 광범하게 적용된 것이 이 시기의 특징이며, 이에 대하여는 적잖은 비판이 제기되어왔다. 예를 들

---

17) 1977년 발발한 일련의 테러사건을 '독일의 가을(Deutscher Herbst)'이라고도 한다.

18) John E. Finn, 앞의 책(1991), pp. 201-203.

19) John E. Finn, 위의 책(1991), p. 201.

20) 1973년 연방범죄수사청(Bundeskriminalamt: BKA)은 국내 반테러 정책을 총괄하고 테러에 관한 모든 정보를 수집할 수 있는 권한을 부여받았다. John E. Finn, 위의 책(1991), p. 206.

21) Alan Rosenfeld, "Militant Democracy: The Legacy of West Germany's War on Terror in the 1970s", *The European Legacy*, Vol. 19, No. 5, 2014, pp. 579-581.

22) 당시 서독의 반테러 정책이 인간의 존엄성·자유민주적 기본질서·방어적 민주주의에 대한 기본법의 헌신에 입각한 것이라는 견해로 John E. Finn, 앞의 책(1991), p. 206.

어 Häberle는 방어적 민주주의가 이데올로기에 감염되기 쉬우며 일면적이라고 하면서, 이러한 개념을 경솔하게 사용하는 것이 위험하다고 경계하였다.[23)]Hans-Jürgen Papier and Wolfgang Durner(2003)는 군인판결에서 인정된 모든 국민의 헌법에 대한 일반적인 충성의무가 기본법과 친하지 아니한 것이라고 본다. 교수의 자유를 내세워 헌법에 대한 충성을 저버릴 수 없다고 규정한 기본법 제5조 제3항 제2문이나 직업공무원제에 대한 기본법 제33조 제5항으로부터 모든 국민의 헌법에 대한 충성의무를 도출하는 것은 유추해석의 허용범위를 넘어선다는 것이다.[24)]

또한 이 시기 독일에서는 도시 게릴라와 테러리즘의 문제가 만연하였고 이에 대응하여 일련의 조치가 강구되었으나, 이를 방어적 민주주의와 관련하여 다룬 연구는 드물다.

---

23) Peter Häberle, "Die Abhörentscheidung des Bundesverfassungsgerichts vom 15. 12. 1970-Analyse und Kritik des Urteils sowie des Minderheitsvotums vom 4. Januar 1971", *JuristenZeitung*, Bd. 26, Hft. 5/6, 1971, S. 147f. 장영수, 앞의 글(1983), 69쪽에서 재인용.

24) Hans-Jürgen Papier and Wolfgang Durner, "Streitbare Demokratie", *Archiv des oeffentlichen Rechts*, Bd. 128, Hft. 3, 2003, S. 366.

제4절 1990년대 불완전 민주주의 국가에서의 수용

정당해산심판이나 공직취임금지 등을 통해 주로 독일에서 문제되었던 방어적 민주주의에 관한 국제적인 관심이 환기된 것은 공산주의 체제 붕괴 이후라 할 수 있다.[1] 정치적으로 불안정한 중·동부유럽의 여러 신생 민주주의 국가들이 방어적 민주주의 관련 규정을 도입하였고, 학계에서도 방어적 민주주의가 성숙한 민주주의보다는 과도기 헌정질서에 적합한 개념이라는 주장이 제기된 것이다. 여기서는 이들 나라를 중심으로 이 시기 방어적 민주주의의 전개양상을 짚어보고, 민주주의의 공고화 정도와 방어적 민주주의의 관련성에 대한 논의를 살펴본다.[2]

Ⅰ. 다수 신생 민주주의 국가들의 방어적 민주주의 수용

공산주의 진영의 붕괴로 일견 이념대결이 종식된 것으로 평가되었으나, 그것이 곧 모든 민주주의 국가의 정치적, 사회적 안정을 뜻하는 것은 아니었다. 특히 중·동유럽 등지의 신생 민주주의 국가들은 민주주의에 대한 충분한 경험과 인식을 가지지 못한 실정이었으며, 잔존하고 있는 구체제 세력의 문제에도 마주해 있었다. 여기에 더하여, 이들은 파시즘이나 공산주의 등의 이념이 아닌 새로운 위협

1) Tyulkina는 이를 두고 방어적 민주주의의 두 번째 탄생(a second birth)이라고 평한다. Svetlana Tyulkina, 앞의 글(2011), p. 84.

2) 1980년대 방어적 민주주의와 관련해서는, 아랍인에 대한 증오와 차별을 선동하였다는 이유에서 1988년 총선에 참여할 수 없게 된 이스라엘의 극우정당 카흐(Kach)의 사례가 특기할 만하다. Neiman v. Chairman of the Central Elections Committee for the Twelfth Knesset[1988] IsrSC 42(4) 177. 자세히는 Gur Bligh, 앞의 글(2013), pp. 1338-1339 참조.

을 인식하게 되었다. 소수민족의 분리주의 운동, 종교적 근본주의, 혐오표현의 문제가 그것이다.

당시 국제사회도 이러한 문제를 인식하고 있었다. 한 예로 모잠비크 평화협정(1992)은 정당이 추구하는 목적이 지역적·민족적·분리주의적·인종적·종교적이어서는 아니 된다고 하였으며,[3)] 1994년 모잠비크에서 치러진 선거에는 이러한 요건을 충족하는 정당만이 참여할 수 있었다.[4)] 소수민족 분리주의와 종교적 근본주의에 관하여는 2000년대 이후 터키와 스페인, 프랑스의 사례를 통해 상세히 다루게 되므로, 여기서는 혐오표현의 문제를 중심으로 90년대 방어적 민주주의의 양상을 살펴본다.

1. 혐오표현

이 시기 중·동유럽과 인도, 이스라엘 등지에서 혐오표현의 문제가 정치적으로 불거졌다는 점은 특기할 만하다. 이하에서는 우선 혐오표현의 개념을 짚어본 다음, 혐오표현과 방어적 민주주의의 관련성을 검토하고, 혐오표현이 문제된 주요 사례를 개괄한다.

가. 혐오표현의 개념

'혐오표현'은 영어 'hate speech'를 우리말로 옮긴 것이다. 그 용어가 통일되었다고 보기는 힘들지만,[5)] 일반적으로 혐오표현이라는 용

3) General Peace Agreement for Mozambique on 4 October 1992, U.N. Doc. S/24635/Annex, p. 9.

4) Gregory H. Fox and Georg Nolte, 앞의 글(1995), p. 51; Nancy L. Rosenblum, 앞의 책(2008), p. 421.

5) 혐오표현 외에 '적의적 표현', '증오표현행위', '증오언론', '혐오발언' 등의 용어가 사용되고 있다. 김현귀, "표현의 자유와 혐오표현규제", 『헌법이론

어가 사용되고 있다.[6] 아직 혐오표현의 개념에 대한 국제사회의 보편적 합의가 있다고 보기는 어려우나,[7] 다양한 연구는 혐오표현의 주요 특징을 포착하여 나름의 정의를 시도하고 있다.

Michel Rosenfeld(2011)에 따르면 혐오표현은 "특정한 인종·민족 내지 종교집단에 대하여 대단히 공격적, 모욕적, 경멸적인 관점을 드러내는 것"을 뜻한다.[8] 박해영(2015)은 "인종, 성, 연령, 민족, 국적, 종교, 성 정체성, 장애, 언어능력, 도덕관 또는 정치적 견해, 사회적 계급, 직업 및 외모, 지적능력, 혈액형 등 특정한 그룹에 대한 편견, 폭력을 부추길 목적으로 이루어지는 의도적인 폄하, 위협, 선동 등의 표현"이라는 정의를 받아들인다.[9] 김현귀(2016)는 혐오표현이 "인종, 민족, 국적, 종교, 연령, 장애, 성별, 성 정체성 및 성적지향 등과 같은 사람의 특성에 근거하여 사람 또는 그와 같은 특성을 가진 사람의 집단에 대하여 혐오의 감정을 공격적으로 표현하거나 그와 같은 혐오를 선동하거나 확산하거나 조장하는 표현"으로, 특정한 집단 또는 그 구성원에 대한 차별과 공격의 의미를 담고 있다고 본다.[10] 이들 연구에서는 ①특정의 인종·성별·종교집단에 대한 ②혐오와 경멸적 관점을 ③공격적으로 표현하는 행위라는 공통적인 개념징표를 찾아볼 수 있다.

그러나 이러한 요소들만으로는, 제2차 세계대전 이래 규제의 대상이 되어 1990년대 이후 불완전 민주주의 국가들에서 특히 문제되

과 실무』, 2016-A-3, 헌법재판소 헌법재판연구원, 2016, 8-9쪽.

6) 박해영, "혐오표현(Hate Speech)에 관한 헌법적 고찰", 『공법학연구』, 제16권 제3호, 한국비교공법학회, 2015, 138쪽.

7) 홍성수, "혐오표현의 규제: 표현의 자유와 소수자 보호를 위한 규제대안의 모색", 『법과사회』, 제50권, 법과사회이론학회, 2015, 290쪽.

8) Michel Rosenfeld, *Law, Justice, Democracy and the Clash of Cultures: A Pluralist Account*, Cambridge: Cambridge University Press, 2011, p. 239.

9) 박해영, 앞의 글(2015), 138쪽.

10) 김현귀, 앞의 글(2016), 9쪽.

는 혐오표현의 본질을 모두 담아내기 어렵다. 무언가를 극히 싫어하는 것이 인간이 가지는 일반적인 감정이라는 점[11) 또한, 혐오표현이 보다 구체적인 어떤 것으로 이해되어야 함을 말해준다. 이 점에서 '집단적 차별성'과 '차별의 역사성'에 주목한 이승현(2016)의 정의는 주목할 만하다. 이 연구는 혐오표현이 변화시킬 수 없는 인격적 구성요소로서의 속성을 공유하는 사회적 약자로서의 표적집단(target group)을 대상으로 하며(집단적 차별성), 표적집단에 대하여는 장기간 축적된 차별의식이 전형화·정상화·일반화되어 있음(차별의 역사성)을 지적한다. 또한 혐오표현도 표현행위의 일종이기 때문에, 직접적인 폭력이나 제노사이드와 같이 의견표현의 차원을 벗어나 행동에 농축되는 정도에 이르는 경우는 혐오표현에 포함되지 않는다고 한다. 이러한 고찰을 토대로 이승현(2016)은 혐오표현을 "(변화 불가능한 인격적 구성요소로서의 속성인) 인종, 민족, 종교, 성별 및 성적 지향·성별정체성 등에 기하여 역사적으로 차별을 받아온 집단에 대한 부정적 편견에 기반한 적대적 표현행위"라고 정의한다.[12)] 역사적으로 차별의 대상이었던 권력적 약자 집단에 주로 가해지는 혐오표현의 특성 및 혐오표현에 대한 구체적 개념설정의 필요성을 고려하여, 이 책에서는 위의 개념정의를 받아들이기로 한다.[13)]

---

11) 이승현, "혐오표현(Hate Speech)에 대한 헌법적 고찰", 연세대학교 대학원 법학과 법학박사학위논문, 2016, 39쪽.

12) 이승현, 위의 글(2016), 26-43쪽.

13) 유럽평의회 각료위원회가 1997년 채택한 '권고 제20호'에 따르면, 혐오표현은 "인종적 증오, 외국인 혐오, 반유대주의, 불관용에 기반을 둔 기타 형태의 증오를 전파, 선동, 고무 또는 정당화하는 모든 형태의 표현"이며, 이때 불관용은 "공격적 민족주의, 자민족중심주의, 소수자·이민자·이민 배경을 가진 사람들에 대한 차별과 적개심으로 표현되는 불관용"을 포함한다. 여기에서는 주로 소수자 집단을 대상으로 가해지는 차별의 문제에 관한 인식을 엿볼 수 있다. Council of Europe's Committee of Ministers, "Recommendation 97(20) Of The Committee Of Ministers To Member States On "Hate Speech"", 30

나. 혐오표현에 대한 규제의 역사 및 관련규범

특정집단에 대한 적대적인 표현의 규제는 제2차 세계대전 이후 등장하였으며, 이는 제노사이드의 경험을 통해 인종주의와 인종차별이 가지는 위험성을 인지하고 이를 철폐하고자 하였던 국제사회의 합의에 따른 것이었다.[14)]

혐오표현 규제의 국제법적 근거로는 제노사이드에 대한 직접 혹은 공연한 선동을 처벌하는 제노사이드협약[15)] 제3조(c), 인종적 우수성이나 적대감에 근거한 사상의 전파 등을 금하는 인종차별철폐협약(1965)[16)] 제4조, "차별, 적의 또는 폭력의 선동이 될 민족적, 인종적 또는 종교적 증오의 고취는 법률에 의하여 금지된다."고 규정한 자유권규약 제20조 제2항 등이 있다. 지역인권조약 중 미주인권협약(American Convention on Human Rights)[17)] 제13조 제5항은 자유권규약 제20조 제2항과 거의 같은 내용을 담고 있으며, 표현의 자유를 제한할 수 있는 경우를 예정한 유럽인권협약 제10조 제2항이나 권리남용금지에 관한 동 협약 제17조도 혐오표현 규제의 근거규범이라 할 수 있다.

October 1997 (이하 '권고 제20호') 참조.

14) 이하 혐오표현 규제의 전개양상은 이승현, 앞의 글(2016), 7-10쪽과 이주영, "혐오표현에 대한 국제인권법적 고찰-증오선동을 중심으로-", 『국제법학회논총』, 제60권 제3호, 대한국제법학회, 2015, 201-203쪽을 요약, 정리한 것이다.

15) 정식 명칭은 '집단살해죄의 방지와 처벌에 관한 협약(Convention on the Prevention and Punishment of the Crime of Genocide: CPPCG)'이다. 1948. 12. 9. 국제연합 총회에서 채택되었고, 1951. 1. 12. 발효되었다.

16) '모든 형태의 인종차별철폐에 관한 국제협약(International Convention on the Elimination of All Forms of Racial Discrimination: ICERD)'을 말한다. 1965. 12. 21. 국제연합 총회에서 채택되어 1969. 1. 4. 발효되었다.

17) 1969. 11. 22. 채택되어 1978. 7. 18. 발효된 인권협약으로 산호세 협정(Pact of San José)이라고도 불린다.

주요 국가들도 혐오표현을 규제하기 위한 제도를 정비하였다. 1960년 형법(Strafgesetzbuch: StGB) 제130조에 '대중선동죄(Volksverhetzung)'를 신설한 독일,[18] 인종관계법(Race Relation Act 1965)에 인종 등에 대한 적대적 고무행위의 금지를 규정한 영국이 대표적이다. 캐나다는 1970년 형법(Criminal Code, R.S.C. 1985, c. C-46) 제318조와 제319조를 통해, 제노사이드 및 적대감 선동·증진의 표현행위를 처벌할 수 있도록 하였다. 프랑스는 인종차별의 규제에 관한 법률(Loi n° 72-546 du 1 juillet 1972 relative à la lutte contre le racisme)을 제정하여, 인종 등을 이유로 개인과 집단에 대해 적대적 표현을 하는 것을 금지하였다.

이처럼 일련의 법제가 정비·시행되면서, 서구의 여러 민주주의 국가들에서 인종주의·공산주의·파시즘의 언사가 성공적으로 금지되었다는 평가도 개진된다.[19] 반면 표현의 자유가 다른 헌법적 가치들보다 일반적으로 우위에 있는 미국의 경우, 내용이나 관점에 근거하여 표현의 자유를 규제하는 것이 쉽지 않으며,[20] 증오범죄에 대한 대응이나 십자가소각에 대한 가벌성의 인정 등을 통한 우회적·제한적 규제를 선택한 것으로 평가된다.[21] 일본 또한 혐오표현에 직접적으로 적용할 수 있는 규정을 가지고 있지 않으며, 판례 역시 불특정다수를 대상으로 한 혐오표현에 현행법령이 적용될 여지가 없다는 입장이어서,[22] 사실상 규제가 없는 국가로 분류되고는 한다.[23]

---

18) 1994년에는 홀로코스트를 부인, 찬양, 정당화하는 등의 행위를 처벌하는 제3항과 제4항이 신설되었다.

19) Michel Rosenfeld, "Book Review: Extremist Speech and the Paradox of Tolerance", *Harvard Law Review*, Vol. 100, No. 6, 1987, p. 1457.

20) Ronald J. Krotoszynski, Jr., "A Comparative Perspective on the First Amendment: Free Speech, Militant Democracy, and the Primacy of Dignity as a Preferred Constitutional Value in Germany", *Tulane Law Review*, Vol. 78, 2004, p. 1564.

21) 이승현, 앞의 글(2016), 90-98쪽 참조.

22) 고타니 준코, 송지은·백원우 옮김, "표현의 자유의 한계", 『공익과 인권』, 통권 제15호, 서울대학교 공익인권법센터, 2015, 407-409쪽 참조.

다. 혐오표현과 방어적 민주주의의 관련성에 대한 논의

일찍이 Loewenstein은 파시즘의 기술이 민주주의 제도 및 정치 지도자에 대한 비방·중상·조롱을 포함하고 있음을 지적하면서, (방어적 민주주의의 이념에 따라) 표현의 자유를 제한할 필요를 역설하였다.[24] 또한 오늘날 독일의 홀로코스트 부인죄를 방어적 민주주의로 설명하는 논자들도 있다.[25] 그러나 독일의 경우를 제외한다면, 민주주의가 안정된 국가들에서의 혐오표현 규제를 방어적 민주주의의 맥락에서 설명한 연구는 드물다. 이것은 영미 국가들의 경우 일반적으로 방어적 민주주의의 개념과 친하지 아니한데다, 서구 민주주의 국가들에서 혐오표현의 문제가 불거지기는 했어도 그것이 이들의 민주주의 체제를 근본적으로 위협하는 정도는 아니었기 때문이라고 할 수 있다.

이와 달리, 1990년대 중·동유럽 각국의 혐오표현 규제에 관하여는, 방어적 민주주의의 차원에서 활발한 논의가 이루어지고 있다. 이들은 민주주의의 경험이 부족하였고, 경제적으로 풍요로운 것도 아니었으며, 구체제 세력이 잔존하고 있어 불완전한 민주주의를 수호할 필요가 절실하였다. 이처럼 민주주의가 공고화될 여건이 구비되지 못한데다 종교적 근본주의나 소수민족의 문제가 대두되는 상황에서, 검열의 폐지는 극단적인 혐오표현의 증가로 이어져[26] 민주주의에 대

---

23) 이승현, 앞의 글(2016), 98-103쪽 참조.

24) Karl Loewenstein, 앞의 글(1937b), pp. 652-654.

25) Robert A. Kahn, *Holocaust Denial and the Law: A Comparative Study*, New York: Palgrave Macmillan, 2004, pp. 147-152.

26) Jiri Priban and Wojciech Sadurski, "The Role of Political Rights in the Democratization of Central and Eastern Europe", in Wojciech Sadurski ed., *Political Rights Under Stress in the 21st century Europe*, Oxford: Oxford University Press, 2006, p. 219.

한 위협으로 인식되기에 이르렀다. 가령 1990년대 체코에서는, 소수민족인 집시를 위협하는 상징물로 야구방망이를 사용하는 스킨헤드의 하위문화가 문제되었다.[27] 헝가리에서도 민족주의와 반유대주의에 입각한 혐오표현이 만연하였고,[28] 혐오표현을 처벌하는 규정의 위헌성이 다투어지기도 하였다. 1992년 헝가리 헌법재판소는, 증오선동을 처벌하는 헝가리 형법 제269조 제1항은 합헌이나 순전히 공격적·경멸적인 표현을 처벌하는 동조 제2항은 위헌이라 하였는바,[29] 이에 대하여는 방어적 민주주의와 미국의 내용중립적인 규제를 접목한 것이라는 평가가 있다.[30] 이처럼 중·동유럽 등지의 혐오표현이 문제되는 상황에서, 유럽평의회 각료위원회는 1997년 '권고 제20호'를 채택하여 혐오표현에 대한 회원국들의 종합적인 대응을 독려하였다.[31]

이 시기 불완전한 민주주의 국가에서의 혐오표현 규제는 중·동유럽만의 일이 아니었다. 이스라엘 기본법은 인종주의의 선동을 정당금지의 사유로 규정하는바,[32] 아랍인에 대한 증오와 차별을 선동하

---

27) Uladzislau Belavusau, "Hate Speech and Constitutional Democracy in Eastern Europe: Transitional and Militant?(Czech Republic, Hungary and Poland), *Israel Law Review*, Vol. 47, Issue 1, 2014, p. 35.

28) 1996. 10. 23. 수백 명의 스킨헤드가 시위를 전개한 후 네오나치 지도자인 Albert Szabó가 검거되었으나, 법원은 그가 인종적 적대감을 선동하지 않았으며 단지 표현의 자유를 행사한 것이라며 무죄를 선고하였다. 또한 Áron Monús가 Hitler의 『나의 투쟁(Mein Kampf)』을 헝가리어로 번역·출간하여 규제당국이 이를 금지하였고 이는 부다페스트 지방법원에서도 유지되었으나, 항소심은 표현의 자유에 입각한 Monús의 주장을 받아들였다. Uladzislau Belavusau, 위의 글(2014), p. 48.

29) Decision 30/1992. (V. 26.) AB of the Constitutional Court, 18 May 1992.

30) Uladzislau Belavusau, 앞의 글(2014), pp. 43-44.

31) 이주영, 앞의 글(2015), 203쪽.

32) Basic Law: The Knesset(1958) 7A. Prevention of participation of candidates' list (Amendments 9, 35, and 39) a. A candidates' list shall not participate in elections

였다는 이유에서 1988년 국회의원선거에 참여하는 것이 금지되었던 극우정당 카흐는 같은 이유로 1992년 총선에도 참여할 수 없게 되었다.[33] 인도에서는 극우정당 시브 세나(Shiv Sena)의 지도자 Bal Thackeray가 1987년 마하라슈트라 주의원으로 출마한 Ramesh Yeshwant Prabhoo를 지지하면서 이슬람을 비방하는 연설을 한 것이 문제되었다. Prabhoo는 이 선거에서 당선되었으나 이후 지방법원에 의하여 의원직을 상실하였고,[34] 이러한 판단은 대법원에서도 유지되었다. 종교집단 간 적의를 선동하고 종교적 소수자의 권리를 침해함으로써 민주주의의 정당성을 훼손했다는 것이 이 같은 제재를 뒷받침하였다.[35]

2. 종교적 근본주의: 알제리 사태

불완전한 신생 민주주의 국가들에서는 혐오표현과 함께 종교적

---

to the Knesset, and a person shall not be a candidate for election to the Knesset, if the objects or actions of the list or the actions of the person, expressly or by implication, include one of the following:

1. negation of the existence of the State of Israel as a Jewish and democratic state;
2. incitement to racism;
3. support of armed struggle, by a hostile state or a terrorist organization, against the State of Israel.

33) Movshovitz v. Chairman of the Central Elections Committee for the Thirteenth Knesset[1992], IsrSC 46(3) 541; Kach List v. Chairman of the Central Elections Committee for the Thirteenth Knesset[1992] (unpublished).

34) 인도의 1951년 국민대표법(The Representation of the People Act, 1951) 제100조 제1항 b목은 선거가 무효화될 수 있는 사유로 후보자나 선거운동원의 부정행위(corrupt practice)를 규정하였다. 또한 동법 제123조 제3항은 후보자나 선거운동원이 종교·인종·계층 등에 근거하여 특정 후보자에게 투표하거나 투표하지 말 것을 독려하는 것을 부정행위로 규정하였다. https://indiankanoon.org/doc/320017에서 확인 가능(최종접근일 2018. 6. 13.)

35) Ramesh Yeshwant Prabhoo (Dr) v. Prabhakar K Kunte (1996) 1 SCC 130. 이 사건에 관하여 자세히는 Alexander S. Kirshner, 앞의 글(2011), pp. 61-63 참조.

근본주의의 문제가 제기되었으며, 알제리 사태는 그 가장 극적인 예라고 할 수 있다. 1991년 알제리에서는 약 30년 만에 처음으로 복수정당이 참여하는 선거가 실시되었고, 동 선거는 심각한 부정 없이 치러졌다는 것이 일반적인 인식이었다. 이 선거에 참여한 이슬람구국전선(Front Islamique du Salut: FIS)은 장차 집권할 경우 알제리를 이슬람 국가로 전환할 의도를 뚜렷이 하였으며, 지도부 다수는 민주주의에 대한 적개심을 노골적으로 드러내었다. 그럼에도 불구하고 이슬람구국전선은 제1차 투표에서 압승을 거두었고, 2차 투표에서 개헌에 필요한 2/3 이상의 의석을 확보할 것이 유력하였다. 이후 군부가 개입하여 2차 투표를 취소하였으며, 보안당국은 동 정당의 당원 다수를 검거하였다. 1992. 2. 9. 비상계엄이 선포되었고, 동년 3월 알제리 행정법원은 동 정당의 해산을 명하였다.[36)]

민주주의에 대한 반감을 완연히 드러냈던 이슬람구국전선이 대중의 폭넓은 지지에 힘입어 선거에서 압승을 거둔 알제리의 사례는, 정치사회적 환경에 따라서는 종교적 극단주의가 민주주의 자체를 폐제할 정도로 세력화할 수 있음을 보여주었다. 다만 반민주적인 세력을 저지한 것이 또 다른 반민주적 세력이었다는 점에서, 알제리 사태를 방어적 민주주의의 사례라 하기는 어렵다. 종교적 근본주의의 문제는 터키의 정당해산 사례와 터키·프랑스에서의 종교적 복장 규제를 통해 자세히 다루게 된다.

Ⅱ. 공고한 민주주의 국가들에서의 예외적 활용

이 시기 공고한 민주주의 국가들에서 방어적 민주주의와 관련하여 특기할 만한 사건으로는 1993년 독일에서의 정당해산심판 사례가

36) Gregory H. Fox and Georg Nolte, 앞의 글(1995), pp. 6-7.

있다. 함부르크 주의회는 함부르크 지역에 국한하여 활동하고 있었던 민족주의명부에 대한 해산심판을 청구하였으며, 연방정부와 연방참사원(Bundesrat)은 슈투트가르트를 중심으로 설립되어 미약하지만 전국적으로 활동하고 있었던 자유독일노동자당에 대한 해산심판을 청구하였다.[37] 그러나 독일 연방헌법재판소는 조직의 범위와 강도, 당원의 수 및 공적인 활동에 비추어 정치적 의사형성에 영향을 미치려는 목적의 진지성이 충분하지 못하다는 이유에서, 이들을 기본법 제21조 및 독일 정당법(Parteiengesetz) 제2조 제1항의 정당으로 인정할 수 없다며 청구를 모두 각하하였다.[38] 하지만 이후 민족주의명부와 자유독일노동자당은 모두 기본법 제9조 제2항 소정의 결사로서 금지되었다.[39]

Ⅲ. 민주주의의 공고화와 방어적 민주주의의 관련성 논의

성숙한 민주주의 국가들에서 방어적 민주주의가 예외적으로 활용된 반면 여러 불완전 민주주의 국가들이 방어적 민주주의 관련 규정을 도입함에 따라, 민주주의의 공고화와 방어적 민주주의의 관련성에 대한 논의가 전개되어왔다.

1990년대 일군의 학자들은 방어적 민주주의가 성숙한 민주주의 국가들보다는 과도기의 국가들에 적합한 것이라는 입장을 피력하였다. 가령 Gregory H. Fox and Georg Nolte(1995)는 경제적으로 취약하고

37) 당시 독일경제가 통일 후유증으로 어려움에 처하면서 인종차별적 기치를 내건 극우세력이 준동한 것이 청구의 배경이라 이해된다. 한수웅 외, 앞의 책(2015), 710-711쪽.

38) BVerfGE 91, 262; 91, 276.

39) 자세히는 이성환 외, 앞의 책(2004), 55쪽; 송석윤, 앞의 글(2010b), 61-62쪽 참조.

사회제도가 효율적이지 못한 사회에서 극단주의 정당이 호소력을 가지며, 민주주의에 대한 위협은 초기의 민주주의 국가들에 가장 만연하다고 하였다.[40] 이러한 입장은 2000년대 이후의 여러 연구에서도 찾아볼 수 있다. András Sajó(2004)는 탈공산주의 국가들이 민주주의를 위협하는 감성의 정치에 취약하며, 과도기 민주주의 국가들에는 공산주의로의 회귀·극단적인 민족주의에 따른 영토적 분열·극우세력의 횡행이라는 위험이 도사리고 있다고 보았다.[41] Ruti Teitel (2007)은 방어적 민주주의가 과도기 입헌주의에 속하는 개념으로 이해되어야 하며, 성숙한 민주주의 국가들에는 부적절한 것일 수 있다는 입장을 피력했다.[42] 안정적인 민주주의 국가에서라면 반민주주의자들의 위험에 맞서 국가권력을 동원할 필요가 그리 절실하지 않겠지만, 취약한 민주주의 국가들의 경우에는 사정이 다르다고 한 Samuel Issacharoff(2007)[43]도 같은 취지이다.

이와 달리, 불안정한 민주주의 국가들에서 방어적 민주주의가 오·남용될 가능성을 경계한 최근의 연구도 있다. Svetlana Tyulkina (2015)는 이 같은 위험성을 지적하고, 방어적 민주주의에 입각한 조치를 취함에 있어 강력한 정당화 논거와 절차적 보장이 선결되어야 한다고 하였다.[44] 이재희(2015b)는 신생 민주주의 국가에서는 정당해산 등 방어적 민주주의 관련 제도가 집권세력이 반대파를 탄압하는 수단으로 악용될 가능성이 높으며, 따라서 원칙적으로 정당해산을 이용할 수 없다고 본다. 설사 이들 국가에 정당해산이 제도화되어 있다 하더라도, 존재하되 사용되지 않는 제도로 만들어야 한다는 것

---

40) Gregory H. Fox and Georg Nolte, 앞의 글(1995), pp. 13, 67.

41) András Sajó, "Militant Democracy and Transition Towards Democracy", in András Sajó ed., *Militant Democracy*, Utrecht: Eleven Publishing, 2004, pp. 209, 217.

42) Ruti Teitel, 앞의 글(2007), p. 49.

43) Samuel Issacharoff, 앞의 글(2007), pp. 1451-1453.

44) Svetlana Tyulkina, 앞의 책(2015), p. 7.

이다.[45]

그렇다면 실제 민주주의의 공고화 정도와 방어적 민주주의 관련 조치의 채택·적용 간 상관관계는 어떠한가? 먼저 주목할 것은 중·동유럽의 탈공산주의 국가들이 방어적 민주주의 관련 제도를 도입했지만, 실제로 이를 적용하는 데에는 소극적이었다는 사실이다. 그 이유로는 이들의 정치체제가 점차 안정되어 극단적인 사상과 운동을 포용할 수 있게 되었다는 점, 전체주의 치하에서의 불우한 경험이 비자유적인 조치의 활용을 꺼리게 만든다는 점, 방어적 민주주의를 관철하기보다는 정치적 수단으로 대처하는 것이 낫다는 인식이 싹텄다는 점 등이 꼽힌다.[46] 이와 관련하여, 신생 민주주의 국가들이 방어적 민주주의에 내재한 위험성에 적절히 대처하고 있다는 평가가 있다.[47]

신생·불완전 민주주의 국가가 반드시 방어적 민주주의 관련 제도를 채택·적용하는 경향이 있다고 보기 어렵다는 점은 남아프리카공화국의 사례에서도 확인된다. 정당해산 등의 제도를 도입하였으나 그 적용에 소극적이었던 것이 중·동유럽 국가들의 특징이라면, 남아프리카공화국은 아예 정당을 금지하는 제도 자체를 두지 않았다는 점에서 흥미롭다. 이것은 아파르트헤이트(apartheid) 당시의 억압에 대한 기억으로 인해 결사의 자유에 대한 제약이 부당한 구체제의 유산으로 여겨졌으며, 구체제 엘리트들을 포용하는 협력적 민주화가 이루어지면서 극단주의 세력이 약화되었기 때문이라고 설명된다.[48]

반면 우리나라나 독일에서처럼, 민주주의가 확립되고 오랜 시간

45) 이재희, 앞의 글(2015b), 264쪽.

46) Svetlana Tyulkina, 앞의 글(2011), pp. 127-128; 윤정인·김선택, 앞의 글(2014a), 46쪽의 각주 4.

47) Svetlana Tyulkina, 위의 글(2011), p. 88.

48) Jörg K. Kemmerzell, "Why There is no Party Ban in the South African Constitution", *Democratization*, Vol. 17, No. 4, 2010, pp. 701-703.

이 지나 정당해산결정 내지 정당해산의 시도가 이루어지는 경우도 있다. 이를 정리하면, 민주주의가 공고하지 못하다고 하여 방어적 민주주의 관련 제도를 도입·적용하는 경향이 두드러진다고 일반화하기는 곤란하며, 그 나라의 역사나 정치적 상황이 관건이라는 잠정적인 결론의 도출이 가능할 것이다.[49] 최근의 통계연구는 일정 수준 이상의 민주주의를 갖추고 오랜 시간이 지나 정당을 금지한 국가가 적지 않으며, 전반적인 민주주의의 수준이 높다고 평가되는 국가들에서 정당이 금지되는 경우도 많았음을 보여준다.[50] 이에 대하여는 제3장 제4절 Ⅴ.에서 상세히 살펴본다.

Ⅳ. 소결

독일에서 두 차례의 정당해산시도가 있었으나, 이 시기 방어적 민주주의 관련 제도의 채택·적용 및 그에 대한 논의는 신생의 불안정한 민주주의 국가들을 중심으로 전개되었다. 민주주의의 경험이 부족한 상황에서 종교적 근본주의나 혐오표현 등의 새로운 문제까지 마주하게 된 이들은 민주주의 체제를 수호하기 위한 일련의 제도를 수용하였고, 학계에서도 방어적 민주주의는 취약한 과도기의 민주주의 국가들에 보다 적합한 개념이라는 주장이 제기되어왔다.

그러나 중·동유럽의 여러 탈공산주의 국가들은 비자유주의적인 예방수단을 실제로 적용하는 것에 소극적이었으며, 남아프리카공화국의 사례 또한 신생·불완전 민주주의 국가가 필연적으로 정당금지와 같은 제도를 채택하는 것은 아님을 보여준다. 요컨대, 특정 국가가 방어적 민주주의에 입각한 제도를 도입하여 적용하는지의 여부

49) Svetlana Tyulkina, 앞의 글(2011), p. 87.

50) Angela K. Bourne, "Democratization and the Illegalization of Political Parties in Europe", *Democratization*, Vol. 19, No. 6, 2012, pp. 1065-1085.

는 민주주의의 공고화라는 기준만으로 설명할 수 없으며, 그 나라의 역사적 특수성과 사회적 여건을 아울러 고려할 필요가 있다.

제5절 1990년대 후반 이후 국제규범 확립과 확대적용

1990년대 신생 민주주의 국가들을 중심으로 이루어졌던 방어적 민주주의에 대한 논의는 1990년대 후반부터 지금에 이르기까지 더욱 활발해지는 추세이다. 9·11 테러 이후 여러 민주주의 국가들은 테러리즘의 위협을 새로이 인식하게 되었으며, 일각에서는 세계화와 함께 초국가적인 방어적 민주주의의 가능성을 모색하고 있다. 한편 유럽인권재판소에서 당사국의 정당해산·금지조치가 유럽인권협약을 위반하였는지 여부를 심판한 사례가 집적되고, 베니스위원회가 정당금지 등의 규제에 관한 지침과 의견을 제시함에 따라, 방어적 민주주의의 연구대상이 보다 풍부해졌다. 또한 테러리즘·종교적 근본주의·소수민족 분리주의·혐오표현 등이 지속·심화되면서, 이들 문제에 대한 방어적 민주주의의 확대적용 가부가 다투어지고 있기도 하다. 여기서는 위의 내용을 중심으로, 1990년대 후반 이래 방어적 민주주의의 이론과 실무가 전개되어온 양상을 살펴본다.

Ⅰ. 9·11 테러 이후 방어적 민주주의 관련 논의의 활성화

방어적 민주주의와 반테러리즘의 관련성에 대하여는 견해가 나뉜다. 테러리즘과 파시즘의 유사성이나 방어적 민주주의의 확대적용에 따른 규범적 효용성을 근거로 방어적 민주주의를 반테러리즘에 확장할 것을 주장하는 논자가 있는가 하면, 양자가 본질적으로 다르며 따라서 반테러리즘이 방어적 민주주의에 포섭될 수 없다는 입장도 있다.

그러나 위와 같은 견해의 대립은 차치하더라도, 9·11 테러가 방어적 민주주의에 대한 논의를 크게 활성화한 것은 부인하기 어렵다.[1)] 물론 70년대 독일의 사례에서 보다시피 테러리즘의 문제는 9·11 테러 이전에도 있었다. 그러나 9·11 테러는 서구식 민주주의 국가들로 하여금 스스로가 이슬람 근본주의 세력의 표적이 되었다고 생각하게끔 하였으며, 이에 따라 방어적 민주주의에 관한 정치적·법적 담론이 활발해졌다.[2)] 또한 9·11 테러 이후 여러 서구 민주주의 국가들에서 벌어진 테러는, 방어적 민주주의가 반테러리즘에 확장·적용될 수 있는지 여부에 대한 논의의 증대로 이어졌다. 이 문제는 제3장 제4절 Ⅱ.에서 다룬다.

Ⅱ. 방어적 민주주의의 초국가적인 적용에 관한 논의

세계화가 심화되면서 방어적 민주주의를 초국가적으로 적용해야 한다는 주장이 제기되고 있는 것도 오늘날 방어적 민주주의 담론의 중요한 특색을 이룬다. 국제사회가 개별 국가에 민주주의를 부과하는 것의 가능성과 규범적 정당성을 모색한 연구는 90년대에도 발견되지만, 근래 헝가리나 루마니아 등 유럽연합 회원국들의 민주주의에 대한 우려는 초국가적인 방어적 민주주의에 관한 관심을 배가하였다.[3)]

---

1) 방어적 민주주의의 회춘(rejuvenation)이 부분적으로 테러리즘과 종교적 근본주의에 대한 대응에 따른 것이라는 견해로 Patrick Macklem, "Militant Democracy, Legal Pluralism, and the Paradox of Self-Determination", *International Journal of Constitutional Law*, Vol. 4, No. 3, 2006, p. 491.

2) Svetlana Tyulkina, 앞의 글(2011), p. 82.

3) 유럽연합이 회원국들의 민주주의 퇴행에 대처할 효과적인 법적·정치적 수단을 결여하고 있다는 비판으로 Jan-Werner Müller, 앞의 글(2016), p. 263.

1. 회원국이 민주주의를 유지할 의무가 있다는 견해

초국가적인 방어적 민주주의를 주장하는 논자들은 국제연합의 회원국들이 민주주의 정치제도를 유지할 국제법적 의무가 있다고 본다. 예컨대 자유권규약 제25조는 모든 시민이 진정한 정기적 선거에서 투표하거나 피선될 권리를 가진다고 규정하는바, 동 규정을 채택·발효한 당사국들은 진정한 정기적 선거를 치르기로 하는 구속력 있는 약속을 하였다고 볼 수 있다는 것이다.[4] 또한 국가, 집단 또는 개인의 권리남용에 통제를 가하는 자유권규약 제5조 제1항은, 당사국이 규약에서 인정되는 정치적 결사의 자유(제22조 제1항)나 선거권·피선거권(제25조)을 침해해서는 안 된다는 소극적 의무를 부여하는 것으로 해석될 여지가 있다.

유사한 맥락에서, 유럽연합 회원국들이 민주주의 제도를 유지할 의무가 있다는 주장도 제기된다. 예컨대 1993년 유럽이사회(European Council)는 동유럽 국가들로의 유럽연합 확대를 결정하면서 가입의 조건으로 시장경제, 회원국으로서의 의무 충족과 함께 민주주의를 제시한바(코펜하겐 기준),[5] 이에 비추어 유럽연합에 가입한 국가들은 당연히 민주주의 정치질서를 유지해야 한다는 것이다.[6] 한편 유럽연합조약 제6조 제2항에 따라 유럽연합은 유럽인권협약에 가입하며, 유럽인권협약은 자유권규약과 마찬가지로 권리남용을 통제하는 규정(제17조)을 두고 있다. 또한 유럽인권협약 제1추가의정서 제3조는 당사국들이 주기적으로 비밀투표에 의한 자유선거를 실시할 것을 약속한다는 내용을 담고 있다.

일각에서는 개별 국가들이 민주주의를 폐지하지 말아야 할 소극

4) Gregory H. Fox and Georg Nolte, 앞의 글(1995), p. 61.
5) 강원택·조홍식, 『하나의 유럽』, 푸른길, 2009, 362쪽.
6) Svetlana Tyulkina, 앞의 글(2011), p. 351.

적 의무를 넘어, 민주주의를 방어하기 위해 보다 적극적인 조치를 취해야 할 의무를 부담한다고 본다. 자유권규약 제2조 제2항[7]에 따라, (정치적) 결사의 자유(제22조 제1항)나 (피)선거권(제25조)을 실현하고 민주주의를 지속하기 위하여 자기방어조치를 채택하는 것이 필요하다면 당사국은 그렇게 해야만 한다는 주장이 그 예이다.[8] 민주사회에 필요한 것일 경우 결사의 자유에 제한을 가할 수 있도록 하는 동 규약 제22조 제2항이 당사국에 방어적 민주주의에 입각한 조치를 취할 적극적 의무를 부여한다고 보는 논자도 있다.[9]

2. 유럽연합이 개별 국가에 개입할 권한을 가진다는 견해

개별 국가가 민주주의를 폐지하지 말아야 할 소극적 의무와 방어적 조치를 취할 적극적 의무를 부담한다는 주장을 넘어, 근래에는 국제사회 특히 유럽연합이 민주주의를 수호하기 위하여 개별 국가에 개입할 권한을 가진다는 견해도 제기되고 있다.

Jan-Werner Müller(2015)는 최근 헝가리가 민주주의에 대한 유럽 공동체의 합의로부터 이탈하였음에도 불구하고 유럽연합이 이 같은 권위주의로의 퇴행에 효과적으로 대처하지 못했으며,[10] 이는 루마니아의 경우에도 다르지 않았다고 본다.[11] 이 같은 관찰은 유럽연합이 회원국들의 자유민주주의를 수호하는 역할을 수행할 권한(authority)

---

7) 이 규약의 각 당사국은 현행의 입법조치 또는 기타 조치에 의하여 아직 규정되어 있지 아니한 경우, 이 규약에서 인정되는 권리들을 실현하기 위하여 필요한 입법조치 또는 기타 조치를 취하기 위하여 자국의 헌법상의 절차 및 이 규약의 규정에 따라 필요한 조치를 취할 것을 약속한다.
8) Gregory H. Fox and Georg Nolte, 앞의 글(1995), p. 64.
9) Svetlana Tyulkina, 앞의 글(2011), pp. 350-351.
10) Jan-Werner Müller, 앞의 글(2012b), pp. 44-45.
11) Jan-Werner Müller, 앞의 글(2015), pp. 141-142.

및 역량(capacity)을 가지고 있는지에 대한 물음으로 이어진다.

Müller는 유럽이사회가 유럽연합조약 제2조[12)]에 규정된 민주주의의 가치에 대한 회원국의 중대하고 지속적인 침해가 존재한다는 결정을 내린 경우, 그 회원국 정부대표의 의결권 정지 등의 제한을 가할 수 있도록 하는 유럽연합조약 제7조가 거의 활용되지 못하고 있음을 지적한다. 또한 민주주의에 대한 도전은 개별적 기본권의 침해에만 주목해서는 해결할 수 없는 문제라는 점에서 법원의 역할에도 한계가 있으며, 민주주의를 수호하는 기능을 정당정치에 일임하는 것도 부적절하다는 것이 그의 판단이다.[13)] 그는 유럽 민주주의의 수호자(guardian) 역할을 할 수 있는 새로운 제도로 가칭 코펜하겐 위원회(Copenhagen Commission)를 구상한다. 이 새로운 기구에는 회원국들의 민주주의 실태를 조사할 수 있는 권한이 부여되어야 하며, 동 기구의 조언에 따라 유럽위원회(European Commission)가 해당 국가에 대한 재정지원을 삭감하거나 상당한 벌금을 부과하는 등의 제재를 취해야 한다는 것이 그의 제안이다.[14)] 다만 개별 국가에 대한 과도한 간섭이 되지 않도록 자유민주주의 원리가 침해된 경우에만 사후적으로 개입해야 하고, 회원국들의 자정(self-correction) 가능성이 있다고 판단되거나 민주주의 원칙의 위반이 우발적·일회적인 경우 개입을 자제해야 한다고 한다.[15)]

유럽연합이 민주주의를 수호하기 위하여 개별 국가에 개입할 권한을 가진다는 주장을 뒷받침하는 논거들도 제시되고 있다. 회원국

12) 연합은 인간의 존엄성의 존중, 자유, 민주주의, 평등, 법의 지배 및 소수자의 권리를 포함한 인권 존중의 가치 위에 설립된다. 이 가치들은 다원주의, 비차별, 관용, 정의, 연대 및 남녀평등을 특징으로 하는 사회에 있어 회원국에 공통하는 것이다.

13) Jan-Werner Müller, 앞의 글(2015), pp. 147-149.

14) Jan-Werner Müller, 위의 글(2015), pp. 150-151.

15) Jan-Werner Müller, 위의 글(2015), pp. 155-156.

의회가 유럽연합 가입을 비준하면서 유럽의 규칙에 따를 것을 자유로이 결정하였다는 점, 유럽연합법(European Union Law)[16]의 적용을 받는 유럽연합 시민들은 비민주적인 회원국이 이러한 규범의 제정에 참여하지 않도록 할 정당한 이해관계를 가진다는 점, 유럽연합이 비민주적 회원국을 축출할 수 있는 규정을 가지고 있지 아니한 점 등이다.[17]

3. 국제법원의 역할에 주목하는 견해

초국가적으로 민주주의를 수호하는 역할을 담당할 새로운 기구를 제안하는 견해도 있으나, 유럽인권재판소와 같은 국제법원의 역할에 주목하는 입장도 있다. 자국의 민주주의를 수호하는 것은 1차적으로 그 나라의 몫이지만, 방어적 민주주의에 입각한 조치가 정치적인 목적으로 남용되어 도리어 민주주의를 해칠 우려가 있으며, 사법부의 독립이 보장되어 있지 못한 경우 국내에서의 사법심사는 적절한 구제책이 되기 어렵다. 이때 각국의 정치적 압력이나 이해관계로부터 상대적으로 자유로운 국제법원이 해당 조치의 당부를 평가하고 통제할 수 있다는 것이다.[18]

---

16) 1993. 11. 1. 유럽연합에 관한 조약(마스트리히트 조약)이 발효하기 이전에는 유럽공동체(European Communities: EC)의 법질서를 의미하는 용어로 EC법이라는 명칭이 일반적으로 사용되어 왔다. 그러나 유럽연합의 창설 이후에는 EU법(유럽연합법)이라는 용어의 사용이 점차 일반화되었다. 채형복, 『유럽연합법』, 한국학술정보, 2005, 65쪽.

17) Jan-Werner Müller, 앞의 글(2015), pp. 144-146.

18) 특히 각국의 정당해산결정에 대한 국제법원의 심사에 주목한 연구로 Samuel Issacharoff, 앞의 글(2007), p. 1454.

4. 비판

그러나 방어적 민주주의를 초국가적인 차원에서 적용하려는 시도에 대하여는 우려의 목소리도 없지 않다. 국제기구들에서 민주주의의 원리가 충실히 구현되고 있지 못하며 주요 국제법 또한 선진 민주주의 국가들의 국내법에 비해 투명성·민주적 정당성·책임성이 미흡하다고 보는 입장에서는, 국제법의 확대야말로 민주적 의사결정의 쇠퇴를 초래한다고 본다.[19)]

현실적인 한계를 언급한 연구도 있다. Müller는 유럽연합 차원에서의 방어적 민주주의를 주장하면서도 유럽연합조약 제7조가 제 기능을 하지 못하고 있음을 인정하였는데, 이것은 제재규정이 언젠가는 자신에게 적용될 수도 있다는 회원국의 우려에 따른 결과로 여겨진다.[20)] 유럽헌법이 유럽인들의 비준을 받지 못하고 사장된 경험에서도, 초국가적인 규범의 제정 및 적용에 대한 개별 국가들의 소극적인 태도가 드러난다.

국제법원의 판결·결정이 현실적인 구속력을 가지지 못한다는 지적도 있다. 예컨대 헝가리가 법관의 정년을 70세에서 62세로 하향하자 유럽사법재판소(European Court of Justice: ECJ)가 '고용과 직업에서의 평등대우에 관한 제2000-78호 지침(Council Directive 2000/78/EC)' 위반임을 확인하였으나,[21)] 모든 법관들이 복직된 것은 아니며 집권당인 청년민주동맹(Fidesz)에 충성하는 신임 법관들도 그 직을 유지하고 있다는 것이다.[22)] 유럽인권협약 위반을 확인하는 유럽인권재판소

---

19) James Allan, 앞의 책(2014), pp. 83, 107-121.

20) Jan-Werner Müller, 앞의 글(2015), p. 147.

21) European Commission v Hungary, ECJ, C-286/12, judgment of 6 November 2012 (First Chamber).

22) Jan-Werner Müller, 앞의 글(2015), pp. 147-148.

의 판결이 직접 국내 법률을 폐지·무효화하거나 국내 확정판결을 번복하지 않는다는 점 또한, 국제법원의 현실적인 한계를 보여준다.[23]

Ⅲ. 정당금지 관련 기준의 확립 및 심판 사례의 집적

이처럼 방어적 민주주의를 초국가적으로 적용할 수 있는지에 대하여는 전망이 엇갈린다. 그러나 특히 유럽에서 정당해산·금지에 관한 국제적인 기준이 구체적으로 확립되고, 각국의 정당해산·금지결정이 유럽인권협약을 위반하였는지 여부를 판단한 사례가 집적되었다는 점에는 주목할 필요가 있다. 여기서는 베니스위원회가 제시해온 정당해산·금지의 기준을 개괄한 다음, 터키, 스페인, 독일 등에서의 주요 사례를 검토한다.

1. 정당해산·금지 관련 국제기준의 확립·구체화

1998. 11. 1. 발효된 유럽인권협약 제11추가의정서에 의해 상설재판소로 거듭난 유럽인권재판소는 유럽의 헌법재판소 내지 특수한 준(準)헌법재판소라고 평가되고 있으며,[24] 지금까지 총 12건의 정당해산 사건을 다루었다. 이러한 과정에서 유럽평의회의 헌법관련 자문기구인 베니스위원회는, 정당해산이나 그와 유사한 조치를 취함에

---

23) 유럽인권협약 제46조에 따라, 당사국은 유럽인권재판소의 판결에 따라야 할 의무가 있다. 그러나 유럽인권재판소는 판결을 직접 집행할 수 있는 권한을 가지지 않으며, 행위 당사국에 손해배상을 명할 수 있을 뿐이다. 신옥주, “유럽차원에서의 인권보호를 위한 유럽인권재판소(EGMR)의 역할 고찰-‘사생활 및 가족생활존중권’ 판례를 중심으로-”, 『헌법학연구』, 제16권 제1호, 한국헌법학회, 2008, 386쪽.

24) 이주윤, “유럽인권협약의 헌법적 기능”, 『법학연구』, 제39집, 한국법학회, 2010, 365-366쪽.

있어 일련의 규범적 지침을 제시하여왔다. 이하에서는 유럽인권재판소와 베니스위원회가 확립해온 정당해산·금지에 관한 국제기준을 살펴본다.

가. 유럽인권협약의 해석과 적용

유럽인권재판소에서의 정당해산심판은, 정당을 설립하여 활동해온 개인 또는 집단이 협약 당사국에서의 정당해산조치로 인해 협약에서 보장하는 권리를 침해당했다고 주장하며 해당 당사국을 상대로 제소하는 형태로 이루어진다.[25)] 이때 우선 적용되는 재판규범은 결사의 자유에 관한 유럽인권협약 제11조이며, 유럽인권재판소가 정치적 결사의 자유를 정치적 표현의 자유를 보호하기 위한 것으로 파악하고 있어 표현의 자유에 관한 협약 제10조가 함께 고려되곤 한다.[26)] 재판소는 협약 제11조의 문언에 따라 정당해산조치가 ①법률의 규정에 근거한 것인지, ②정당한 목적을 위한 것인지, ③민주사회에서 필요한(necessary in a democratic society) 조치인지를 검토한다. 여기서 '필요성'은 정당에 가해진 제한이 협약 당사국이 추구하는 목적의 달성에 필요한 수단일 것, 다시 말해 양자가 비례적일 것을 요구한다. 한편 권리남용을 통제하는 협약 제17조에 따라 당해 제소를 심리부적격으로 판정하여 각하할 수 있으나, 정당해산심판사건에서 동조가 자주 적용되고 있지는 않다.[27)]

협약을 해석·적용할 때에는 국가주권을 존중하는 측면에서 보충성의 원칙(Principle of Subsidiarity)[28)]에 의하고 있으며, 협약에 명시적

---

25) 윤정인·김선택, 앞의 글(2014a), 48쪽.
26) 윤정인·김선택, 위의 글(2014a), 50-51쪽.
27) 윤정인·김선택, 위의 글(2014a), 52-55쪽.
28) 유럽인권협약에 의하여 확립된 보호 장치가 각 회원국 내에서 수행되는

인 근거규정은 없지만 각국의 사정과 문화적·역사적 차이를 고려하여 당사국에 판단의 재량이 인정된다(Margin of Appreciation Doctrine). 다만 당사국의 판단재량은 무제한적인 것이 아니며, 유럽인권재판소의 감독이 뒤따른다.[29)]

나. 베니스위원회의 지침 및 의견

유럽인권재판소가 여러 정당해산 사건을 통해 관련기준을 정립해 나감과 동시에, 베니스위원회는 정당해산 기타 유사조치에 대한 지침과 의견을 제시해왔다. 여기서는 그 중 대표적인 것들의 주요 내용을 개괄한다.

(1) 정당의 금지와 해산 및 유사 조치에 관한 지침

베니스위원회는 1998년 '정당금지와 유사조치에 관한 보고서(Report on Prohibition of Political Parties and Analogous Measures(CDL-INF(1998)014))'를 채택하였으며, 이를 토대로 한 '정당의 금지와 해산 및 유사조치에 관한 지침'에서 7가지의 주요 지침을 제시하였다.[30)] 동 지침은 유럽인권재판소의 정당해산심판 사건에서 심판기준으로 자주 원용되며, 민주주의 체제에서 정당이 가지는 중요성을 인식하고 그 존속과 활동을 두터이 보호하는 것으로 이해된다.[31)]

인권보장에 보충적으로 작용한다는 의미이다. 윤정인·김선택, 위의 글(2014a), 56쪽.

29) 자세히는 윤정인·김선택, 위의 글(2014a), 56-59쪽 참조.

30) European Commission for Democracy through Law(Venice Commission), "Guidelines on Prohibition and Dissolution of Political Parties and Analogous Measures", pp. 4-5. 번역은 윤정인·김선택, 위의 글(2014a), 62-63쪽을 약간 수정하였다.

31) Svetlana Tyulkina, 앞의 글(2011), p. 140.

1. 국가는 누구든지 자유롭게 정당을 결성할 권리가 있음을 인정하여야 한다. 이 권리는 정치적 의견을 가질 자유와, 당국의 간섭 없이 그리고 국경과 영역에 상관없이 정보를 주고받을 자유를 포함한다. 정당을 등록하도록 요구하는 것 그 자체만으로는 이 권리를 침해하는 것으로 간주되지 아니할 것이다.
2. 정당의 활동을 통하여 위에 언급된 근본적인 인권을 행사하는 것에 대한 모든 제한은, 평시는 물론 공공적 비상사태의 경우에도, 유럽인권협약 기타 국제적 조약의 관련규정에 부합하여야 한다.
3. 정당의 금지 또는 강제해산은 민주적 헌법질서를 전복하기 위한 정치적 수단으로 폭력의 사용을 옹호하거나 폭력을 사용하고, 이를 통해 헌법에 의해 보장되는 권리와 자유를 손상시키는 정당의 경우에만 정당화될 수 있다. 정당이 헌법의 평화적 변경을 주창한다는 사실만으로는 정당금지나 해산의 사유로 충분하지 않다.
4. 정치적/공적 활동 및 정당 활동의 영역에서 정당에 의해 권한을 부여받지 않은 구성원들의 개별적 행위에 대하여 전체로서의 정당에 그 책임을 물어서는 아니 된다.
5. 특히 광범위한 효력을 가지는 조치로서 정당의 금지 또는 해산의 사용은 극도로 자제되어야 한다. 정부 기타 국가기관들은, 권한 있는 사법기관에 정당의 금지 또는 해산을 요청하기 전에, 국가의 관련 상황을 고려하여 그 정당이 진정으로 자유민주적 정치질서 또는 개인의 권리에 대하여 위험을 제기하는지 여부와 덜 극단적인 다른 조치로 그러한 위험을 예방할 수 있는지 여부를 평가해야 한다.
6. 정당의 금지 또는 법적으로 강제되는 해산을 향한 법적 조치들은 위헌성을 사법적으로 판단한 결과여야 하고, 예외적인 성격을 가지는 것으로 여겨져야 하며, 비례원칙에 따라야 한다. 그러한 모든 조치는, 개별 구성원뿐만이 아니라 정당 자체가 위헌적인 수단을 사용하거나 사용을 준비하여 정치적 목적을 추구한다는 충분한 증거에 근거해야 한다.

7. 정당의 금지 또는 해산은, 헌법재판소 기타 적절한 사법기관에 의해 적법절차, 공개의 원칙과 공정한 재판이 완전하게 보장되는 절차에서 결정되어야 한다.

이처럼 베니스위원회는 정당금지·해산의 요청이 그 정당이 초래하는 위험성에 대한 평가에 의한 것이어야 하며, 정당해산 등의 조치가 비례원칙에 따라야 한다는 입장이다. 이 같은 입장은 뒤에서 보는 지침과 의견에서도 일관되어 있으며, 독일공산당 해산결정의 법리와 대비를 이룬다.

(2) 기타

베니스위원회는 2008. 12. 채택한 '정당 분야에서 바람직한 행동규약과 설명보고서'에서도, 정당을 금지·해산하는 조치는 합법적인 것으로서 예외적인 경우에만 취해져야 하며 비례원칙을 따라야 함을 강조하였다.[32] 2010. 10. 채택된 '정당 규제에 관한 지침'은 정당규제에 관한 10대 원칙을 제시하였는데, 결사 및 표현의 자유에 대한 모든 제한은 헌법이나 법률에 근거한 것이어야 한다는 점(Principle 3. Legality), 정당에 가해지는 모든 제한은 비례적이어야 한다는 점(Principle 4. Proportionality)이 강조되었다.[33] 또한 동 지침은 "폭력을 사용하지 않고 시민의 평화나 그 국가의 민주적 헌법질서를 위협하지 않는다면" 그 정당을 해산할 수 없다고 하였는바,[34] 비폭력적 정당을 금지·해산함에 있어서는 민주적 기본질서에 대한 위험성을 요

32) European Commission for Democracy through Law(Venice Commission), "Code of Good Practice in the Field of Political Parties", para. 71.

33) European Commission for Democracy through Law(Venice Commission), "Guidelines on Political Party Regulation", CDL-AD(2010)024, 25 October 2010. paras. 16-17.

34) European Commission for Democracy through Law(Venice Commission), "Guidelines on Political Party Regulation", para. 92.

구하는 것으로 이해된다. 이와 관련하여, "폭력의 사용을 옹호하거나 폭력을 사용하고, 이를 통해(thereby) 헌법에 의해 보장되는 권리와 자유를 손상시키는" 정당의 경우에만 금지·해산이 정당화된다고 한 '정당의 금지와 해산 및 유사조치에 관한 지침'에 비해 요건을 완화한 것이라는 평가가 있다.[35)]

한편 베니스위원회는 2009. 3. 채택한 '터키의 정당금지에 관한 헌법 및 법률 규정에 대한 의견'에서 유독 정당해산이 잦았던 터키의 정당해산제도와 실무의 현주소를 평가한바, 동 문건은 터키에서의 주요 정당해산 사건들을 개괄한 다음 검토한다.

2. 터키에서의 정당해산

터키는 1961년 헌법이 시행된 이래 지금까지 총 25차례 정당을 해산하였으며,[36)] 이 가운데 10건이 유럽인권재판소에서 다루어졌다. 유독 터키에서 이토록 다수의 정당이 해산되어온 까닭을 이해하기 위해서는, 그 역사적인 배경과 근거규범을 아울러 살펴볼 필요가 있다. 다음으로는 방어적 민주주의와 관련하여 특히 중요한 몇 가지 정당해산 사건을 검토하고, 터키의 정당해산·금지의 현주소에 대한 평가를 시도한다.

---

35) 김종서, "정당해산에 관한 베니스위원회의 기준과 그 적용–통합진보당 해산심판청구를 계기로–", 『민주법학』, 제56호, 민주주의법학연구회, 2014, 77쪽. 새로운 지침을 반대해석하면, 폭력을 사용하는 정당은 민주적 헌법질서를 위협하지 않더라도 금지·해산할 수 있다는 결론에 이르게 된다.

36) 2009. 3. 베니스위원회의 집계에 따르면 총 24건이며, 이는 군부가 정치에 개입한 시기에 금지·해산된 정당을 제외한 수치이다. European Commission for Democracy through Law(Venice Commission), "Opinion on the Constitutional and Legal Provisions to the Prohibition of Political Parties in Turkey", CDL-AD(2009)006, 13 March 2009, para. 92. 그러나 이보다 나중인 2009. 12. 11. 민주사회당(Demokratik Toplum Partisi: DTP)이 해산되었다.

가. 역사적 배경 및 정당해산의 근거규범

터키는 1923년 Mustafa Kemal의 주도로 공화국이 수립된 이래 '케말리즘(Kemalism)'의 기치 하에 서구화·현대화·세속주의·개혁주의를 추진해 왔다. 이에 따라 터키는 국민의 절대 다수가 무슬림임에도 정교분리와 세속주의를 헌법에 명시하였고,[37] 이것은 이슬람 전통을 유지하려는 지방세력·일반대중과 서구화·세속주의를 지지하는 엘리트 계층 간의 대립으로 이어졌다. 1960년에는 케말리즘을 수호하겠다는 군부가 쿠데타를 일으켜 집권하였으며, 1961년 헌법은 헌법재판소를 설립하여 정당해산심판권한을 부여하였다. 이후 터키에서는 유권자 다수의 지지를 얻은 이슬람 정당에 대한 해산결정과, 해산된 정당과 동일·유사한 정책을 가진 실질적인 대체정당이 등장하는 과정이 반복되고 있다.

또 한 가지 특기할 것은 소수민족인 쿠르드족[38]의 분리주의 운동이다. 20세기 후반 이래 쿠르드인이 다수 거주하며 경제성장의 혜택으로부터 소외된 동부·남동부지역을 중심으로 분리주의 운동이 전개되고 있는데, 이는 '영토와 국민의 통일성'을 중요한 헌법적 가치로 규정하는 터키의 헌법[39]과 정면으로 충돌한다고 여겨지고 있다. 1980년 이후 해산된 정당 가운데 약 절반이 쿠르드 분리주의를 지향

---

37) 터키 헌법 전문은 정교분리의 원칙에 따라 어떠한 경우에도 종교적 신념이 국가업무와 정치에 관여할 수 없다고 규정하며, 제2조는 "터키 공화국은 (중략) 정치와 종교가 분리된 사회국가이다."라고 규정한다. 터키 헌법의 번역은 국회도서관 법률정보실, 『세계의 헌법: 35개국 헌법 전문Ⅱ』, 동서문화사, 2013, 449-512쪽을 주로 참고하였다.

38) 쿠르드족은 터키 전체 인구의 약 20%에 육박하나, 투르크족에 비하여 상대적으로 소수이므로 다수 문헌에서 소수민족이라 표현하고 있다.

39) 터키 헌법 전문은 "터키공화국의 이익, 영토 존속 및 불가분의 원칙, 터키의 역사적 및 도덕적 가치나 아타튀르크의 민족주의 및 개혁과 현대화에 반하는 활동은 어떠한 보호도 받지 못한다."고 규정한다.

하는 정당이었다.[40)]

정당해산의 사유·절차 등은 헌법 제68조 내지 제69조에 규정되어 있다. 제68조 제4항은 정당의 정강, 정책 및 활동이 영토·국민의 불가분성과 세속주의 공화국원리에 반하여서는 아니 된다는 한계를 설정한다. 해산심판의 청구가 검찰총장에 의하여 이루어진다는 점(제69조 제4항), 정당을 해산하는 대신 국가지원의 일부 또는 전부를 박탈하는 판결을 할 수 있는 점(제69조 제7항), 정당의 영구 해산을 야기하는 행위나 진술을 한 당원들이 다른 정당의 창당인이나 당원 등이 되어 정치에 참여하는 것을 5년 간 금지한다는 점(제69조 제9항)이 특징적이다.

나. 주요 사례

터키에서는 이슬람 정당 및 쿠르드 분리주의 정당에 대한 해산결정이 빈번하였고, 그 밖에 공산주의·사회주의를 사유로 정당해산이 이루어지고 있다. 이하에서는 유럽인권재판소에서 다루어진 정당해산 사건들 중 중요한 몇 가지 사례를 검토한다.

(1) 터키연합공산당

터키 검찰총장은 당명에 "공산주의"를 포함시키고 분리주의를 선동하였다는 등의 이유로 터키연합공산당(Türkiye Komünist Partisi: TKP)에 대한 해산심판을 청구하였고, 터키 헌법재판소는 1991. 7. 16. 동 정당의 해산을 결정하였다.[41)] 유럽인권재판소는 1998. 1. 30. 동 결정

---

40) 정당해산 관련 터키의 역사적 배경에 대하여 자세히는 송석윤, 앞의 글(2010b), 77-79쪽; 윤정인·김선택, 앞의 글(2014b), 220쪽.

41) The United Communist Party of Turkey and Others v. Turkey, ECtHR, Application no. 19392/92, judgment of 30 January 1998 (Grand Chamber), paras. 9-10.

이 유럽인권협약 제11조를 위반하였다고 결정하면서 정당해산에 관한 몇 가지 기준을 제시하였으며, 그 대부분은 오늘날에도 중요한 법리로 인정되고 있다.

유럽인권재판소는 정당해산결정이 법률의 규정에 따른 것이어야 하며(prescribed by law), 정당한 목적(legitimate aim)을 구비해야 하고, 민주사회에서 필요한(necessary in a democratic society) 것이어야 한다고 하였다.[42] 특히 정당의 자유에 대한 제한은 설득력 있고 강력한 이유(convincing and compelling reasons)에 의해서만 정당화될 수 있으며, 유럽인권협약 제11조 제2항 소정의 '필요성'과 관련하여 당사국은 제한된 판단여지만을 가지고, 해산을 통해 달성하려는 목적과 해산이라는 수단 사이에는 비례관계가 필수적이라고 보았다.[43]

유럽인권재판소는 이러한 원칙을 적용하여, 당명의 선택은 원칙적으로 정당해산과 같은 조치를 정당화하는 사유가 될 수 없으며,[44] 무력에 의존하지 않고 소수민족의 문제를 공론에 붙이려는 것만으로는 정치결사에 제한을 가하는 것이 정당화될 수 없다고 판단하였다.[45]

(2) 사회주의당, 자유민주당, 인민노동당

이후 유럽인권재판소는 사회주의당(Sosyalist Parti: SP), 자유민주당(Özgürlük ve Demokrasi Partisi: ÖZDEP), 인민노동당(Halk ı n Emeği Partisi: HEP)에 대한 터키 헌법재판소의 해산결정이 모두 유럽인권협약 제11조에 반한다고 결정하였으며, 그 판단은 연합공산당 사건에서 설시한 기준에 따라 이루어졌다. 이들 사건은 영토의 통일성, 국민의 통

42) The United Communist Party of Turkey and Others v. Turkey, paras. 38-47.
43) The United Communist Party of Turkey and Others v. Turkey, paras. 46-47.
44) The United Communist Party of Turkey and Others v. Turkey, para. 54.
45) The United Communist Party of Turkey and Others v. Turkey, para. 57.

합성, 언어 등 국가정체성에 대한 도전이 문제되었다는 점에서 공통적이다.

사회주의당 사건에서 유럽인권재판소는 "정당의 정치적 프로그램이 현재 터키의 국가원리나 구조와 양립할 수 없는 것으로 여겨진다 하여 그것이 곧 민주주의와 합치하지 않음을 의미하는 것은 아니"라고 하였으며,[46] 이러한 입장은 자유민주당 사건에서도 마찬가지로 확인된다.[47] 또한 유럽인권재판소는 인민노동당 사건에서, (인민노동당이 지지하는) 자기결정권이나 언어의 권리에 대한 인정과 같은 원리들 자체가 민주주의의 근본원리에 반하는 것은 아니며, 그러한 원리들의 제안이 정부 정책이나 다수의 신념과 충돌할 경우 민주주의가 적절하게 기능하기 위해서는 공론에 부칠 필요가 있다고 하였다.[48] 이들 사건은 종교적 복장에 대한 규제 문제와 함께 제3장 제4절 Ⅲ.에서 비교·검토한다.[49]

(3) 복지당

복지당(Refah Partisi: RP) 사건은 유럽인권재판소가 당사국의 정당해산결정이 유럽인권협약을 위반하지 않았다고 본 최초의 사례로, 방어적 민주주의에 관한 논의에서 특히 중요하다.[50] 여기서는 복지당 결정의 주요 사실관계와 판시사항을 개괄하고, 동 결정에 대한

46) Socialist Party and Others v. Turkey, ECtHR, Application no. 21237/93, judgment of 25 May 1998 (Grand Chamber), para. 47.

47) Freedom and Democracy Party(Özdep) v. Turkey, ECtHR, Application no. 23885/94, judgment of 8 December 1999 (Grand Chamber), para. 41.

48) Yazar and Others v. Turkey, ECtHR, Applications nos. 22723/93, 22724/93 and 22725/93, judgment of 9 April 2002 (Fourth Section), paras. 57-58.

49) 보다 상세한 사실관계, 판시사항은 윤정인·김선택, 앞의 글(2014b), 224-230쪽 참조.

50) 이 사건이 방어적 민주주의에 대한 분석의 시금석이라는 평가로 Alexander S. Kirshner, 앞의 책(2014), p. 112.

다양한 평가를 검토한 다음, 유럽인권재판소의 결정 이후의 추이를 살펴본다.

(가) 사실관계

1983. 7. 19. 설립된 이슬람 성향의 복지당[51)]은 여러 차례 국회의원 선거와 지방선거에 참여해 왔다. 복지당은 1991년 총선에서 16.88%의 표를 얻었으며, 점차 지지율이 상승하여 1995. 12. 24. 총선에서는 약 22%, 1996. 11. 3. 지방선거에서는 약 35%의 득표를 하였다. 1995년 국회의원선거 결과 복지당은 450석 가운데 158석을 가진 원내 제1당이 되었으며, '진리의 길 당(Doğru Yol Partisi: DYP)'과 연립정권을 구성하였다.

1997. 5. 21. 복지당이 세속주의 원리에 반하는 활동의 중심이라는 이유로 동 정당에 대한 해산심판이 청구되었고, 1998. 1. 6. 터키 헌법재판소는 복지당의 해산을 결정하였다. 해산의 주요 근거는 첫째, 복지당이 신앙에 따른 차별을 초래할 다원주의 법질서(plurality of legal systems)를 제안하였으며 둘째, 복지당이 이슬람 율법(Sharia)을 도입할 의도를 가지고 있었고 셋째, 당원 일부가 성전(jihad)을 주장하였다는 것이었다.[52)]

(나) 주요 판시사항

이에 당 지도부는 유럽인권재판소에 제소하였으나, 2001. 7. 31. 유럽인권재판소 제3재판부(Third Section)는 재판관 4대 3의 의견으로 복지당에 대한 해산결정이 유럽인권협약 제 11조 위반이 아니라고 하

---

51) 1960년대 후반 이후 복지당의 전신(前身)이 있어왔음을 지적한 연구로 Svetlana Tyulkina, 앞의 글(2011), p. 217.

52) 자세한 사실관계는 Refah Partisi (The Welfare Party) and Others v. Turkey, paras. 10-12 참조.

였다. 이후 이 사건은 동 협약 제43조[53]에 따라 대재판부(Grand Chamber)로 회부되었으나, 2003. 2. 13. 대재판부는 만장일치로 복지당 해산결정이 협약 위반이 아니라고 판결하였다. 대재판부의 주요 판시는 다음과 같다.

첫째, 대재판부는 여러 종교의 행사에 대하여 국가가 중립적이고 불편부당한 조정자로서의 역할을 수행함을 강조하였으며, 세속주의 원리는 법치주의·인권의 존중·민주주의와 조화를 이루는 국가의 근본원리 가운데 하나라고 하였다.[54] 이러한 일반론에 이어 대재판부는, 다원주의 법질서에 대한 주장은 종교를 이유로 개인을 차별할 수 있는 법적인 기초를 제공하는 것으로, 인권보장자로서의 국가의 역할을 해치고 차별금지원리에 반한다고 보았다.[55] 또한 복지당이 추진해온 것과 같이 샤리아를 도입하는 것은, 협약이 보장하는 민주주의의 기본적인 원리에 부합하지 않는다는 것이 대재판부의 판단이었다. 대재판부는 형법 및 형사절차, 여성의 법적 지위에 대한 규율, 종교에 입각하여 모든 공적·사적인 삶의 영역에 개입하는 방식에 비추어 당사국에 샤리아를 도입하려는 것이 민주주의에 부합할 수 없다고 한 소재판부의 판단에 동의하였다.[56]

둘째, 대재판부는 복지당 지도부가 직접적으로 무력·폭력의 사용을 요청한 바는 없으나, 반대파 정치인들에 대한 무력 사용의 가능성을 공식적으로 언급한 당원들로부터 거리를 두는 조치를 취하지

53) 예외적인 경우 사건 당사자는 소재판부의 판결일로부터 3개월 내에 사건이 대재판부로 회부되도록 요청할 수 있다(제1항). 5명의 대재판부 판사로 구성된 패널은, 그 사건이 협약 또는 의정서의 해석이나 적용에 심각한 영향을 미치는 문제나 일반적 중요성을 갖는 심각한 문제를 야기하는 경우 회부 요청을 받아들여야 한다(제2항).

54) Refah Partisi (The Welfare Party) and Others v. Turkey, paras. 91-93.

55) Refah Partisi (The Welfare Party) and Others v. Turkey, paras. 117-119.

56) Refah Partisi (The Welfare Party) and Others v. Turkey, para. 123.

않는 등 폭력 사용에 대한 태도가 모호하다고 본 소재판부의 판단을 지지하였다.[57)]

셋째, 대재판부는 복지당 해산결정이 긴박한 사회적 필요성(pressing social need)을 충족하며 추구하는 정당한 목적에 비례해야 한다는 전제 하에, 해산 당시 복지당이 터키의 민주주의 체제에 위협을 야기할 수 있었는지 여부를 중심으로 이를 검토하였다. 이 과정에서, 복지당이 1995년 총선에서 약 22%의 지지를 얻어 158석을 차지하고 연립정권을 구성한 사실, 1997. 1. 실시된 여론조사 결과 복지당이 4년 뒤 총선에서 67%의 득표를 얻을 것으로 예상된 점 등이 비중 있게 고려되었다.[58)] 대재판부는 이러한 정황을 고려하여, 해산 당시 복지당이 단독으로 집권할 실질적인 가능성을 가졌다고 평가했다.

(다) 평가

동 결정에 대하여는 많은 비판이 있어왔으며, 그 대부분은 해산 당시 복지당의 위험성에 대한 평가나 세속주의 원리에 관한 것이다.

첫째, 대재판부가 복지당의 위험성을 인정한 것을 비판하는 논자들이 있다. 복지당이 원내 제1당으로서 장차 민주주의를 위협할 수도 있는 정황이었다 해도, 그것이 곧 다른 사람들의 참정권을 침해하거나 민주주의 제도를 훼손한 것은 아니라는 주장이 그러하다. Patrick Macklem(2006)은 어떤 정치적인 강령이 급진적이라 하더라도, 그것이 정책이 되기 전까지는 표현 및 결사의 자유에 의하여 보호되어야 한다고 본다. 폭력 등을 수반하지 않는다면, 극단주의 정당이 (단독으로) 집권하여 그러한 강령을 법률로 제정하거나 정책으로 추진하기 전까지는 민주주의에 대한 위험의 임박을 인정할 수 없다는 취지이다.[59)] 민주주의에 대한 위협이 임박하였는지 여부를 사법부가

57) Refah Partisi (The Welfare Party) and Others v. Turkey, para. 131.
58) Refah Partisi (The Welfare Party) and Others v. Turkey, paras. 107-108.

판단하는 것이 적절치 않다는 주장이나, 해산결정 당시 복지당이 전체 1/3 정도의 의석을 차지했을 뿐 다수당이 아니었기 때문에 정치적 견제가 가능했으리라는 비판[60]도 제기된다.

둘째, 세속주의 위반을 이유로 정당금지를 정당화하기 힘들다는 견해도 있다. 사회주의당 사건 등 이전 결정과의 불일치에 대한 지적,[61] 국가정체성에 대한 도전을 이유로 한 정당금지는 그러한 문제를 민주적인 논쟁의 대상에서 배제하는 것으로서 정당화되기 어렵다는 평가,[62] 복지당이 이슬람 성향이기는 하나 민주주의의 파괴를 의도한 바 없는데도 민주주의에 대한 위협으로 인식되었다는 비판[63]이 그러하다. 뒤에서 보는 이유에서, 국가정체성에 대한 도전에 방어적 민주주의가 적용되기는 어렵다. 그러나 만약 어떤 정당이 종교적인 주장을 개진하는 것에 그치지 않고 선거의 폐지나 신정(神政: theocracy)의 수립을 추진한 경우라면, 그것은 국가정체성에 대한 도전으로만 볼 수 없을 것이다.

셋째, 어떤 정당이 폭력을 지지하였는지 여부는 정당 그 자체의 활동이나 표현에 입각하여 판단해야 했다는 지적이 있다. 예컨대 당 지도부가 지하드를 주장하는 일부 당원들로부터 거리를 두지 않았다고 하여, 그 정당이 폭력을 지지했다고 보기는 어렵다는 것이다.[64]

---

59) Patrick Macklem, 앞의 글(2006), pp. 513-514.

60) Alexander S. Kirshner, 앞의 책(2014), pp. 130-131.

61) Svetlana Tyulkina, 앞의 글(2011), p. 241. 이후 내려진 결정과의 일관성 결여에 대한 비판도 가능하다. Pirin Macedonia의 자치, 분리를 주장하는 것이 곧 민주주의로부터의 일탈을 뜻하지 않는다고 한 Pirin and Others v. Bulgaria, ECtHR, Application no. 59489/00, judgment of 20 October 2005 (First Section), para. 61 참조.

62) Gur Bligh, 앞의 글(2010), pp. 74-75.

63) Carlo Invernizzi Accetti and Ian Zuckerman, 앞의 글(2016), p. 11.

64) Bligh는 정당을 금지할 것인지 여부를 결정할 때 정당 그 자체가 행한 제도적 표현(institutional expressions)에 주목해야 한다고 본다. 그는 당원들의 언

최근 통합진보당 해산결정에 대하여도, 구성원 일부의 개별적인 일탈행위를 당 전체에 귀속시킬 수 없다는 유사한 비판이 제기된 바 있다.[65)]

(라) 추이

복지당에 대한 해산결정 이후 그 후속 정당인 미덕당(Fazilet Partisi: FP) 또한 해산되었으며,[66)] 2008년에는 그 후신이자 집권당인 정의발전당(Adalet ve Kalk i nma Partisi: AKP)[67)]에 대한 해산심판이 청구되었으나 의결정족수에 1명이 미달하여 해산을 면하였다. 그러나 11명의 재판관 가운데 10명은 정의발전당이 세속주의 원리를 위반하였음을 인정하였고, 정의발전당은 보조금의 절반을 박탈당했다.[68)]

다. 터키의 정당해산 현주소에 대한 평가

지금까지 터키의 주요 정당해산 사건들을 살펴보았다. 터키의 정당해산제도 및 실무는 민주주의에 부합하는 방향으로 일정 부분 개

행을 정당에 귀속함에 있어서는 복지당 사건에서보다 더욱 엄격한 기준에 따라야 한다고 주장한다. Gur Bligh, 앞의 글(2013), pp. 1373-1374.

65) 가령 김종철, 앞의 글(2015), 57-59쪽.

66) 미덕당은 2001. 6. 22. 해산될 당시 111석을 보유한 야당이었다. 미덕당과 그 당수인 Recai Kutan은 동 해산결정에 대하여 유럽인권재판소에 제소하였으나, 이후 철회하였다. Fazilet Partisi and Kutan v. Turkey, ECtHR, Application no. 1444/02, judgment of 27 April 2006 (Third Section).

67) 정의발전당은 2002. 11. 3. 치러진 총선에서 총 550석 가운데 363석을 차지하며 단독 집권하였으며, 2007. 7. 22. 재집권에 성공하였다. 김대성, “터키 정의발전당의 창당과 집권에 대한 연구 - 2002년 총선을 중심으로”, 『지중해지역연구』 제10권 제4호, 부산외국어대학교 지중해지역원, 2008, 2, 14쪽.

68) Svetlana Tyulkina, “Prohibition of Political Parties: Effective Tool to Square the Circle in the Business of Protecting Democracy?”, *Journal of Law and Social Sciences*, Vol. 2, No. 1, 2012, p. 46.

선되었으나 여전히 한계를 가진다고 할 수 있으며, 베니스위원회도 같은 입장이다.

터키가 2001년 개헌을 통해 정당해산결정의 의결정족수를 강화하고(제149조) 정당이 문제의 활동의 중심이 되어야 한다는 기준을 확립한 것(제69조 제6항)이나, 2004년 개정헌법에 국내법에 대한 국제인권법의 우위를 명시한 것(제90조 제5항)은 높이 평가할 만하다. 터키 헌법재판소가 정의발전당 사건에서 베니스위원회의 지침이나 유럽인권협약을 명시적으로 언급한 것 또한, 터키의 정당해산 실무가 유럽의 기준에 접근하고 있음을 보여주는 고무적인 사례라 할 수 있다.[69] 터키 헌법재판소가 세속주의를 정치적 정체성으로서의 민주주의와 구분하기 시작했다는 평가,[70] 터키에서의 정당해산결정에 따라 이슬람 정당들이 그들의 입장을 수정·완화하게 되었다는 견해[71]도 있다.

그러나 여전히 세속주의 원리에 대한 권위적이고 완고한 해석이 유지되고 있으며[72] 정당의 자유가 제약당할 여지가 크다는 점은 한계로 지적된다. 정당해산결정이 너무 빈번하여 정당해산제도의 예외적 성격이 상실되었고, 해산결정을 전후하여 동일·유사한 노선의 정당이 등장하는 등 해산결정의 실효성에 의문이 있으며,[73] 종교와 관련된 견해를 개진하는 것이 반드시 반민주적이라 할 수 없음에도

---

69) European Commission for Democracy through Law(Venice Commission), "Opinion on the Constitutional and Legal Provisions to the Prohibition of Political Parties in Turkey", paras. 72, 99, 110.

70) Nancy L. Rosenblum, 앞의 글(2007), p. 63.

71) Nancy L. Rosenblum, 앞의 책(2008), p. 451.

72) Ergun Özbundun, "Party Prohibition Cases: Different Approach by the Turkish Constitutional Court and the European Court of Human Rights", *Democratization*, Vol. 17, No. 1, 2010, p. 137.

73) 이를 '예비정당 체제(spare party system)'라고도 한다. 송석윤, 앞의 글(2010b), 78-79쪽; Svetlana Tyulkina, 앞의 글(2012), p. 45.

방어적 민주주의를 잘못 적용하고 있다는 비판[74]도 있다. 베니스위원회 또한 터키의 정당해산제도와 실무가 일부 개선되었음을 인정하면서도, 아직은 유럽의 민주주의와 조화되기 어렵다고 평하였다.[75]

3. 스페인에서의 정당해산

복지당 사건을 제외한다면, 지금까지 유럽인권재판소가 유럽인권협약 위반이 아니라고 판단한 것은 Batasuna에 대한 해산결정이 유일하다. 여기서는 Batasuna 사건의 배경 및 주요 판시사항을 개괄하고, 방어적 민주주의와 관련하여 이를 검토한다.

가. 배경 및 주요 판시사항

1978년에 제정된 스페인 정당법(Ley 54/1978 de Partidos Politicos: LPP) 제5조는 형법에서 불법단체로 규정되었거나 조직 또는 활동이 민주주의 원칙에 위배되는 경우 정당을 해산할 수 있도록 규정하고 있었다. 그러나 일반적으로 스페인은 독일식의 방어적 민주주의를 거부해온 것으로 평가되었으며,[76] 정당해산에 대한 위 규정도 실제 적용된 바가 없었다.

2002. 6. 27. 스페인은 정당기본법(Ley Orgánica 6/2002 de Partidos Políticos: LOPP)을 제정하였으며, 이를 통해 폭력이나 테러리즘을 정치적으로

---

74) Svetlana Tyulkina, 앞의 글(2011), p. 232.

75) European Commission for Democracy through Law(Venice Commission), "Opinion on the Constitutional and Legal Provisions to the Prohibition of Political Parties in Turkey", paras. 104-105.

76) Svetlana Tyulkina, 앞의 글(2011), p. 271; Angela K. Bourne, "Why ban Batasuna? Terrorism, Political Parties and Democracy", *Comparative European Politics*, Vol. 13, No. 3, 2015, p. 339.

지지하는 등의 행위를 방지하고 그러한 행위를 하는 정당을 해산할 근거를 마련하고자 하였다.[77] 특히 스페인에서는 '바스크 지방의 자유'를 뜻하는 분리주의 테러조직인 Euskadi Ta Askatasuna(ETA)의 테러가 지속되어왔는바, 정당기본법은 ETA의 정치조직으로 창당되어 활동해온 Herri Batasuna와 Batasuna를 겨냥하고 있었다.[78]

정당기본법이 제정되고 얼마 되지 않은 2003. 3. 27. 스페인 대법원은 동법 제9조를 적용하여 Herri Batasuna와 Batasuna를 불법단체로 규정하고 그 해산과 자산매각을 명하였다.[79] 이들이 테러조직인 ETA와 강력하게 연결되어 그 위성조직으로 활동해왔다는 것이 해산결정의 이유였으며, 해산결정에 대하여 헌법재판소에 이의가 제기되었으나 2004. 1. 16. 만장일치로 기각되었다. 이에 두 정당의 지도부는 스페인 대법원의 해산결정이 유럽인권협약 제10조와 제11조를 위반하였다며, 2004. 7. 19. 유럽인권재판소에 제소하였다.[80]

2009. 6. 30. 유럽인권재판소 제5재판부는 만장일치로 스페인 대법원의 해산결정이 협약 제11조를 위반하지 않는다고 결정하였다. 재판부는 일련의 증거에 입각하여 이들 정당이 ETA와 연계되어 있다고 본 스페인 대법원의 판단을 지지하였으며, 정치적으로 민감한 지역인 바스크 지방에서 이러한 연관성이 민주주의에 대한 위협이 될 수 있다고 보았다. 또한 이들 정당의 정치적 계획이 민주사회의 개

---

77) 동법 제9조 제2항은 정치적 목적 달성을 위한 수단으로 폭력을 장려하거나 동의, 정당화하는 행위, 테러조직의 활동을 정치적으로 지지·지원하는 활동 등을 정당해산의 사유로 규정하였다. 보다 자세히는 문현진, "스페인 「정당기본법」에 관한 연구: 정당해산절차를 중심으로", 『법제』, 통권 제665호, 법제처, 2014, 170쪽 이하 참조.

78) 정당기본법 제정의 경위는 문현진, 위의 글(2014), 164-166쪽 참조.

79) 이들과 함께 Euskal Herritarrok(EH)도 해산되었다.

80) 이 사건의 배경에 대하여 자세히는 윤정인·김선택, 앞의 글(2014a), 235-237쪽 참조.

념과 양립할 수 없는 것으로 스페인 민주주의에 상당한 위협이 된다는 이유에서, 해산결정이 정당한 목적을 달성하기 위한 비례적인 것임을 인정하였다.[81)]

나. 평가

첫째, Batasuna 사건이 방어적 민주주의에 입각한 것이었는지에 대하여는 입장이 나뉜다. 일각에서는 이 사건을 전통적인 방어적 민주주의가 반테러 정책에 적용된 사례로 본다.[82)] 스페인이 민주화 이후 오랜 시간이 지나 정당기본법을 제정·적용함으로써 절차적 민주주의로부터 방어적 민주주의로 나아갔다는 견해도 있다.[83)] 반면, 테러리즘과 연관된 정당을 해산하는 것은 방어적 민주주의와 무관하다는 평가도 개진된다.[84)] 스페인 대법원이 방어적 민주주의의 개념을 거부하였으며 유럽인권재판소가 이를 받아들였다는 해석도 있다.[85)] 이 사건에서 스페인 대법원이 스페인의 헌정질서는 방어적 민주주의에 입각해 있지 않다고 하였고, 스페인 헌법재판소 또한 이러한 입장을 취하였다는 것이다.[86)]

둘째, Batasuna 등이 집권할 가능성이 없었고, 스페인의 민주주의에 위기를 초래하지 않았기 때문에 이들을 해산해서는 안 되었다는 비판이 있다.[87)] 방어적 민주주의가 당시 민주주의의 존립에 대한 거

---

81) Herri Batasuna and Batasuna v. Spain, paras. 87-89, 93.

82) Svetlana Tyulkina, 앞의 책(2015), p. 6.

83) José-Antonio Santos, 앞의 글(2015), p. 394.

84) Alexander S. Kirshner, 앞의 책(2014), pp. 89-91.

85) András Sajó, "Militant Democracy and Emotional Politics", *Constellations*, Vol. 19, No. 4, 2012, pp. 562-574.

86) 이 점은 유럽인권재판소의 결정문에 나타나 있다. Herri Batasuna and Batasuna v. Spain, paras. 31, 45.

87) Ian Cram, "Constitutional Responses to Extremist Political Associations—ETA, Batasuna

대한 위협이었던 파시즘에 맞서기 위한 대응방안이었음을 고려한 주장이라 하겠다.

셋째, Batasuna 등이 ETA의 테러를 비난하기를 거부했다거나, 개별 당원들이 ETA와 연계되어 있었다는 것만으로는 해산사유로 불충분하다는 견해가 있다.[88] 이는 복지당 지도부가 지하드를 주장하는 당원들로부터 거리를 두지 않았다고 하여 복지당이 폭력을 지지했다고 볼 수 없으며, 일부 당원들의 일탈행위를 정당에 귀속시킬 수 없다는 비판과 유사하다. 그러나 재판부는 비난의 거부만이 해산사유는 아니었다는 입장이다.[89]

다. 소결

첫째, 테러리즘은 방어적 민주주의의 적용대상이라 할 수 없으며, 따라서 Batasuna 사건도 방어적 민주주의에 입각한 것이라고 보기는 힘들다. 테러리즘과 방어적 민주주의의 관련성은 제3장 제4절 Ⅱ.에서 다룬다.

둘째, 살피건대 테러리즘과 연관된 정당은 그 규모나 집권가능성과는 무관하게 공동체에 심각한 위협을 야기한다. 이 점에서, 집권가능성이 없다는 이유만으로 Batasuna와 같은 정당이 해산되어서는 안 된다는 견해에는 찬동하기 어렵다. 이와 달리 어떤 정당이 반민주적인 목적을 합법적으로 추진하는 경우라면, 민주주의에 대한 위험성을 판단함에 있어 그 정당의 규모나 집권가능성이 중요한 고려요소가 되어야 할 것이다.

---

and Democratic Norms", *Legal Studies*, Vol. 28, No. 1, 2008, p. 93.

88) 가령 Nancy L. Rosenblum, 앞의 책(2008), pp. 424-425.

89) Herri Batasuna and Batasuna v. Spain, para. 88.

4. 독일에서의 정당해산

2000년대 초 독일에서는 민족민주당에 대한 해산심판청구가 있었으나 절차상의 문제로 본안 판단이 이루어지지 않았으며, 최근 동 정당에 대하여 다시금 해산심판이 청구되었으나 기각되었다.

가. 제1차 해산심판청구

2000년 독일사회에서는 소수자에 대한 인종주의적 폭력사건이 급증하였고, 연방정부와 양원은 1964년 창당 이래 사회주의제국당의 실질적인 대체정당으로 활동해온 민족민주당에 대한 해산심판을 청구하였다. 그러나 이후 동 정당의 지도부 상당수(약 15%)가 연방헌법보호청(Bundesamt für Verfassungsschutz: BfV)의 정보원이었다는 사실이 밝혀졌으며,[90] 2003. 3. 18. 독일 연방헌법재판소는 본안 판단을 하지 않고 절차를 종결하였다(BVerfGE 107, 339).[91]

이 사건 결정에 대하여는, 실체적 판단에 대한 부담 속에서 현명한 헌법소송법적 출구전략을 마련했다는 평가가 유력하다.[92] 청구를 인용할 경우 극우세력이 더욱 과격해져 정치적 순교가 잇따를 우려가 있고, 청구를 기각할 경우 네오나치 정당에 면죄부를 주는 역효과가 발생할 수 있는 상황에서 탁월한 판단을 한 것이라는 유사한 견해도 있다.[93]

---

90) 이러한 사실은 민족민주당이 국가로부터 자유롭지 못했음을 보여준다는 지적으로 Eckhard Jesse, "Der gescheiterte Verbotsantrag gegen die NPD–Die streitbare Demokratie ist beschädigt worden", *Politische Vierteljahresschrift*, Bd. 44, Hft. 3, 2003, S. 299.

91) 이 사건 결정의 배경 및 주요 판시사항에 대하여 자세히는 송석윤, 앞의 글(2010b), 62-74쪽 참조.

92) 송석윤, 위의 글(2010b), 73쪽.

이 사건 결정이 독일에서 방어적 민주주의의 의미가 약화되고 있음을 보여준다는 주장도 개진되었다. 절차상의 이유로 본안 판단을 하지 않은 것이 독일기본법의 정신보다는 스페인의 절차적 민주주의에 가까운 것으로 보인다는 관찰이나,[94] 이 사건의 주된 쟁점은 자유민주적 기본질서의 위반 여부가 아닌 절차적 정의였음을 강조하는 견해가 그러하다.[95]

나. 제2차 해산심판청구

2013. 12. 3. 연방참사원은 민족민주당에 대하여 다시금 해산심판을 청구하였다. 국가사회주의지하조직(Nationalsozialistischer Untergrund: NSU)이라는 극우 테러단체가 2000년부터 2007년까지 터키와 그리스 출신의 이민자 9명과 독일인 경찰관 1명을 살해한 것이 드러나고, 민족민주당의 튀링겐 주(州) 부의장을 지냈던 Ralf Wohlleben이 이들에게 무기를 제공하였다는 등의 혐의로 검거된 것이 청구의 배경이었다.[96] 특히 이번에는 정보원 침투와 같은 문제가 없어 본안 판단이 유력하다고 전망되었으며,[97] 과거 독일공산당 사건의 법리가 유지될

---

93) Thilo Rensmann, "Procedural Fairness in a Militant Democracy: The "Uprising of the Decent" Fails Before the Federal Constitutional Court", *German Law Journal*, Vol. 4, No. 11, 2003, pp. 1133-1134.

94) José-Antonio Santos, 앞의 글(2015), p. 400.

95) 추홍희, 『독일의 정당해산심판』, 세계법제연구원, 2015b, 45쪽. 민족민주당에 대한 해산시도의 실패가 방어적 민주주의를 관철하는 것의 어려움을 보여준다는 연구로 Michael Minkenberg, "Repression and Reaction: Militant Democracy and the Radical Right in Germany and France", *Patterns of Prejudice,* Vol. 40, No. 1, 2006, pp. 39-44.

96) Stephan Lorentz, "Bans on Political Parties－The Limitation of Free Political Competition by the German Federal Constitutional Court", *Ritsumeikan Law Review,* No. 31, 2014, pp. 181-182.

97) 차진아, 앞의 글(2014), 121쪽.

수 있을 것인지 여부에 관한 논의가 활발하였다. 독일공산당 사건은 정당이 당분간 위헌적인 목적을 실현할 가능성이 없어도 해산될 수 있다고 보았으며, 비례원칙을 고려하지 않았다는 점이 특징이다.

(1) 학계의 전망

(가) 독일공산당 사건의 법리가 유지될 수 없다는 견해

다수의 논자들은 다음과 같은 이유에서, 독일공산당 사건에서의 법리가 유지될 수 없다고 보았다.

첫째, 독일 연방헌법재판소는 민족민주당에 대한 그들의 결정이 유럽인권협약 위반이라는 유럽인권재판소의 판결을 원치 않으리라는 점이다. 독일 연방헌법재판소가 정당이 민주주의에 위험을 초래하였는지 여부를 고려하지 않고 비례원칙도 적용하지 않은 채 민족민주당을 해산하는 결정을 할 경우, 민족민주당은 협약상의 권리 침해를 주장하면서 유럽인권재판소에 제소할 것이 유력하며, 이 경우 해산결정이 협약에 반한다는 판결이 내려질 가능성을 배제할 수 없다는 것이다.[98)]

둘째, 사회주의제국당이나 독일공산당에 대한 해산결정은 나치의 잔존세력과 공산주의 진영의 위협에 직면한, 오늘날과 사뭇 다른 정치적·사회적 환경에서 이루어진 것이라는 점이다.[99)] 이 점을 지적하는 논자들은 설사 위 결정들의 시대적 타당성을 인정한다 하더라도, 그것이 방어적 민주주의의 일반적인 형태로 지지될 수는 없다고 본

98) Foroud Shirvani, "Parteiverbot und Verhältnismäßigkeitsgrundsatz", *JuristenZeitung*, Bd. 69, Hft. 22, 2014, S. 1075. 복지당 사건 당시 유럽인권재판소의 입장을 고려할 때, 독일공산당 사건의 법리가 지속되기 어려우리라고 본 Robert Uerpmann-Wittzack, "Die Bedeutung der EMRK für den deutschen und den unionalen Grundrechtsschutz", *Juristische Ausbildung*, Bd. 36, Hft 9, 2014, S. 919도 참조.

99) Martin Morlok, 앞의 글(2013), S. 324.

다.[100] 민주주의에 대한 자신감, 방어적 민주주의에 관한 인식의 변화와 함께 이미 기본법 제21조 제2항의 해석론이 변화하고 있다는 평가도 있다.[101]

셋째, 독일공산당 해산결정 당시 비례원칙이 고려되지 않은 것은 동 결정이 비례원칙이 자리 잡기 이전이었기 때문이라는 것이다.[102] 이러한 입장에서는, 이미 비례원칙이 확고하게 자리매김한 오늘날 독일공산당 사건의 법리가 유지될 이유가 없다고 보았다.

(나) 독일공산당 사건의 법리가 유지되리라는 견해

이와 달리 독일공산당 사건에서의 법리가 여전히 유효하다는 입장도 있었는바, 그 주요 논거는 정당해산제도의 본질이다. 민주주의에 대한 구체적인 위험이 있는 경우에만 정당을 해산할 수 있다면, 이는 예방적 수단인 정당해산제도의 본질에 부합하지 않는다는 것이다.[103] 민주적 기본질서를 침해할 위험성이 구체적으로 가시화된 이후에만 정당해산을 시도해야 한다면, 민주주의 및 국가존립에 대한 정치적 부담이 과중해질 것이라는 지적도 있다.[104] 이러한 입장에서는, 복지당 사건에서와 같은 유럽인권재판소의 기준이 오히려 부적절하다고 본다.

---

100) Jan-Werner Müller, 앞의 글(2016), p. 260.

101) 정태호, “헌법 제8조 제4항의 정당해산사유에 관한 관견”, 『경희법학』, 제49권 제3호, 경희대학교 법학연구소, 2014, 271쪽.

102) 홍선기, 앞의 글(2014), 156쪽.

103) 위헌정당해산제도의 본질이 바뀌지 않고 있어 독일공산당 사건에서의 기준이 지금까지도 널리 인정되고 있다고 본 연구로 장영수, “통합진보당과 독일공산당의 비교”, 『고려법학』, 제72호, 고려대학교 법학연구원, 2014b, 148쪽.

104) 차진아, 앞의 글(2014), 130-131쪽.

(2) 주요 판시사항

제1차 해산심판청구 당시와 달리 첩보원의 문제 등 절차상의 하자가 없다며 본안판단으로 나아간 연방헌법재판소는[105] 재판관 전원의 일치된 의견으로 해산심판청구를 기각한바, 그 주요 판시는 다음과 같다.

(가) 정당해산심판제도의 법리

첫째, 기본법 제21조 제2항에서 말하는 자유민주적 기본질서는 자유로운 헌정국가에서 불가결한(unentbehrlich) 핵심적인 기본원리들을 일컫는다. 인간의 존엄성은 자유민주적 기본질서의 출발점(Ausgangspunkt)이며,[106] 모든 시민들이 정치적 의사형성과정에 동등하게 참여할 수 있는 가능성과 국가의 모든 권력이 국민에게 귀속된다는 점도 자유민주적 기본질서의 구성요소이다.[107] 공권력이 법에 구속되며(기본법 제20조 제3항), 이에 대하여 독립적인 사법부가 통제하는 것도 중요하다.[108]

둘째, 자유민주적 기본질서를 제거한다는 것은, 자유민주적 기본질서의 구성요소들 가운데 적어도 하나 이상을 폐지하려 하거나 그것을 다른 헌정질서 내지 통치체제로 대체하고자 함을 뜻한다.[109] 어떤 정당이 자유민주적 기본질서의 구성요소에 감지할 수 있을 정도의 위태로움(spürbare Gefährdung)을 초래한다면, 자유민주적 기본질서를 손상시키는 것(beeinträchtigen)으로 인정할 수 있다.[110]

셋째, 정당해산제도는 어떤 주의(主義)나 세계관을 금지하는 수단

105) BVerfGE, 144, 20, 168.
106) BVerfGE, 144, 20, 206.
107) BVerfGE, 144, 20, 208.
108) BVerfGE, 144, 20, 210.
109) BVerfGE, 144, 20, 211.
110) BVerfGE, 144, 20, 213.

이 아니다. 따라서 위헌적인 목적만으로는 정당을 해산하기에 부족하다. 당해 정당의 활동이 기본법 제21조 제2항 제1문의 보호법익에 구체적인 위협을 초래할 필요는 없으나, 적어도 정당의 활동이 성공할 가능성이 있다는 비중 있는 증좌가 있어야만 한다. 이와 달리, 정당의 활동이 그 위헌적인 목적을 달성하는 데 성공하리라는 일말의 가능성도 없다면, 당해 정당이 자유민주적 기본질서를 침해 내지 부인'하려 하는(darauf ausgehen)' 것이라고 볼 수 없다. 또한 이러한 경우, 그 정당을 예방적으로 금지(해산)함으로써 헌법을 수호해야 할 필요성도 없다. 따라서 우리 재판부는, 정당이 예측 가능한 장래에 위헌적인 목적을 실현할 가능성이 없어도 해산될 수 있다고 한 독일공산당 해산결정의 법리를 지지하지 아니한다.[111)]

넷째, 정당해산심판에 있어서 비례원칙은 별도로 적용되지 아니한다. 비례원칙은 국가기관이 행동이나 의사결정을 함에 있어 어떤 여지를 가지는 경우에만 고려될 수 있다. 이와 달리 어떤 행동이 법적으로 강제된다면, 그리고 그러한 행동을 할 것인지의 여부나 행동하는 방식에 있어 대안이 존재하지 않는다면, 비례원칙은 배제된다. 기본법 제21조 제2항 제2문에 따라, 법정의 요건들이 충족된 경우 연방헌법재판소는 그 정당이 위헌임을 확인하여야 하며, 여기에서 비례원칙을 적용할 재량은 없다.[112)]

(나) 사안에의 적용

연방헌법재판소는 민족민주당의 정책이 자유민주적 기본질서를 폐지할 것을 의도한다고 인정했다.[113)] 우선 재판소는 동 정당이 지지하는 민족(Volk)의 개념이 인간의 존엄성을 침해하고 법 앞의 평등을

111) BVerfGE, 144, 20, 224f.
112) BVerfGE, 144, 20, 230ff.
113) BVerfGE, 144, 20, 246.

거부하는 것이라고 보았다.[114] 또한 민족민주당이 정의하는 '민족과 국가의 일치(Einheit)'로 특징지어지는 민족국가는 게르만족이 아닌 사람들이 정치적 여론형성과정에 참여할 여지를 남겨두지 않는바, 이것은 모든 시민들이 정치과정에 참여할 동등한 권리를 가진다는 민주주의 원리에 반한다고 하였다. 더구나 민족민주당은 현존하는 의회제도를 폐지하고 이를 민족공동체(Volksgemeinschaft)의 개념을 고수하는 민족국가로 대체하려 한다는 것이 재판소의 판단이었다.[115] 또한 연방헌법재판소는 지도부의 고백, 사용하는 언어와 음악, 상징물이나 역사 수정주의자들의 언사 등에 비추어볼 때, 민족민주당이 나치와 본질적인 유사성(Wesensverwandtschaft)을 가지며 이는 그들이 자유민주적 기본질서를 경멸하고 있음을 확인해준다고 하였다.[116]

그러나 재판소는 민족민주당이 자유민주적 기본질서에 반하는 목적에 헌신하고 이를 달성하고자 체계적으로 활동하고 있지만, 그들이 위헌적인 목적을 달성하는데 성공하리라는 구체적이고도 비중 있는 증좌가 존재하지 않는다고 하였다.[117] 첫째, 의회정치에 있어서라면, 민족민주당이 다수당이 되거나 연립정부를 구성하리라고 보기 어렵다는 것이다. 그들의 유럽의회선거 및 연방하원선거 결과가 저조하였던 점, 연방 및 주 의회에서 활동하는 원내정당들이 민족민주당과 연립정부를 구성하거나 간헐적으로라도 협력할 의도를 가지지 않는다는 점도 고려되었다.[118] 둘째, 6천명에 채 미치지 못하는 당원의 규모나 제한된 홍보역량, 낮은 조직도 등을 고려할 때, 민족민주당이 원외에서 민주적인 수단을 통해 위헌적인 목적을 달성할 가능성도 없다는 것이다.[119] 셋째, 민족민주당이 무력이나 범죄행위를 통

114) BVerfGE, 144, 20, 246.
115) BVerfGE, 144, 20, 284.
116) BVerfGE, 144, 20, 295.
117) BVerfGE, 144, 20, 307.
118) BVerfGE, 144, 20, 325.

해 위헌적인 의도를 달성하려는 근본적인 경향(Grundtendenz)도 추론될 수 없다는 것이다. 재판소에 따르면, 일부 당원들이 행한 개별적인 폭행 기타 범죄가 증명된다 하더라도, 그것만으로 민족민주당이 위법한 방식으로 헌법적대적인 의도를 달성하려는 근본적인 경향성을 보여준다고 할 수는 없다. 또한 재판소는, 민족민주당이 정치적 여론형성의 자유에 대한 우려를 자아내고 폭력 사용에 대한 두려움을 촉발할 수 있다는 사실이 간과되어서는 아니 되나, 그것은 기본법 제21조 제2항의 한계를 넘어서는 것이 아니라고 보았다.[120)]

(3) 평가

민족민주당에 대한 위 결정은 대체로 유럽인권재판소의 판례 및 베니스위원회의 가이드라인에 부합하는 것이라고 평가된다. 독일 연방헌법재판소 또한, 이 사건 결정에서의 심사기준이 유럽인권재판소의 판례에 부합하는 것이라 하였다.[121)]

먼저 다음의 이유에서, 독일 연방헌법재판소가 독일공산당 사건에서의 법리를 유지하지 않으리라는 점은 어느 정도 예견되었다고 본다.

첫째, 유럽인권재판소의 판례 및 베니스위원회의 각 지침이 정당금지 실무에 있어서의 일관된 원칙을 확립하여왔는바, 특히 정당금지·해산은 그 정당이 민주적 기본질서에 초래하는 위험성에 대한 평가에 따라야 한다는 점이 강조되었다는 점이다.

둘째, Görgülü사건(BVerfGE 111, 307)에서 보는 것처럼, 독일 연방헌법재판소가 유럽인권협약 존중의 원칙을 확립·유지하여왔다는 점이다. 독일 연방헌법재판소는 이 사건에서, 독일연방의 모든 국가기관

119) BVerfGE, 144, 20, 330.
120) BVerfGE, 144, 20, 340ff.
121) BVerfGE, 144, 20, 234.

이 유럽인권협약에 구속된다는 점, 독일법이 유럽인권협약에 적합하게 해석될 수 있는 경우 그러한 해석이 우선시된다는 점을 밝혔다.[122)]

셋째, 독일 연방헌법재판소 재판관들의 태도에서 이미 변화가 감지되었다는 점이다. 민족민주당에 대한 1차 해산심판 당시 절차종결에 반대한 4인의 재판관은, 연합공산당 사건과 복지당 사건 등을 언급하면서 "(본안판단으로 나아갔어야만) 비례원칙에 따른 정당금지를 방어적 민주주의 사상의 표현으로 수용한 유럽인권협약과 유럽인권재판소의 판결을 고려하여 헌법의 발전에 관하여 판단할 기회를 가졌을 것"이라 하였다.[123)] 또한 2015. 10. 29.부터 이틀 간 치러진 한국·독일 헌법재판관 공동 세미나에서 Peter Müller 재판관은, 긴박한 사회적 필요성을 요구하는 유럽인권재판소의 입장을 상기하면서 통합진보당의 구체적 위험성을 어떻게 판단하였는지 질의한 바 있다.[124)]

한편 연방헌법재판소는 법정의 요건이 충족되면 당해 정당이 위헌임을 확인'하여야' 한다는 이유에서, 정당해산심판절차에서 비례원칙이 고려되지 않는다고 하였다. 그러나 독일기본법의 문언에 따른 이 같은 해석이, 반드시 유럽인권재판소의 입장에 반하는 것이라고 보기는 어렵다. 당해 정당이 자유민주적 기본질서의 구성요소에 감지할 수 있을 정도의 위태로움을 초래하여야만 해산요건을 충족한다는 것이 재판소의 입장인바, 위험성을 판단하여 해산여부를 결정하는 것 자체가 이미 예방적 수단으로서의 정당해산심판절차에서

---

122) 다만 독일 연방헌법재판소는, 유럽인권재판소가 유럽인권협약 위반이라는 결론을 내린다고 하여 독일 법원이 내린 결정이나 판결의 효력이 제거되는 것은 아니라고 하였다. 신옥주, 앞의 글(2008), 394-395쪽.

123) BVerfGE 107, 339, 394f.

124) 이승환, "한·독일 헌법재판관 공동 세미나", 『법률신문』, 2016. 3. 22, https://www.lawtimes.co.kr/Legal-News/Legal-News-View?serial=99343 (최종접근일 2018. 6. 13.)

비례원칙을 적용하고 있는 것으로도 볼 수 있기 때문이다.

5. 기타 사례

2000년대 벨기에에서는 극우정당 플랜더스 블록(Vlaams Blok)의 금지 여부가 문제되었다. 2004년 겐트(Ghent) 항소법원은 동 정당의 3개 계열조직이 인종차별금지법 및 외국인혐오금지법을 위반하였다고 판시하였고, 이러한 판단은 벨기에 대법원(Court of Cassation)에서도 유지되었다. 소속 의원들에 대한 기소 및 정부 보조금의 지급거부에 대한 우려로 플랜더스 블록은 자진해산하였으며, 보다 온건한 플랜더스의 이익(Vlaams Belang)이라는 정당이 설립되었다.[125)]

Pirin Macedonia의 분리·독립을 주장하는 것이 곧 민주주의 원리로부터의 일탈을 뜻하지 않는다고 한 Pirin and Others v. Bulgaria 사건은 앞서 간략히 다루었다.

6. 소결

지금까지 개괄한 2000년대 각국의 정당해산·금지 주요 사례에서는, 다음 두 가지의 두드러진 경향이 감지된다.

첫째, 초창기 정당해산에서 문제된 극우·극좌 이념은 물론 테러리즘, 소수민족 분리주의, 세속주의 위반 등 새로운 사유에 따른 정당금지 사례가 증가하고 있다. 터키 헌법 제68조나 스페인 정당기본법 제9조 등 최근 각국의 법제는 이러한 해산사유를 명시하기도 한다. 이에 따라 근래에는 방어적 민주주의에 입각한 정당금지의 패러

---

125) Jan Erk, "From Vlaams Blok to Vlaams Belang: The Belgian Far-Right Renames Itself", *West European Politics*, Vol. 28, No. 3, 2005, p. 493; Gur Bligh, 앞의 글 (2013), pp. 1339-1340.

다임이 본질적으로 변화하였다는 주장도 제기되는바, 제3장 제4절 Ⅴ.에서 검토한다.

둘째, 유럽인권재판소와 베니스위원회가 정당금지와 관련하여 적극적인 역할을 수행하고 있다. 유럽인권재판소가 정치적 압력으로부터 비교적 자유로운 가운데 다수의 정당금지를 통제해온 것이나, 베니스위원회가 정당금지에 관한 일관된 기준을 지속적으로 제시한 점은 높이 평가할 만하다. 그러나 베니스위원회의 가이드라인이 구속력을 가지지 못한다는 점, 유럽인권재판소가 당사국의 협약 위반을 확인해도 그것이 국내 법률의 폐지나 판결의 번복으로 이어지지 않는다는 점, 유럽인권재판소가 협약의 해석·적용을 넘어 각국 헌법재판소처럼 헌정질서를 수호하는 역할을 수행하기 어렵다는 점[126)]은 한계라 할 수 있다.

Ⅳ. 종교적 복장의 규제 문제

최근 여러 나라에서 종교적 복장, 특히 무슬림 여성들이 신체를 가리고 종교적 정체성을 드러내는 부르카(Burka), 니캅(Niqab), 히잡(Hijab), 차도르(Chador), 부르키니(Burkini)[127)]의 규제가 문제되고 있으며, 이 문제를 다룬 유럽인권재판소의 판례가 집적되었다.[128)] 특히 프랑스나 터키에서는 이 문제가 민주주의의 방어라는 측면에서 다루어지기도 하였다.

---

126) Paul Harvey, 앞의 글(2004), p. 411.

127) 부르카와 비키니의 합성어이다.

128) 주요 사례는 김선희, “종교의 자유와 종교적 다원주의를 위한 국가의 중립-유럽인권재판소 판결을 중심으로-”, 『헌법이론과 실무』, 2016-A-1, 헌법재판소 헌법재판연구원, 2016, 94-95쪽의 각주 403에 정리되어 있다.

1. Leyla Şahin v. Turkey

터키에서는 케말리즘에 입각하여 1925년부터 종교적 복장의 착용을 규제하는 일련의 법제가 제정·시행되었으나, 1980년대에 이르러 자신의 종교적 정체성을 드러내기 위해 대학교 교정에서 헤드스카프를 착용하는 여학생들이 나타났다.[129)] 이스탄불 의과대학 5학년에 재학 중이었던 터키 국적의 무슬림 Leyla Şahin은 헤드스카프 착용을 이유로 시험에 응시하지 못하였고, 졸업논문 작성과 상급반 수업 참여가 허가되지 아니하였다. Leyla Şahin v. Turkey 사건에서는, 국립대학이 내부규정을 통하여 대학시설 내에서 이슬람 헤드스카프를 금지하는 것이 종교의 자유에 관한 유럽인권협약 제9조에 반하는지 여부가 다투어졌다.[130)]

이 사건에서 주로 검토된 것은 종교의 자유에 대한 제한이었으나, 세속주의 원리와 민주주의의 관련성에 관한 설시는 방어적 민주주의의 논리를 보여준다.[131)] 터키 정부는 세속주의가 자유롭고 다원적인 민주주의의 전제라고 주장하였고,[132)] 유럽인권재판소는 세속주의가 터키의 민주주의 체제를 보호하는데 필수적이라는 주장을 받아들여 헤드스카프에 대한 규제가 민주사회에 필요한 것이라고 판단하였다.[133)]

---

129) Leyla Şahin v. Turkey, paras. 30-31.

130) 박진완, “유럽인권법원의 Leyla Şahin v. Turkey사건에서의 헌법적 원리로서의 세속주의(secularism)에 대한 검토”, 『동아법학』, 제62호, 동아대학교 법학연구소, 2014, 56쪽; 염지애, “다문화사회에서의 종교의 자유에 관한 비교법적 연구”, 고려대학교 대학원 법학과 법학석사학위논문, 2014, 45-46쪽 참조.

131) Svetlana Tyulkina, 앞의 글(2011), p. 244; Patrick Macklem, “Guarding the Perimeter: Militant Democracy and Religious Freedom in Europe”, *Constellations*, Vol. 19, No. 4, 2012, pp. 580-581.

132) Leyla Şahin v. Turkey, para. 91.

동 결정에 대하여는 단지 헤드스카프를 착용하는 것과 타인에게 착용을 강제하려는 시도를 구별하여야 한다는 비판,[134] 정치적 결사를 형성하거나 집권할 의도가 전무한 개인을 민주주의의 적으로 인식하여 방어적 민주주의를 자의적으로 확대한 것이라는 비판[135]이 제기되었다.

2. Dogru v. France

프랑스는 헌법 제1조 제1항에서 비종교적 공화국임을 천명하고 있으며, 세속주의(laïcité)는 프랑스 공화주의 원리의 시금석으로 여겨지고 있다.[136] Dogru v. France 사건에서는, 플레(Flers)시 소재 중학교 징계위원회가 체육수업 중 헤드스카프를 벗는 것을 거부하며 수업에 참여해야 하는 의무를 위반하였다는 이유로 11세의 무슬림 여학생 Belgin Dogru를 퇴학시킨 것이 유럽인권협약 제9조에 반하는지가 문제되었다.[137]

결론적으로 재판소는 위 퇴학처분이 협약 제9조에 위반되지 않는다고 보았는데, 특히 세속주의가 법치주의·인권의 존중·민주주의와 조화를 이루는 국가의 근본원리 가운데 하나이며, 터키에서 세속주의는 민주주의적인 가치의 보장자라고 하였던 Leyla Şahin v. Turkey 사건에서의 입장을 재확인하였다.[138]

이 사건에서는, Leyla Şahin v. Turkey 사건에서와 달리 해당 국가

---

133) Leyla Şahin v. Turkey, para. 106.

134) Svetlana Tyulkina, 앞의 글(2011), p. 244.

135) Carlo Invernizzi Accetti and Ian Zuckerman, 앞의 글(2016), pp. 11-12.

136) Leyla Şahin v. Turkey, para. 56.

137) Dogru v. France, ECtHR, Application no. 27058/05, judgment of 4 December 2008 (Fifth Section), paras. 5-8.

138) Dogru v. France, para. 66.

(프랑스)에서 소수자인 무슬림의 종교적 복장에 대한 규제가 문제되었다. 그러나 동 결정은 (민주주의적 가치의 보장자로 기능한다고 여겨지는) 세속주의 원리를 보호하려는 호전성에 입각한 것이며, 따라서 소수종교의 자유에 관한 사안으로만 볼 수 없다는 견해가 유력하다.[139] 공공장소에서의 종교적 복장 착용이 1930년대 파시스트의 준군사적 제복과 유사한 영향력을 가질 수 있으며, 그것이 서구 민주주의 국가들에서 헤드스카프의 규제가 정당한 것으로 여기게끔 한다는 견해도 있다.[140]

3. 소결

서구 민주주의 국가들에서 이슬람 복장의 규제가 문제된 사례는 많다. 그 중 위의 사례들은, 세속주의가 '민주주의의 가치'를 보장한다는 전제 하에 이슬람 복장에 대한 규제의 정당성을 긍정하였다는 점에서 방어적 민주주의의 논리를 보여준다. 이와 관련하여 서구에서 세속주의의 보호가 유독 이슬람만을 표적으로 한다는 비판,[141] 기독교민주연합(Christlich Demokratische Union Deutschlands: CDU) 등 종교로부터 영감을 얻은 정당이 활동하고 있음을 생각할 때 문제가 있다는 지적[142]이 있다.

생각건대, 국가정체성에 대한 도전의 규제를 방어적 민주주의로 정당화할 수는 없다고 본다. 영토의 통합성이나 세속주의 등 국가정체성에 대한 도전과 방어적 민주주의의 관련성은 제3장 제4절 Ⅲ.에서 검토한다.

---

139) Svetlana Tyulkina, 앞의 글(2011), p. 246.
140) András Sajó, 앞의 글(2012), p. 567.
141) Svetlana Tyulkina, 앞의 글(2011), p. 247.
142) Ruti Teitel, 앞의 글(2007), p. 67.

V. 혐오표현의 문제 심화

2000년대 이후에는 혐오표현의 문제가 여러 나라에서 심화되었으며, 동유럽 등 민주주의가 안정되지 못한 국가들에서의 혐오표현은 방어적 민주주의의 차원에서도 활발히 논의되는 양상이다.

1. 혐오표현의 전개양상

체코에서는 소수민족인 집시에 대한 혐오표현이 증가한 결과 집시 대다수가 자신의 정체성을 숨긴 채 정치적·사회적으로 소외되고 있으며,[143] 이에 관하여 유럽인종차별위원회(European Commission against Racism and Intolerance: ECRI)에서도 우려를 표명하였다.[144] 그 밖에 1990년대 헝가리에서와 같이 『나의 투쟁(Mein Kampf)』을 번역·출간한 것이 문제된 사례,[145] 네오나치를 선전하는 앨범을 출시한 극우 성향의 밴드 가수가 처벌된 사례[146]가 있다.

헝가리의 경우 유대인, 집시, 동성애(자)에 대한 혐오표현이 특히 문제되고 있다. 2009. 7. 2.에는 2007년 이래 준군사적 제복을 착용하고 나치의 휘장과 깃발을 사용하며 활동해온 헝가리호위대(Magyar Gárda)가 해산되기도 하였다.[147]

폴란드에는 유대인, 집시, 사회주의자, 성소수자, 페미니스트 등 다양한 대상을 향한 혐오표현이 만연하여 있으며, 혐오표현을 규율하는 개정형법 규정(제256조)에도 여러 문제가 있다고 평가된다.[148]

---

143) Uladzislau Belavusau, 앞의 글(2014), p. 38.

144) European Commission against Racism and Intolerance, "ECRI Report on the Czech Republic (Fourth Monitoring Cycle)", CRI(2009)30, 15 September 2009, para. 43.

145) Nejvyšší soud (Supreme Court) 5 Tdo 337/2002, 24 July 2002.

146) Uladzislau Belavusau, 앞의 글(2014), pp. 37-38 참조.

147) Uladzislau Belavusau, 위의 글(2014), pp. 48-49.

또한 상대적으로 정교분리가 엄격하지 못한 까닭에 종교적 관점에서의 혐오표현에 대하여 검찰과 법원이 우유부단한 태도를 보이고 있다는 점도 지적된다. 예컨대 유대인이나 집시, 사회주의자, 성소수자에 대한 혐오표현을 일삼아온 극우 가톨릭 라디오방송국인 Radio Maryja에 대하여 전혀 규제가 이루어지지 않고 있다는 것이다. "폴란드를 유대인들로부터 해방시킬 것"이라는 플래카드를 내건 것이 형법 제256조 위반이 아니라고 한 2007년 대법원 판결[149)]도 많은 비판을 받았다.

2000년대 이후 혐오표현이 문제된 것은 위 동구권 국가들에 국한되지 않는다. 특히 캐나다와 영국의 규제 사례는 방어적 민주주의와 관련하여 음미할 만하다.

2013년 캐나다 대법원은 Saskatchewan v. Whatcott 사건[150)]에서, 혐오표현은 소수자 집단이 민주주의 정치과정에 참여하는 것에 중대한 제약이 된다고 설시하였다. 최근의 한 연구는 이 사건을 독일의 홀로코스트 부인죄 규정이나 터키 복지당 사건과 함께 방어적 민주주의의 차원에서 다루었다. 동 판결이 민주주의의 가치를 보호하기 위해 혐오표현을 제한해야 할 필요가 있다는 인식을 보여준다는 이유에서였다.[151)]

영국에서는 2006년 '인종 및 종교적 혐오 방지법(The Racial and

148) Uladzislau Belavusau, 위의 글(2014), pp. 51-53. 2010. 6. 8. 발효된 개정형법 제256조는 연령·성별·장애에 따른 혐오표현을 규율의 대상에서 누락하였고(제1항), 혐오표현이 예술적·교육적·과학적 목적에서 이루어진 경우 처벌의 대상으로 보지 않는다는 규정(제3항)의 해석이 모호하다는 점에서 비판을 받는다.

149) Sąd Najwyższy IV KK 406/06, 5 February 2007.

150) Saskatchewan (Human Rights Commission) v. Whatcott, 2013 SCC 11, [2013] 1 S.C.R. 467.

151) Alexander Brown, *Hate Speech Law: A Philosophical Examination*, New York: Routledge, 2015, p. 198.

Religious Hatred Act 2006)'이 제정되었다. 극우정당인 브리튼국민당(British National Party: BNP)의 당수인 Nick Griffin이 인종적인 적의(敵意)를 선동하였다는 혐의로 기소되었으나 무죄평결로 처벌되지 않은 것이 동법이 만들어진 배경이었다. 당시 Griffin은 자신의 발언이 인종적인 혐오를 선동한 것이 아니라 이슬람을 대상으로 종교적 혐오를 나타낸 것이라고 변명하였고, 이에 종교적 혐오표현을 규제할 수 있는 법적인 장치의 필요성이 부각된 것이다.[152] 이후 브리튼국민당이 2009년 유럽의회 선거에서 2명의 의원을 배출하자, 영국 평등인권위원회(Equality and Human Rights Commission: EHRC)는 당원의 자격을 백인으로 제한한 당헌을 수정할 것을 요구하였다. 최근 이 사건을 방어적 민주주의의 측면에서 검토한 연구[153]가 있는바, 제3장 제4절 Ⅳ.에서 살펴본다.

2. 대응

여러 나라에서 혐오표현의 문제가 심각해짐에 따라, 국제사회는 혐오표현 제재의 근거를 확대하고 각국에 대응방안을 강구할 것을 촉구하였다. 온라인에서의 혐오표현이 증가하는 추세 속에 유럽평의회는 2003년 사이버범죄협약의 추가의정서[154]를 채택하였고, 2010년 자유권규약위원회(United Nations Human Rights Committee: UNHRC)[155]

152) 정희라, "2006년 영국의 인종 및 종교적 혐오 방지법: 무슬림과 종교적 소수자 보호를 위한 정책", 『EU연구』, 제35호, 한국외국어대학교 EU연구소, 2013, 202-203쪽.

153) Alexander S. Kirshner, 앞의 책(2014), pp. 61-62, 79-81.

154) Council of Europe, "Additional Protocol to the Convention on Cybercrime, Concerning the Criminalisation of Acts of a Racist and Xenophobic Nature Committed Through Computer Systems", ETS No. 189, 28 January 2003.

155) 유엔 인권위원회, 시민적 정치적 권리규약 위원회 등으로도 불린다.

는 혐오표현 및 증오범죄(hate crime)를 범죄로 규정할 것을 폴란드에 권고하였다.[156] 2014년 여성차별철폐위원회(Committee on the Elimination of All Forms of Discrimination Against Women: CEDAW)는 핀란드에 소수민족 여성들에 대한 혐오표현의 증가에 관한 대책 강화를 주문하였다.[157] 같은 해 장애인권리위원회(Committee on the Rights of Persons with Disabilities: CRPD)는 뉴질랜드에 장애인에 대한 혐오표현을 예방·근절하기 위한 조치를 권고하였다.[158] 2015년 아동권리위원회(Committee on the Rights of the Child: CRC)는 공개적인 증오나 차별의 선동을 처벌하는 형법규정에 성적지향과 성별정체성에 근거한 혐오표현도 처벌대상으로 포함시킬 것을 스위스에 권고하였고,[159] 같은 해 자유권규약위원회는 우리나라에서의 성소수자에 대한 혐오표현에 우려를 표명하고 정부의 대응을 촉구하였다.[160][161]

3. 소결

앞서 보았다시피 국제사회가 혐오표현의 심각성을 인식하고 대

---

156) United Nations Human Rights Committee, "Concluding Observations on Poland", CCPR/C/POL/CO/6, 15 November 2010, para. 8.

157) Committee on the Elimination of Discrimination against Women, "Concluding Observations on the Seventh Periodic Report of Finland", CEDAW/C/FIN/CO/7, 28 February 2014, paras. 14-15.

158) Committee on the Rights of Persons with Disabilities, "Concluding Observations on the Initial Report of New Zealand", CRPD/C/NZL/CO/1, 31 October 2014, paras. 5-8.

159) Committee on the Rights of the Child, "Concluding Observations on the Combined Second to Fourth Periodic Report of Switzerland", CRC/C/CHE/CO/2-4, 4 February 2015, paras. 24-25.

160) United Nations Human Rights Committee, "Concluding Observations on the Fourth Periodic Report of the Republic of Korea", CCPR/C/SR.3226, 3 November 2015, paras. 14-15.

161) 혐오표현에 대한 근래 국제사회의 대응에 관하여는 이승현, 앞의 글(2016), 1쪽; 이주영, 앞의 글(2015), 198-199쪽 참조.

응방안을 강구한 것은 제2차 세계대전 종전 이후이며, 중·동유럽 등지의 불완전한 신생 민주주의 국가들에서는 혐오표현이 민주주의에 대한 위협으로 받아들여져 방어적 민주주의의 대상으로 논의되어 왔다. 그렇다고 하여 혐오표현의 해악이 이들 국가들에만 국한되는 것은 물론 아니다.

학계에서는 혐오표현에 대한 규제 일반이 방어적 민주주의의 전형적인 사례라는 견해와, 일부 공통점을 인정하면서도 양자를 준별하는 견해 등이 개진되어 왔다. 혐오표현의 규제를 방어적 민주주의에 입각한 것으로 볼 수 있는지에 관하여는 제3장 제4절 Ⅳ.에서 자세히 살펴본다.

제6절 결어

제2장에서는 Loewenstein이 방어적 민주주의를 주창한 이래 지금까지 방어적 민주주의의 이론과 실무가 전개되어온 양상을, 주요 사례들을 중심으로 하여 시기 순으로 개괄하였다. 이상 검토한 바는 다음과 같이 정리해볼 수 있다.

첫째, 방어적 민주주의의 채택·적용 및 이에 관한 논의는 항상 일정하게 이루어진 것이 아니며, 민주주의 사회가 모종의 위험을 인식한 이후 활성화되었음을 알 수 있다. Loewenstein의 방어적 민주주의 이론은 파시즘에 의하여 유럽 각국의 민주주의가 위기에 처한 상황에서 제시되었다. 제2차 세계대전 직후 독일기본법의 제정 및 적용은 파시즘(나치즘)의 기억과 공산주의 세력에 대한 경계에 입각한 것이었으며, 1990년대 중·동유럽의 신생민주주의 국가들은 소수민족 분리주의·종교적 근본주의·혐오표현 등의 다양한 위험을 인식하고 방어적 민주주의 관련 규정을 도입하였다. 또한 9·11 테러는 서구 민주주의 국가들이 이슬람 근본주의 세력의 위협을 인식하는 계기가 되었으며, 그 결과 방어적 민주주의가 정치적·법적 담론의 중심에 자리하게 되었다. 일부 민주주의 국가들에서 있었던 권위주의로의 퇴행은, 방어적 민주주의를 초국가적으로 관철하는 것의 당위와 가능성에 대한 관심으로 이어지기도 하였다.

둘째, 방어적 민주주의가 전 세계 민주주의 국가들에서 예외 없이 받아들여지는 보편적인 개념이라고 보기는 어렵다. 미국이나 호주 등 영어권 국가들은 전통적으로 방어적 민주주의의 개념에 친하지 아니하였고,[1] 적어도 2002년 정당기본법을 제정하고 동법에 의거

1) 미국과 영국이 방어적 민주주의의 장치를 가지고 있지 않다고 본 한상희, "위헌정당해산심판제도, 그 의미와 문제점: 통합진보당 사건과 관련하여",

하여 Batasuna를 해산하기 전까지의 스페인도 방어적 민주주의 국가로 분류하기는 어렵다고 평가된다.[2] 최근의 연구는 민주주의 국가들이 역사적·사회적 여건에 따라 방어적 민주주의를 수용하기도 하고 거부하기도 함을 보여주며,[3] 민주주의 국가들 가운데 일부만이 정당금지제도를 두고 있다는 점도 지적되고 있다.[4] 방어적 민주주의의 개념에 익숙지 않다는 것이, 그 나라에 체제를 방어할 수 있는 기제가 없음을 뜻하지 않음은 물론이다.

셋째, 민주주의의 공고화와 방어적 민주주의의 관련성에 대한 일관된 설명은 쉽지 않으며, 예외적인 사례를 여럿 찾아볼 수 있다. 1990년대 중·동유럽의 불완전한 민주주의 국가들 다수가 방어적 민주주의 관련 규정을 채택한 것은 사실이나, 이들은 실제로 정당해산 등의 조치를 취하는 것에 소극적이었다. 구체제 인사들을 포용하는 협력적 민주화를 달성한 남아프리카공화국은, 민주주의의 역사가 짧음에도 정당해산제도 자체를 두고 있지 않다. 반면 우리나라에서는 민주화 이후 약 27년이 경과한 시점에 통합진보당 해산결정이 이루어졌고,[5] 스페인에서도 민주주의가 확립되고 오랜 시간이 지나 Batasuna가 해산되었으며, 독일에서는 2013년 민족민주당에 대한 해산심

『민주법학』, 제54호, 민주주의법학연구회, 2014, 376쪽 참조.

2) Batasuna 사건이 방어적 민주주의에 따른 것인지에 관하여는 견해가 대립하며 이는 앞서 살펴보았다.

3) 독일, 칠레, 이스라엘 등이 강한 방어적 민주주의의 전통을 가지고 있으나 미국, 오스트리아, 일본 등이 방어적 민주주의의 개념에 친숙하지 않음을 지적한 Markus Thiel, 앞의 글(2009c), pp. 7-11 참조. 이 연구는 칠레가 1980년 헌법을 통해 독일의 방어적 민주주의를 받아들였다고 보나, 당시 칠레가 방어적 민주주의의 전제요건인 민주주의를 구비하고 있었는지에 대하여는 의문이 있다.

4) Angela K. Bourne, 앞의 글(2015), p. 326.

5) 헌법재판소에 의하면 통합진보당의 해산 및 의원직 상실결정은 방어적 민주주의에 따른 것이었다. 헌재 2014. 12. 19. 2013헌다1, 판례집 26-2하, 1, 113-114.

판이 청구되었으나 최근 기각되었다.[6)]

넷째, 개별 국가들의 주저나 국제규범이 가지는 구속력의 한계로 방어적 민주주의가 초국가적으로 적용될 가능성을 예단하기는 어렵지만, 정당금지의 실무에 있어서는 유럽인권협약 당사국 내지 베니스위원회 회원국 간 일정한 기준의 수렴이 있을 것이라 예상된다. 물론 정당을 금지하는 사유와 기준은 각국의 역사적 경험 및 헌법을 제정할 당시의 정치적 상황으로부터 비롯되며, 따라서 국가 간 적잖은 차이가 존재한다.[7)] 유럽인권재판소가 당사국의 정당금지조치가 협약을 위반하였는지 여부를 판단함에 있어, 보충성의 원칙이나 판단의 재량 이론에 따른 한계가 있는 것도 사실이다. 그럼에도 간과할 수 없는 것은, 정당금지에 관한 주요 국가들의 법령이 대체로 베니스위원회의 지침을 따르고 있으며,[8)] 유럽인권재판소가 각국의 정당금지 사안에 대하여 일관된 기준에 따라 규범적 통제를 가해왔다는 점이다. 정당의 무덤이라 일컬어졌던 터키의 경우에도 엄격한 세속주의와 민주주의를 구분하고 유럽의 정당금지 관련 기준에 접근하고 있다는 평가가 있으며,[9)] 독일의 민족민주당 사건 또한 유럽인권재판소의 법리에 부합하는 방향으로 결정이 이루어졌다.

다섯째, 최근에는 방어적 민주주의가 Loewenstein이 인식했던 적(파시즘) 이외의 대상으로 확대적용되는 경향이 감지되며 이에 대한

---

6) 이 책은 정당금지 모두가 방어적 민주주의에 따른 것이라고 볼 수는 없다는 입장이며, 앞서 서술하였듯 Batasuna 사건이 방어적 민주주의가 적용된 사례가 아니라고 본다. 정당금지와 방어적 민주주의와 관련성은 제3장 제4절 V.에서 자세히 다룬다.

7) Nancy L. Rosenblum, 앞의 글(2007), pp. 39-41.

8) Samuel Issacharoff, 앞의 글(2007), p. 1463.

9) 다만 2016. 7. 15. 미수에 그친 쿠데타(2016 Türkiye askerî darbe girişimi) 이후 터키에서 이슬람주의가 강화되고 민주주의가 후퇴하고 있다는 우려가 제기되고 있다.

학계의 논의도 활발하다. 특히 9·11 테러 이후에는 반테러리즘과 방어적 민주주의의 관련성에 관한 다수의 연구가 이루어졌으며, 세속주의 원리 등 국가정체성에 대한 도전에 방어적 민주주의를 적용하려는 것을 비판하는 목소리도 적지 않다. 그 외에 혐오표현이 방어적 민주주의의 이론적 틀에 포섭될 수 있는지의 여부가 문제되며, 오늘날의 새로운 정당해산·금지 사례를 방어적 민주주의에 따른 것으로 볼 수 있는지에 대하여도 견해가 대립한다.

제3장에서는 Loewenstein의 방어적 민주주의를 평가하고, 오늘날 방어적 민주주의의 규범적인 원리를 고찰하는 한편, 그 적절한 적용범주를 논구할 것이다.

제3장
방어적 민주주의에 관한 이론적 검토

제1절 도입

제2장에서는 Loewenstein이 방어적 민주주의 이론을 제시한 이래 지금에 이르기까지 관련 논의의 역사적 전개를 개괄하고 그 함의를 도출하였다. 제3장에서는 방어적 민주주의에 관하여 이론적으로 검토한다. 먼저 Loewenstein이 주창한 고전적인 방어적 민주주의를, 그것이 규범적 정당성과 시의성을 가지는 것이었는지를 중심으로 평가한다(제2절). 다음으로는 여러 비판론을 극복할 수 있는 오늘날 방어적 민주주의는 어떠한 것이어야 하는지 그 규범적인 원리를 제시한다(제3절). 한편 방어적 민주주의가 여러 새로운 대상에 확대적용되고 있음을 앞서 살펴보았는바, 그것이 타당한지 여부를 논구하고 오늘날 방어적 민주주의의 적절한 적용 범주를 설정한다(제4절).

제2절 고전적인 방어적 민주주의론에 대한 평가

여기서는 방어적 민주주의론에 대한 다양한 평가를, 별도 이론구성의 필요성 및 시의성에 관한 찬반양론을 중심으로 개괄한다. 제2장 제1절에서 본 것처럼, 고전적인 방어적 민주주의는 "민주주의 제도 내지 절차를 활용하여 민주주의를 전복하거나 파괴하려는 자들에 맞서 예방적인 조치를 취함으로써 민주주의를 방어할 기회를 가지는 법적·정치적 구조"라고 할 수 있다. 특히 방어적 민주주의가 어디까지나 당해 정치공동체의 민주주의를 전제한 이론이었다는 점, 외견상 합법성을 갖추고 민주주의에 적응하는 대단히 특유한 적을 염두에 둔 처방이었다는 점이 중요하다.

Ⅰ. 파시즘 및 당시의 정치적 상황에 대한 인식의 적절성

먼저 살펴볼 것은 Loewenstein의 방어적 민주주의 이론이 파시즘 및 당시 정치현실에 대한 적절한 이해에 근거한 것이었는지에 대한 문제이다. 일련의 연구는 파시즘이 모호한 성격을 가지고 있어 정의하기가 쉽지 않음에도,[1] Loewenstein이 포착한 여러 특성을 가지고 있었음을 보여준다.

예컨대 Robert O. Paxton은 공동체의 쇠퇴에 대한 두려움, 대중의 지지, 민족주의, 민주주의적 자유의 포기, 폭력성, 내부정화와 외부팽창이라는 목적 등을 파시즘의 표징으로 열거한다.[2] 파시즘이 모순

---

1) 장문석, 『민족주의 길들이기: 로마 몰락에서 유럽 통합까지 다시 쓰는 민족주의의 역사』, 지식의 풍경, 2007, 274쪽.

2) 로버트 O. 팩스턴, 손명희·최희영 옮김, 『파시즘: 열정과 광기의 정치혁명』, 2005, 487쪽.

적인 태도의 만화경이라는 견해[3)]에서는 일관된 사상으로 볼 수 없는 정치적 기술로서의 특성을 엿볼 수 있으며, 다수의 연구는 파시즘이 민주주의에 적응하며 형식적으로 합법성을 활용하였다는 점[4)]과 대중의 동의를 얻고자 노력했다는 점[5)]을 말해준다. 한편 파시즘이 이데올로기와 목적을 가진 민족주의 혁명이라고 보는 견해[6)]도 있으며 Loewenstein 또한 "fascist ideology"라는 표현을 사용한 바 있으나,[7)] 그가 말하고자 한 것은 파시즘이 가치 있는 사상이 아니며 패퇴시킬 수 있는 대상이라는 점이었음을 감안하여 선해할 필요가 있다.

국제정세에 대한 Loewenstein의 판단 또한 후학들에 의하여 뒷받침되고 있다. 1938년에 이르면 1920년 당시 존재했던 유럽의 민주주의 국가들 가운데 절반이 독재국가로 변모했다는 지적[8)]이나, 민주주의의 붕괴와 권위주의 체제의 수립이 전간기의 유럽에서 흔했다는 서술[9)]이 그 예이다.

Ⅱ. 방어적 민주주의의 필요성 및 규범적 정당성

Loewenstein의 방어적 민주주의론에 가해지는 비판의 핵심은 이

---

3) George L. Mosse, "Introduction: Toward a General Theory of Fascism", in George L. Mosse, *International Fascism: New Thoughts and New Approaches,* London: Sage Publications, 1979, p. 1.

4) Christoph Möllers, "'We are (afraid of) the people': Constituent Power in German Constitutionalism", in Martin Loughlin and Neil Walker eds., *The Paradox of Constitutionalism: Constituent Power and Constitutional Form,* Oxford: Oxford University Press, 2007, p. 93.

5) 가령 장문석, 앞의 책(2007), 295쪽.

6) George L. Mosse, *The Fascist Revolution: Toward a General Theory of Fascism,* New York: Howard Fertig, 1999, p. 11.

7) Karl Loewenstein, 앞의 글(1938a), pp. 593-594.

8) Mark Chou, 앞의 책(2014), p. 51.

9) Ian Kershaw, 앞의 글(1990), p. 1.

같은 별도의 이론구성이 필요하며 규범적으로 정당화될 수 있는지에 대한 것이다. 이하에서는 동 이론의 필요성, 부작용의 가능성, 효율성 등에 관한 찬반의 입장과 각각의 주요 논거를 살펴본다. 그 대부분은 오늘날 방어적 민주주의의 규범적 정당성이나 필요성을 둘러싼 논의에도 원용할 수 있는 것이다.

1. Loewenstein의 방어적 민주주의에 대한 비판

가. 체제의 방어는 모든 국가의 속성이라는 지적

방어적 민주주의에 비판적인 논자들은 모든 국가가 체제를 방어하고자 하며[10] 이는 민주주의 국가들의 경우에도 다르지 않다고 본다.[11] 전 세계 어느 나라의 헌정체제이든 체제 수호를 위한 제도적 노력을 기울이는 것은 당연한 현상이고, 그런 의미에서는 모든 나라를 방어적 민주주의라 부를 수도 있다는 견해[12]도 개진된다. 또한 일각에서는 민주주의 국가가 특히 취약하다는 것이 경험적으로 증명된 바 없으며, 민주주의 국가가 순전히 합법적인 수단에 의하여 파괴된 사례가 많지 않다고 지적한다.[13] 국가일반의 속성 및 민주주

---

10) 일반적인 수준에서 국가는, 구성원들에 대하여 포괄적인 통제력을 행사하면서 그 사회체제의 유지와 재생산을 총괄하는 지속력을 지닌 강권적 권력체로 이해된다. 서울대학교 정치학과 교수 공저, 『정치학의 이해』, 박영사, 2002, 144, 148쪽.

11) Giovanni Capoccia에 따르면, 어떠한 민주주의도 개인이나 집단의 모든 정치적 의견을 전적으로 관용하지 않으며 이는 전간기의 경우에도 마찬가지였다. Giovanni Capoccia, *Defending Democracy: Reactions to Extremism in Interwar Europe,* Baltimore: Johns Hopkins University Press, 2005, p. 289.

12) 김선택, "정당해산의 실체적 요건의 규범적합적 해석", 『헌법연구』, 제1권 제1호, 헌법이론실무학회, 2014, 147쪽의 각주 7.

13) Jan-Werner Müller, 앞의 글(2016), p. 252.

의 국가의 취약성 여부를 이와 같이 이해하게 되면, 유독 민주주의 체제를 수호하기 위한 별도의 이론구성이 불필요하다는 결론[14]으로 나아가게 된다.

나. 바이마르의 붕괴는 제도의 문제가 아니라는 평가

(1) 바이마르 공화국의 제도에 대한 인식

근래에는 바이마르 공화국의 실패가 제도적 무방비나 가치상대주의 때문이 아니었다는 견해가 유력하게 제시된다. 라이히(Reich) 대통령이 공공의 안녕과 질서에 대한 위험이 있는 경우 필요한 모든 조치를 취할 수 있는 비상명령권을 가지고 있었고(바이마르 헌법 제48조 제2항), 이 권한은 국가 및 헌법에 적대적인 정당 기타 조직들에 대하여 발동될 수 있었으며, 실제로 나치당 등의 정당이 금지되었다는 것이다.[15]

Loewenstein이 민주주의의 가장 큰 실수라고 표현한 비례대표제의 불안정성에 대한 반론도 제기되고 있다. 일반적으로 소선거구 단순다수제가 제3당의 부상(浮上)을 억제한다는 것이 아직까지 주류적인 견해[16]이나, 일부 국가에서는 단순다수제 선거방식을 채택하고 있음에도 불구하고 제3당에 대한 지지가 일시적으로 상승하거나 비교적

---

14) 어떠한 민주주의도 민주주의를 파괴하려는 세력에 대해 무한정 상대적일 수 없다는 이유에서, 방어적 민주주의라는 별도의 이론을 구성할 필요성이 보이지 않는다는 견해로 이성환 외, 앞의 책(2004), 148쪽.

15) 한수웅 외, 앞의 책(2015), 705-706쪽.

16) 가령 Nancy L. Rosenblum, ""Extremism" and Anti-Extremism in American Party Politics", *The Journal of Contemporary Legal Issues*, Vol. 12, No. 2, 2002, p. 860. 일찍이 Maurice Duverger는 소선거구 단순다수제가 양당제에 우호적이라고 보았으며, 이를 '뒤베르제의 법칙(Duverger's law)'이라고 한다. Maurice Duverger, trans. Barbara North and Robert North, *Political Parties: Their Organization and Activity in the Modern State*, London: Methuen, 1954, p. 217.

안정적으로 유지된다는 것이다.[17] 더구나 방어적 민주주의의 성격이 강한 국가로 분류되고는 하는 이스라엘[18] 또한 비례대표제를 채택하고 있다는 사실[19]은, 비례대표제가 반드시 제도적 무방비를 뜻하지 않는다는 하나의 논거가 될 수 있다.

그 밖에 바이마르 공화국 당시 임용될 공무원이 헌법에 충실하고 법률에 복종할 것을 서약해야 했다는 것[20]도, 바이마르 공화국이 체제수호를 위한 나름의 제도를 가지고 있었음을 보여주는 근거라 할 수 있다.

(2) 바이마르 공화국의 실패원인에 대한 대안적 설명

바이마르 헌법이 민주주의의 적에 대한 방어수단을 갖추고 있었다고 보는 논자들은, 바이마르 공화국이 가치상대주의와 제도적 무방비로 실패했다는 주장을 일종의 신화라고 본다.[21] 바이마르 공화국이 몰락한 원인은 민주주의를 방어하려는 의지·능력의 부족이나 당시 헌정현실에서 찾아야 한다는 것이다.[22]

일부 문헌은 당시 독일인 다수가 반자유주의적·반민주적이었다고 지적하며, 이러한 관찰은 1930년대 당시에도 찾아볼 수 있다.[23]

---

17) 강원택, "정치적 기대수준과 저항투표: 단순다수제 하에서 제3당에 대한 지지의 논리", 『한국정치학회보』, 제32집 제2호, 한국정치학회, 1998, 192-193쪽.

18) 이스라엘을 독일 등과 함께 방어적·실체적 민주주의 국가로 분류한 연구로 Gregory H. Fox and Georg Nolte, 앞의 글(1995), pp. 32-35.

19) Suzie Navot, "Fighting Terrorism in the Political Arena: The Banning of Political Parties", *Party Politics*, Vol. 14, No. 6, 2008, p. 747.

20) 이종수, 앞의 글(2000), 95쪽 참조.

21) Martin Morlok, "Parteiverbot als Verfassungsschutz – Ein unauflösbarer Widerspruch?", *Neue Juristische Wochenschrift*, 2001, S. 2932; 정태호, 앞의 글(2014), 273쪽 등.

22) 가령 이성환 외, 앞의 책(2004), 60-62쪽.

23) Herbert Kraus, *The Crisis of German Democracy: A Study of the Spirit of the Constitution of Weimar*, Princeton: Princeton University Press, 1932, p. 5. Mark Chou, 앞의 책(2014), p. 62에서 재인용.

"독일'제국'은 민주공화국이다."라는 바이마르 헌법 제1조의 문언이 공화국에 대한 지지와 인식이 미약했음을 말해준다는 연구,[24] 1932년 Kurt von Schleicher가 수상으로 취임한 이후 독일 경제계가 나치를 적극 지원했음을 지적한 연구[25] 또한, 이 당시 민주주의에 대한 헌신이 부족했음을 뒷받침한다.

바이마르 공화국의 열악한 정치경제적 상황을 언급한 문헌도 다수 발견된다. 바이마르, 특히 뮌헨에 빠른 산업화, 인구증가, 인플레이션, 계층분화 등의 문제가 산적해 있었음을 지적한 연구,[26] 당시 종교적·민족적 분열이 깊었으며 급격한 사회경제적 변화가 바이마르 공화국에서의 정치적 긴장을 심화시켰다는 연구[27]가 그 예이다. 베르사유 조약(Treaty of Versailles)에 따른 전쟁배상금의 부담, 인플레이션, 계급대립, 대공황의 타격을 언급한 Paul M. Kennedy는, Hitler의 출현이 유럽에서의 독일의 지위를 수 년 만에 변동시켰다 해도 그러기까지의 요체는 미리 만들어졌다는 것을 기억할 필요가 있다고 썼다.[28]

다. 방어적 민주주의가 민주주의의 본질을 침해하리라는 우려

방어적 민주주의는 민주주의의 자기모순이며 민주주의의 본질을 약화시킬 것이라는 비판도 지속적으로 있어왔다. 민주적 숙의의 범주를 제한하는 것이 정치과정의 정당성에 대한 의문으로 이어진다

24) 오향미, "독일 민주주의의 실험과 정착: 바이마르(Weimar) 공화국과 본(Bonn) 공화국의 의회민주주의", 『한국과 국제정치』, 제21권 제4호, 경남대학교 극동문제연구소, 2005, 119-120쪽.

25) 송석윤, 『헌법과 정치』, 경인문화사, 2007b, 125-127쪽.

26) Mark Chou, 앞의 책(2014), pp. 50-53.

27) Ruth Henig, *The Weimar Republic 1919-1933,* Hoboken: Taylor and Francis, 2002, pp. 1-4.

28) 폴 케네디, 이일주 외 옮김, 『강대국의 흥망』, 한국경제신문사, 1997, 416-419쪽.

는 지적,[29] Loewenstein이 말한 권위주의적 민주주의가 인민을 위한 것일 수는 있어도 '인민의 정부'이기는 어렵다는 평가[30]가 그러하다. 공동체로부터 누군가를 배제하는 결정은 필연적으로 자의적이며 민주주의 절차에 의하여 정당화될 수 없다는 입장도 있다.[31] 이처럼 민주주의를 방어하기 위한 조치가 도리어 민주주의 정치과정을 쇠퇴시킬 가능성은 '방어적 민주주의의 역설(paradox of militant democracy)'이라 일컬어지기도 한다.[32]

방어적 민주주의가 정치적으로 악용될 가능성도 지적된다. 방어적 민주주의에 입각한 비자유주의적 예방수단이, 다수파가 반대세력을 합법적으로 억압·배제하는 방편이 될 수 있다는 것이다.[33] 앞서의 문제제기가 방어적 민주주의 자체의 모순에 관한 것이라면, 여기서는 그 잘못된 적용의 가능성이 문제된다.

라. 효율성에 있어서의 난관에 대한 지적

이 같은 규범적인 한계에 더하여, 설사 방어적 민주주의 이론을 받아들인다 하더라도 그것이 민주주의 체제를 효과적으로 방어할 수 있느냐에 대한 실천적인 문제가 제기된다. 예컨대 특정 세력이 민주주의를 폐지할 의도를 가지고 있는지, 장차 집권하여 그러한 의도를 현실화할 가능성이 얼마나 되는지, 방어적 민주주의에 입각한 조치를 취할 적절한 시점은 언제인지에 대한 판단에는 상당한 어려움이 따르나, 방어적 민주주의론 그 자체는 이에 대한 지침을 제공

---

29) Samuel Issacharoff, 앞의 글(2007), p. 1411.

30) Mark Chou, 앞의 책(2014), p. 69.

31) Carlo Invernizzi Accetti and Ian Zuckerman, 앞의 글(2016), pp. 2, 9.

32) Alexander S. Kirshner, 앞의 책(2014), p. 2.

33) 송기춘, "통합진보당 정당해산심판 사건에 대한 비판적 분석", 『민주법학』, 제56호, 민주주의법학연구회, 2014, 99-100쪽.

해주지 못한다는 것이다.[34)]

또한 반민주적인 세력이 제재규정을 교묘하게 회피하거나 우회할 가능성도 배제할 수 없으며, 이러한 사례는 현실에서도 찾아보기 어렵지 않다. 예컨대 반민주적인 목적이나 활동을 이유로 정당을 금지하더라도, 금지된 정당의 구성원들이 (실질적인) 대체정당을 수립함으로써 규제를 무력화할 수 있다는 것이다. 앞서 본 것처럼, 터키에서는 해산결정을 전후하여 동일·유사한 노선의 정당이 등장하는 과정이 되풀이되고 있다.

그 외에 방어적 민주주의에 따라 금지된 정당(결사)과 유사한 성향의 정당(결사)이 반사이익을 누릴 가능성,[35)] 반민주주의자들의 활동을 감지하게 어렵게 되거나 정치적 순교자를 양산하는 결과로 이어질 개연성,[36)] 방어적 민주주의에 입각한 조치가 실패할 경우 정치적 역효과를 낳을 위험,[37)] 거대한 반민주적 세력 앞에서의 한계[38)] 등이 지적된다.

마. 방어적 민주주의에 대한 대안의 제시

일부 논자들은 방어적 민주주의의 규범적·효용적 한계를 언급하는 것에 그치지 않고 나름의 대안을 제시하기도 한다. David Plotke는 반민주주의자들을 민주주의 정치과정에 받아들이는 통합(incorporation)을

34) Nancy L. Rosenblum, 앞의 책(2008), pp. 421-422.
35) Angela K. Bourne, 앞의 글(2015), p. 331.
36) Martin Morlok, 앞의 글(2013), S. 324f.
37) 2003년 독일 민족민주당에 대한 해산시도가 무산된 이후 동 정당의 당원이 증가하였음을 언급하면서 이러한 위험성을 경계한 박규환, “정당해산심판기준에 관한 연구: 해산기준 명확화를 위한 기본권이론 도입에 관한 제언”, 『헌법학연구』, 제14권 제4호, 한국헌법학회, 2008, 503쪽 참조.
38) 우리 현대헌정사에서 정당해산제도가 군부의 헌정파괴 앞에서 무력하였음을 언급한 연구로 한수웅 외, 앞의 책(2015), 707쪽.

역설한다. 이것은 이들을 민주주의의 틀 내에서 경쟁하는 존재로 포용·동화한다는 의미이다. 모든 행위자들에게는 민주주의 절차에 따라 참여할 의지가 요청되며, 이 과정에서 반민주적인 세력은 참여 여부를 둘러싸고 분열할 것으로 예상된다고 한다. Plotke는 시간이 흐름에 따라 민주주의에 대한 반대가 감소하리라고 기대하며, '통합'이 단순한 관용(toleration)이나 억압(repression)보다 나은 선택지라고 본다.[39)]

Malkopoulou는 절차적·가치상대주의적 민주주의와 방어적 민주주의의 한계를 모두 극복할 수 있는 대안으로 다수의 시민들이 반민주적인 대표자의 권한을 박탈하는 방안을 제시하였으며, 그 의의와 한계는 선행연구로서 개괄하였다.[40)]

2. 당시 방어적 민주주의의 필요와 정당성을 인정하는 입장

이처럼 방어적 민주주의론에 대하여는 별도 이론구성의 필요성, 정당성 및 효용성에 관한 의문이 제기되어 왔다. 그러나 이와 달리 Loewenstein의 주장이 시의성 및 규범적 의의를 가진다는 견해도 다수 존재하는바, 그 주요 논거는 다음과 같다.

가. 민주주의가 민주적 근본주의로 인식될 우려

먼저 생각해 볼 것은, Loewenstein이 지적한 것처럼 민주주의가 민주적 근본주의 내지 법적인 맹목성으로 이해될 우려가 있다는 점이다.[41)]

39) David Plotke, "Democratic Polities and Anti-democratic Politics", *Theoria*, Vol. 53, No. 111, 2006, pp. 27-29.

40) Anthoula Malkopoulou, 앞의 글(2016), p. 310.

41) Svetlana Tyulkina, 앞의 글(2011), p. 349.

일반적으로 민주주의는 주권자인 시민들이 정치과정에 평등하게 참여하는(참여할 수 있는) 자기지배체제로 이해되는바,[42] 우리는 의견이 불일치함에도 불구하고 함께 행동해야 하는 정치의 상황(circumstances of politics)[43]에 직면한다. 의견의 불일치를 온전히 해소할 수 없는 것은, 대립하는 주장들이 각각 어느 정도의 진리를 담고 있는 경우가 일반적이며,[44] 저마다 가치판단방식이 달라 다양한 가치를 하나의 잣대로 평가할 수 없기 때문이다.[45] 정치의 상황에서 집단적 의사결정을 할 때는 다수가 수적·사실적으로 우위에 있다는 점, 다수가 합리적인 결정을 내릴 가능성이 크다는 점, 보다 많은 사람들이 자유로워진다는 점, 최대한의 정치적 평등을 보장해준다는 점 등을 근거로 다수결의 원리에 의하게 된다.[46]

문제는 모든 민주주의 국가에는 비민주적인 정부형태를 선호하는 구성원들이 존재하며,[47] 이들이 다수의 지위를 차지하여 민주주의 제도를 폐지할 가능성을 배제할 수 없다는 점이다.[48] 그리고 일단 민주주의를 폐지하는 결정이 이루어지면, 구성원들의 집단적인

---

42) 성낙인, 앞의 책(2017), 142쪽 참조.

43) Jeremy Waldron, *Law and Disagreement,* Oxford: Clarendon Press, 1999, p. 102.

44) 존 스튜어트 밀, 서병훈 옮김, 『자유론』, 책세상, 2013, 91쪽.

45) 이 같은 '가치의 통약불능성'이 인류를 정치의 상황에 밀어 넣고 있다는 지적으로 조홍식, "법에서의 가치와 가치판단", 『서울대학교 법학』, 제48권 제1호, 서울대학교 법학연구소, 2007, 166쪽.

46) 장영수, 앞의 책(2017), 161-162쪽 참조.

47) Alexander S. Kirshner, "Proceduralism and Popular Threats to Democracy", *The Journal of Political Philosophy,* Vol. 18, No. 4, 2010, p. 417.

48) 유권자 다수가 반민주적인 정부를 선택하는 것이 이른바 '민주주의의 역설(paradox of democracy)'이다. Kelsen은 이와 관련하여, 민주주의가 민주주의를 파괴하려는 구성원 다수에 맞서 스스로를 방어할 수 있는지에 대한 문제를 제기하는 것은 이미 민주주의를 부정하는 것이라 하였다. Hans Kelsen, *Verteidigung der Demokratie: Abhandlungen zur Demokratietheorie,* Tübingen: Mohr Siebeck, 2006, S. 237.

의사결정방식에 따라 민주주의를 회복할 수 없는 불가역적인 상태에 이르게 된다.[49] 따라서 설사 절차주의적인 관점에서 민주주의를 이해하더라도,[50] 선거라는 규율된 경쟁(regulated rivalry)[51]에 따른 동의의 갱신가능성(renewability of consent)[52]이 보장되며 이러한 정치과정을 통해 스스로를 지속적으로 교정해나가는[53] 절차로서의 민주주의 자체를 폐지하려는 시도만큼은 용인될 수 없다는 실체적 한계가 도출된다.

민주주의의 자기파괴라는 역설은 단지 이론적인 문제라고만 할 수 없다. 민주주의에 대한 반감을 노골적으로 드러내었음에도 투표결과 개헌에 필요한 의석을 확보할 것이 유력했던 이슬람구국전선과 같이, 실제 민주주의를 폐지하려는 정당이 구성원 다수의 지지를 얻었던 사례가 존재한다. 당시 반민주적인 세력을 저지한 것이 쿠데타를 일으킨 군부라는 또 다른 반민주적 세력이었음을 고려할 때, 알제리 사태는 방어적 민주주의가 적용된 사례라 보기는 어렵다. 그러나 이 사건은, 민주주의의 역설이 현실화될 수 있는 문제임을 보여준다.[54]

---

49) 구성원들이 참여하여 권위 있는 집단적 의사결정을 내리는 게임의 규칙 자체가 사라졌기 때문이다. 이러한 상황에서 민주주의를 되살리려면, 저항권의 행사나 외세의 개입 등 '민주주의 외적인' 방안이 강구되어야 할 것이다. 이 점을 지적한 연구로 장영수, 앞의 글(1983), 32쪽.

50) 민주주의를 "정치적 결정에 도달하기 위한 제도적 장치로서 인민의 투표를 얻기 위한 경쟁적인 투쟁에서 승리한 개인들이 그 결정권을 획득하는 장치"라고 본 Joseph A. Schumpeter는 절차주의적인 관점의 대표적인 예이다. Joseph A. Schumpeter, *Capitalism, Socialism and Democracy*, London: Routledge, 2010, p. 269.

51) Nancy L. Rosenblum, 앞의 책(2008), p. 432.

52) Samuel Issacharoff, 앞의 글(2007), p. 1465.

53) 전술한 것처럼 Van den Bergh는 민주주의를 폐지하는 결정이 영속적인 자기교정이라는 민주주의의 정수에 반하여 허용될 수 없다고 보았다. Paul Cliteur and Bastiaan Rijpkema, 앞의 글(2012), pp. 243-244.

나. 민주주의 체제 고유의 적에 대한 대응방안의 필요성

민주주의의 제도 및 관용을 활용하는 특유한 적의 존재는 방어적 민주주의의 규범적 필요를 뒷받침하는 중요한 논거가 된다. Loewenstein의 관찰에 따르면, 파시즘이 흥기하기 위해서는 이들이 활용할 민주주의가 전제되어야 하며, 따라서 파시즘은 민주주의 고유의 적이라 할 수 있다.

구성원들의 참여가 널리 보장되며, 자신이 속한 정치공동체의 불완전성을 공개적으로 비판할 수 있는 체제는 민주주의가 유일하다.[55] 또한 '정치의 상황'에서는 어떠한 논거에 의하든 현실적으로 다수결을 통해 집단적 의사결정을 내리게 되며, 그 결과 반민주적 세력이 대중의 지지를 얻어 영향력 있는 지위에 오를 가능성을 배제할 수 없게 된다. 그리고 이들을 정치과정에서 배제하는 결정은, 민주주의의 핵심으로 여겨지는 다원주의나 가치상대주의, 다수결의 원리에 반하는 것으로 평가될 수 있다.

반면 민주주의 아닌 다른 체제에서는 파시스트 세력이 의지할 관용이나 다원주의 자체를 찾아볼 수 없으며, 공동체의 의사결정이 모든 구성원의 참여를 보장하는 가운데 다수결에 의하여 이루어지지도 않는다. 또한 이러한 체제에서는, 그 공동체의 존립을 정당화하

54) 민주주의의 역설을 보여주는 사례로 흔히 수권법(민족과 국가의 위난을 제거하기 위한 법률: Gesetz zur Behebung der Not von Volk und Reich)이 언급된다. 그러나 나치스 돌격대가 표결장소인 크롤 오페라하우스를 포위하고 있었던 점, 다수 의원들이 투옥되어 표결에 참여할 수 없었던 점을 고려한다면, 동법의 제정이 순수한 다수결에 따른 것이었다고 보기는 어렵다. 수권법 제정 당시의 상황을 묘사한 연구로 Alexander S. Kirshner, 앞의 책(2014), pp. 1-2.

55) Nadia Urbinati, "Peace and Democracy: Which Ends Justify Which Means?", *New Political Science*, Vol. 32, No. 1, 2010, p. 93.

는 핵심적인 가치를 훼손하지 않고도 적으로 인식된 존재를 억압·배제하는 것이 가능하다.[56)]

다. 민주주의의 방어적 성격과 가치구속성을 환기하는 기능

방어적 민주주의가 민주주의의 방어적인 성격 및 가치구속성을 환기·강화한다는 점 또한, 방어적 민주주의의 필요성과 규범적 정당성을 말해주는 근거가 된다. 예컨대 독일기본법 제79조 제3항은 인간의 존엄에 대한 기본법 제1조, 민주적·사회적 연방국가의 성격을 규정한 제20조가 어떠한 경우에도 개정될 수 없도록 하였는바, 동 규정은 인간의 존엄성이 가지는 규범적 우위 및 민주주의의 영속성을 환기하는 기능을 가진다.

민주주의의 방어적 성격을 환기·강화하는 기능은 관련 규정의 존재만으로도 확보될 수 있다.[57)] 학계에서는 정당해산제도가 집행되지 않는 것을 최선의 준칙으로 삼으면서 그 존재로써 헌법체제를 방비하는 소극적 안전판(passive safety valve)의 역할을 하는 것이 타당하다는 견해가 유력하다.[58)] 베니스위원회도 '터키의 정당금지에 관한 헌법 및 법률 규정에 대한 의견'에서, 일부 국가의 정당해산제도가 이러한 기능을 가진다고 하였다.[59)]

---

56) Jan-Werner Müller, 앞의 글(2016), p. 252.
57) Svetlana Tyulkina, 앞의 글(2011), p. 128.
58) 이상경, "방어적 민주주의와 위헌정당해산심판제도에 대한 비판적 고찰", 『법과사회』, 제46권, 법과사회이론학회, 2014, 117쪽.
59) European Commission for Democracy through Law(Venice Commission), "Opinion on the Constitutional and Legal Provisions to the Prohibition of Political Parties in Turkey", para. 22.

라. 현실적 대안의 부존재

방어적 민주주의론을 지지하는 측에서는 (특정한 상황에서) 현실적인 대안이 존재하지 않는다고 본다. 예컨대 극단주의 세력이 강성한 곳에서는 정부의 근본적인 사회개혁 자체가 저지될 수 있으며, 이 경우 이들을 정치적으로 배제할 것인지 아니면 민주주의의 전복이라는 위험을 감수할 것인지의 선택지만이 남는다는 것이다.[60)]

반민주주의자들을 민주주의 정치과정에 통합하여 상호 이해의 기반을 확립하자는 견해가 일견 설득력을 가지나, 이에 대하여는 반민주적 세력의 호소에 따라 민주주의자들마저 민주주의를 거부하게 될 수도 있다는 반론이 제기된다.[61)] 다수의 시민들이 반민주적인 대표자를 축출할 수 있도록 하자는 Malkopoulou의 제안 역시, 어디까지나 시민들이 민주주의의 가치에 헌신할 것을 전제한 논의로서 '민주주의의 역설' 문제에 답해주지 못한다. 파시스트 세력에 의해 여러 민주주의 국가들이 전복되고 있었던 Loewenstein 당시에는, 방어적 민주주의 이외의 다른 대안을 생각하기가 더욱 어려웠을 것이다.

마. 성공적이었다고 평가되는 일부 방어적 조치들

사후적인 평가이기는 하나, 일부 방어적인 조치들이 나름의 성공을 거두었다는 사실은 방어적 민주주의의 시의성과 효율성을 말해줄 수 있다. Loewenstein은 파시스트 기술에 대한 관찰이 민주주의의 취약점을 보완할 수 있는 방안의 발견으로 이어졌으며, 여러 민주주의 국가들에서 반파시즘 법제가 제정되어 상당한 효과를 거두었음을 언급하였다.[62)] 예컨대 핀란드에서 정당의 준군사적 조직 결성이

60) Gregory H. Fox and Georg Nolte, 앞의 글(1995), p. 14.
61) Mark Chou, 앞의 책(2014), p. 17.

나 정치적 제복의 착용을 금지한 결과, 파시스트 정당의 위상이 미미해졌다는 것이다.[63)]

근래에도 방어적 민주주의의 효율성을 인정하는 연구를 다수 찾아볼 수 있다. 방어적 민주주의가 불완전한 신생 민주주의 국가들의 자신감을 고취하였다는 견해,[64)] 인도·터키·알제리 등에서 극단주의 세력에 대한 예방적 개입이 나름의 효과를 거두었다는 평가[65)] 등이 그러하다.

바. 사법부의 역할

Loewenstein이 강조한 바는 아니었으나,[66)] 독립된 사법부가 관련 조치의 오·남용을 방지하고 기본권 제한의 기준을 마련하며 적절한 개입시점을 평가하는 역할을 함으로써, 방어적 민주주의에 대한 우려를 덜 수 있다. 역사적으로 자유민주주의를 훼손·침탈한 것은 행정부나 군부인 경우가 많았다는 사실 또한, 민주주의를 수호하는 사법부의 역할에 주목케 한다.

일반적으로 독일기본법은 연방헌법재판소에 헌법의 수호자(guardian of the constitution)로서의 역할을 부여하였다고 이해되며,[67)] Loewenstein이 반파시즘 대응방안으로 언급한 정치경찰의 절차적 위법을 사법부가 제지한 사례[68)]도 발견된다. 최근에는 방어적 민주주의의 남용

62) Karl Loewenstein, 앞의 글(1937a), p. 431.
63) Karl Loewenstein, 앞의 글(1937b), pp. 638-639.
64) Svetlana Tyulkina, 앞의 글(2011), pp. 142, 358.
65) Samuel Issacharoff, 앞의 글(2007), pp. 1452-1453.
66) Loewenstein은 사법부가 민주주의의 수호자로서의 역할을 하지 못하였다고 비판하였다. Karl Loewenstein, "Autocracy versus Democracy in Contemporary Europe, I", *The American Political Science Review,* Vol. 29, No. 4, 1935a, p. 580.
67) 이 점에서 독일기본법이 대통령이 헌정질서의 수호자가 되어야 한다는 Schmitt의 생각을 거부하였다는 평가로 John E. Finn, 앞의 책(1991), p. 191.

이 각국의 헌법재판소나 유럽인권재판소에 의하여 대부분 시정되고 있다는 평가도 있다.[69)]

사. 위기상황에서의 단기적 전략이었음을 감안할 필요

Loewenstein의 방어적 민주주의 이론은 유럽 민주주의 국가 태반이 파시즘에 의하여 전복된 극한의 위기상황에서 제시되었으며, 그는 민주주의가 그 내부의 적과 전쟁 중이라고 거듭 강조하였다.[70)] 후대의 연구 또한, 당시 국제정치현실에 대한 그의 인식이 적절한 것이었음을 말해준다. 방어적 민주주의론을 평가함에 있어서는 그것이 민주헌정질서가 심각한 위기상황에 봉착했을 때의 단기적인 전략의 성격을 가졌다는 점,[71)] 민주주의의 방어를 위해 기본권을 제한해야 한다는 주장 또한 한시성을 전제한 것이었다는 점[72)]을 감안할 필요가 있다.

3. 검토

Loewenstein의 방어적 민주주의 이론에 관하여는 다양한 비판이 제기되어왔다. 살피건대 방어적 민주주의는 정치적 남용의 위험으로부터 자유롭지 못하며, 효율성에 있어서도 어려움이 뒤따른다. 그러나 민주주의가 민주적 근본주의로 인식될 우려, 민주주의를 활용하는 특유한 적의 존재, 동 이론이 제시될 당시 극한의 위기상황, 일

68) 앞서 본, 민족민주당에 대한 제1차 해산심판청구 사건을 말한다.
69) Svetlana Tyulkina, 앞의 글(2011), p. 142.
70) Karl Loewenstein, 앞의 글(1937a), p. 432.
71) 송석윤, 앞의 글(2010a), 32쪽.
72) "Where fundamental rights are institutionalized, their 'temporary suspension' is justified." Karl Loewenstein, 앞의 글(1937a), p. 432.

부 방어적 조치의 성공사례를 두루 고려할 때, 고전적인 방어적 민주주의는 당시 규범적 정당성과 시의성 및 효율성을 가진 것이었다고 인정할 수 있다.

Ⅲ. 규범적 정당성의 근거 제시

앞서 보았듯 Loewenstein의 방어적 민주주의론이 그 이론적인 정당화 측면에서 충분치 못하다고 비판하면서 방어적 민주주의의 규범적 정당성에 천착한 연구가 있으며,[73] Jovanović는 게임과 민주주의의 유사한 속성으로부터 방어적 민주주의의 정당화 논거를 찾는다.[74]

혹자는 타인의 정치적 권리가 침해되지 않았다면 원칙적으로 방어적 조치가 허용되지 않으나, 통상적인 수단으로 민주주의를 수호할 것을 기대하기 어려운 예외적인 상황에서는 민주주의라는 지상(至上)의 목적이 예방적 개입의 절차적 비민주성을 정당화한다고 주장[75]한다. 자유를 포기할 자유는 없다는 John Stuart Mill의 논변[76]으로부터 방어적 민주주의의 논거를 찾는 연구[77]도 있다.

위의 연구들은 방어적 민주주의를 규범적으로 정당화할 수 있는 다양한 근거를 제시하였다는 점에서 의의를 가진다. 그러나 Loewenstein이 민주주의의 규범적 정당성에 관한 이해를 결여했다고 볼 수는 없다. 그는 민주주의가 최상의 가치임을 전제로 이를 수호할 방안을

---

73) Paul Cliteur and Bastiaan Rijpkema, 앞의 글(2012), pp. 230-246.
74) Miodrag Jovanović, 앞의 글(2016), pp. 745-762.
75) Alexander S. Kirshner, 앞의 책(2014), pp. 122-139.
76) 존 스튜어트 밀, 서병훈 옮김, 앞의 책(2013), 192-193쪽.
77) Carl A. Auerbach, "The Communist Control Act of 1954: A Proposed Legal-Political Theory of Free Speech", *The University of Chicago Law Review*, Vol. 23, No. 2, 1956, p. 188.

강구하였으며, 이는 그가 민주주의의 가치에 내재한 우월성(inherent superiority of democratic values)을 언급한 대목[78)]에서도 확인된다.

Ⅳ. 방어적 조치의 대상

Loewenstein은 14가지 유형의 반파시즘 법제를 제시하였는바, 준군사적 조직의 금지나 반란죄에 대한 처벌의 강화, 무기의 제조·유통·소지·사용에 관한 통제 등 많은 부분은 민주주의 국가가 아닌 곳에서도 당연시되는 것이다. 이 때문에 그의 입법적 대응방안 가운데 일부만이 민주주의의 적에 대한 고유의 처방이라는 견해[79)]가 개진되며, 이를 보다 좁게 유형화하려는 시도도 있다.[80)]

그러나 Loewenstein이 제시한 대응방안이 일반 형벌규정을 망라하는 방대한 것이었다 하더라도, 방어적 민주주의가 민주주의를 위협하는 매우 특유한 적에 대한 처방이었음을 기억할 필요가 있다. 그가 민주주의에 대한 위험으로 인식한 것은 가벌성이 명백한 폭동이나 무력시위가 아니라, 합법적인 외양을 가지고 민주주의를 활용하는 파시즘이었다.

Ⅴ. 소결

지금까지 Loewenstein의 방어적 민주주의론을, 별도 이론구성의 필요성과 규범적 정당성에 관한 찬반양론을 중심으로 평가하였다. 제2

78) Karl Loewenstein, 앞의 글(1938a), pp. 593-594.

79) Mark Chou, 앞의 책(2014), p. 67.

80) Markus Thiel, "Comparative Aspects", in Markus Thiel ed., *The Militant Democracy's Principle in Modern Democracies*, Farnham: Ashgate Publishing Ltd., 2009a, pp. 398-408 참조.

장 제1절 Ⅱ.에서 본 것처럼, 고전적인 방어적 민주주의는, 민주주의 국가가 외견상 합법성을 갖추고 민주주의를 활용하면서 민주주의 체제를 파괴하려는 세력에 맞서 비자유주의적인 예방수단을 불사한다는 의미를 가진다.

최근에는 Loewenstein이 본 것과 달리 바이마르 공화국도 나름의 방어체제를 갖추고 있었다는 견해가 유력하며, 방어적 민주주의는 도리어 민주주의의 본질을 해치거나 정치적인 목적에서 남용될 위험이 없지 않다. 그러나 민주주의가 민주적 근본주의로 인식될 우려, 민주주의 체제를 활용하는 특유한 적의 존재, 동 이론이 제시될 당시의 위기상황, 일부 방어적 조치의 성공사례에 비추어볼 때, 방어적 민주주의의 규범적 정당성과 시의성 및 효율성을 인정할 수 있다고 판단된다.

하지만 방어적 민주주의가 시대적 요청에 따른 것이었다 하더라도, 오늘날의 방어적 민주주의는 Loewenstein 당시의 그것과 같을 수 없다. 제3절에서는, 상기한 비판론을 극복할 수 있는 오늘날의 방어적 민주주의가 어떠한 것이어야 하는지 그 규범적인 원리를 논구한다.

제3절 오늘날 방어적 민주주의의 규범적 원리

Loewenstein이 주창한 고전적인 의미에서의 방어적 민주주의는 그 나름의 규범적 정당성과 시의성 및 효율성을 가진 것이었다. 그러나 동 이론에 대하여는 실로 많은 비판이 제기되어왔으며, 극단적인 위기상황에서 제시되었던 당시의 방어적 민주주의 이론이 오늘날에도 그대로 통용되기는 어렵다. 민주주의의 적에 대한 규범적 처방으로서의 효용을 유지하면서도, 방어적 민주주의가 민주주의의 본질을 약화시키거나 정치적으로 오·남용될 가능성을 통제하는 슬기가 요청되는 것이다. 이하에서는 민주주의 일반 및 방어적 민주주의에 대한 선행연구를 참고하면서, 여러 비판론을 극복할 수 있는 오늘날의 방어적 민주주의는 어떠한 것이어야 하는지 그 규범적인 원리를 제시해보려 한다.

Ⅰ. 반민주주의자를 포함한 모든 구성원들의 참여 인정

현대적 의미에서의 방어적 민주주의는, 반민주주의자를 포함한 구성원 모두가 민주주의 정치과정에 참여할 수 있음을 인정하는 것으로부터 출발해야 한다. 일찍이 Loewenstein은 "불에는 불"이라는 표현을 사용한 바 있으며,[1] 방어적 민주주의와 관련하여 "자유의 적에게는 자유가 없다."는 Louis de Saint-Just의 언명이 자주 언급된다.[2] 그러나 다음의 이유에서, 정치공동체의 모든 구성원들은 정치적 의사

1) "Fire is fought with fire." Karl Loewenstein, 앞의 글(1937b), p. 656.

2) 가령 Jan-Werner Müller, "A "Practical Dilemma Which Philosophy Alone Cannot Resolve?" Rethinking Militant Democracy: An Introduction", *Constellations*, Vol. 19, No. 4, 2012a, p. 536.

결정에 참여할 수 있으며, 이는 심지어 반민주주의자의 경우에도 다르지 않다고 할 것이다.

1. 민주주의에 반하지 않는 정당한 이해관계의 존재

폴란드의 자유노조 운동(Solidarity movement)을 이끌었던 언론인 Michnik가 보기에, 민주주의는 모든 것이 조화를 이루는 지상낙원(utopia)이라기보다, 구성원들이 이견을 드러내고 때로는 충돌하면서 저마다의 이해관계를 관철하고자 하는 불완전한 다원주의 체제였다. 그는 지난날 공산주의 정권에 기여한 이들 또한 공동체(폴란드)의 구성원이라고 하면서, 우리가 다른 생각을 가진 사람들과 공존하려 하지 않는다면 진정한 다원주의(authentic pluralism)는 요원한 것이 되고 만다고 주장했다.[3] 그가 보기에 공산주의 체제에 확고히 반대해온 이들이 민주주의에 헌신하지 않는다는 이유에서 타자를 박해하는 것은 괴팍한 것이었으며, 전(前) 공산주의자 모두를 정치과정으로부터 배제하는 것은 현실적이지도 민주적이지도 않았다.

혹자는 다원주의적인 관점에서, 민주주의에 반대하거나 독재를 옹호하는 것마저도 하나의 정견으로 존중해야 한다고 말할 수 있다. 그러나 이와 달리, 반민주적인 견해나 신념을 반가치적인 것으로 본다 하더라도, 우리는 여전히 반민주주의자들이 공동체의 의사결정에 참여할 수 있어야 한다는 결론에 이를 수 있다. 민주주의를 거부하는 시민들, 심지어 나치스조차도 그들이 선호하는 정치체제의 형태와는 아무런 관련이 없는 관심사와 선호를 지니고 있기 때문이다.[4]

---

3) Adam Michnik, "Maggots and Angels", in Adam Michnik, *Letters from Prison and Other Essays*, Berkeley: University of California Press, 1985, p. 190. Michnik의 민주주의 이론을 소개, 분석한 연구로 Alexander S. Kirshner, 앞의 책(2014), pp. 28-33.

예를 들어 민주주의를 경멸하며 파시즘을 옹호하는 농민이 있다고 가정하자. 그는 당연하게도, 민주주의 정부보다는 권위주의 정부 치하에서 살아가는 것을 선호할 것이다. 그러나 동시에 그는 한 사람의 농민으로서, 정부가 농작물에 대한 보조금을 늘려주거나 수입 농산물에 보다 높은 관세를 부과하는 것을 바랄 수 있다. 이러한 그의 이해관계에서는 특별히 반민주적이거나 위법한 요소를 찾아보기 어렵다.

요컨대 누군가가 민주주의에 반하는 가치관이나 신념을 가졌다는 사실로부터, 그가 민주주의 정치과정에서 존중되어야 하는 어떠한 이해관계도 가지지 않는다는 결론을 도출할 수 없다. 반민주주의자는 민주주의 체제를 훼손하는 것 이외에 아무런 관심과 선호를 가지지 아니한 금욕주의자(ascetic)가 아니다.

2. '기만적 정치참여'라는 배제 논거의 한계

반민주주의자들이 공동체의 의사결정과정에 참여하지 못하도록 해야 한다는 주장을 뒷받침하는 유력한 논거는, 그들이 부정직한 방식으로(in bad faith) 행동한다는 것이다. 반민주주의자들은 기회가 주어지기만 하면 민주주의 정치과정 및 그에 따른 결과를 받아들이지 않을 것임에도 불구하고, 선거에 참여하는 등의 방법으로 자신의 선호를 고려해 줄 것을 호소하는바 이는 위선적이라는 것이다. 그들은 다른 선택의 여지가 없는 경우에만 민주주의 정치과정을 받아들인다. 그럼에도 불구하고, 반민주주의자들은 투표 등을 함으로써 (실제 헌신하고자 하지 않는) 민주주의 정치과정에 헌신하는 것과 같은 신호를 보낸다는 것이다. 또한 이처럼 기만적인 행태는 반민주주의자

4) 이하의 논증은 Alexander S. Kirshner, 위의 책(2014), pp. 40-42를 일부 수정하여 인용한 것이다.

들이 민주주의자들-언제든 민주적 의사결정의 결과에 승복하고자 하면서 참여하는 이들-보다 유리한 위치에 서게 하는바, 이는 민주주의의 본질적인 규칙에 반하는 것으로 불공평하다고 한다.[5)]

그러나 기만적인 태도를 이유로 반민주주의자의 정치 참여를 금지하고자 하는 위의 주장은, 민주적 방식에 따른 참여가 곧 민주주의 정치과정에 대한 자발적 수용(acceptance)을 뜻하지 않는다는 점에서 한계를 드러낸다. 민주주의 정치공동체에서 구성원들은 자신의 참여 여부와 무관하게 집단적 의사결정으로부터 영향을 받으며, 또한 그러한 결정에 따르도록 강제된다. 더구나 이들에게는 민주주의적인 방식 이외에 권위 있는 집단적 의사결정에 참여할 수 있는 선택지가 없었다. 민주주의라는 경기장의 규칙은 구성원들에게 있어 바꿀 수 없는 상태로 '주어진' 것이다. 요컨대, 자신이 살아가는 체제의 유형을 선택할 수 없었던 반민주주의자들은 '어쩔 수 없이' 민주적인 방식에 따라 정치과정에 참여하는 것[6)]이므로, 이를 두고 기만적인 방식이라 비난하기 어렵다.[7)8)]

3. 소결

다원주의의 관점에서, 반민주주의자들이 가지는 정치적인 입장

---

5) 이러한 이유에서 반민주주의자들의 정치참여 제한을 정당화한 연구로 Peter Singer, *Democracy and Disobedience*, Oxford: Clarendon Press, 1973, pp. 55-56. Singer의 주장을 소개하고 비판한 문헌으로 Alexander S. Kirshner, 위의 책(2014), pp. 96-99. 이하의 서술은 Kirshner의 논증을 요약·정리한 것이다.

6) Alexander S. Kirshner, 위의 책(2014), p. 42.

7) 그렇다고 민주적인 의사결정방식과 그에 따라 도출된 결과가 부당하다고 말할 수는 없다. 공동체의 의사결정이 가지는 권위는 그 결정에 참여한 사람들의 태도에 좌우되는 것이 아니기 때문이다. Alexander S. Kirshner, 위의 책(2014), p. 108.

8) Jan-werner Müller, 앞의 글(2016), p. 255.

또한 정당한 이해관계의 하나로서 존중되어야 한다는 주장이 제기될 수 있다. 그러나 가사 이와 달리 반민주적인 가치관 내지 신념이 반가치적인 것으로서 정치적 고려의 대상이 아니라고 보더라도, 반민주성만을 이유로 누군가를 정치적으로 배제하는 결정은 정당화되기 힘들다. 반민주주의자들 또한 민주주의에 대한 가치정향과는 무관한 여러 정당한 이해관계를 가지고 있기 때문이다.

한편 반민주주의자들이 민주주의의 방식에 따라 공동체의 의사결정과정에 참여하는 것이 기만적이며 따라서 이들의 정치참여를 배제할 수 있는지가 문제된다. 그러나 이들에게 민주주의 이외의 방식으로 참여할 수 있는 선택지가 주어져 있지 않다는 점을 고려하면, 이들의 참여를 위선이라고 비난하기는 어렵다.

위의 논의를 토대로 생각할 때, 방어적 민주주의는 모든 구성원들이 정치과정에 참여할 권리를 가진다는 점을 인정하는 것이어야 하며, 이는 반민주주의자라 하더라도 예외가 아니다. 오늘날 민주주의의 수호는 반민주주의자들을 패퇴시키는 것이 아니라, 이들을 민주주의 정치과정에 재통합하기 위한 장기적인 과제로 이해되어야 한다.[9] 이 점에서, 방어적 민주주의가 모든 시민들이 정치과정에서 의미 있는 역할을 수행하는 불완전한 다두정치를 지향해야 한다는 견해는 설득력을 갖는다.[10]

9) 정당을 금지한다 하더라도 그것이 그 당원들과 유권자의 항구적인 배제를 뜻하지 않는다는 지적으로 Jan-Werner Müller, 위의 글(2016), p. 254.

10) Alexander S. Kirshner, 앞의 글(2011), p. 9. 이와 유사한 입장으로 Nadia Urbinati, *Democracy Disfigured: Opinion, Truth, and the People,* Cambridge: Harvard University Press, 2014, p. 234; Tzvetan Todorov, trans. Andrew Brown, *The Inner Enemies of Democracy,* Cambridge: Polity Press, 2014, p. 8.

Ⅱ. 제한된 상황에서의 예외적 적용

반민주주의자들의 참정권을 인정한다고 해서, 그것이 그들이 모든 규제로부터 자유롭다거나 그들의 행동에 아무런 제약이 따르지 않는다는 의미는 아닐 것이다.[11] 누군가가 반민주주의자라는 이유만으로 그 정치참여를 제한하는 것이 정당화될 수 없다면, 방어적 민주주의에 따른 개입은 언제, 어떠한 요건 하에 이루어져야 하는가? 이하에서는 예외적 개입이 허용되는 경우를 살펴보기로 한다.

1. 다른 구성원들의 참정권에 대한 침해

만약 반민주주의자들에 의해 민주주의 정치과정에 참여할 수 있는 다른 구성원의 권리가 침해된다면,[12] 방어적 민주주의에 입각한 개입이 이루어질 수 있다. 구성원 모두가 공동체의 의사결정에 참여할 권리를 가진다는 점으로부터 이러한 타인의 권리를 침해해서는 아니 된다는 한계가 도출되며, 이 지점에서 비자유주의적인 개입이 정당화된다.

타인의 정치적 권리에 대한 침해는 반드시 민주주의 체제 전반에 대한 위협을 동반하지 아니할 수도 있다. 예컨대 반민주주의자들이 군소집단인 경우가 그러하다. 반민주주의자들이 거대한 세력인 경우에만 구성원의 권리를 침해하거나 민주주의에 해악을 초래하는 것은 아닌바,[13] 이들에 대한 제재의 필요성 자체를 부정하기는 힘들

11) Alexander S. Kirshner, 위의 글(2011), p. 50.

12) 민주주의의 폐지는 곧 규율된 경쟁에 따른 집단적 의사결정과정에 참여할 수 없게 됨을 의미하며, 이 점에서 참정권이야말로 민주주의에 대한 위협이 초래하는 문제의 핵심이라 할 수 있다. Alexander S. Kirshner, 위의 글(2011), p. 7.

13) Kirshner는 이러한 사례로, 미국 민주당을 탈당한 인종차별적인 남부 민주

다. 다만 이들이 민주주의 전반에 끼치는 악영향이 상대적으로 작다는 점을 고려할 때, 가급적 관용이 요청되며 정당해산과 같은 극단적인 조치는 쉽사리 정당화될 수 없다고 하겠다.

이와 관련하여, 민주주의를 구성하는 제도를 편향시키는 방안(biasing the background institutions of democracy)을 제안한 연구는 흥미롭다. 민주주의 정치과정을 구성하는 일련의 규정은 반민주주의자들의 참여를 허용하되, 이들이 타인의 정치적 권리를 침해하려는 시도를 낙담시킬 수 있도록 설계되어야 한다는 것이다. 예컨대 인종차별적인 정당의 존재 자체는 인정하면서도, 그 정당이 다른 정당과 연립내각을 구성할 수 없도록 하거나 그 정당에 소속된 국회의원들이 표결하지 못하도록 함으로써 소수인종의 권리를 보호할 수 있다는 것이다.[14)]

2. 민주주의를 파괴할 구체적 위험의 존재

위에서 살펴본, 다른 구성원들의 권리 침해를 이유로 한 개입은 '사후적'인 성격을 가진다. 그러나 방어적 조치가 사후적으로만 이루어질 수 있는 것은 아니다. 다음의 이유에서, 만약 민주주의 체제에 대한 구체적인 위험성이 존재하는 경우라면, 아직 구성원들의 권리가 침해되지 않았다 하더라도 예방적 개입이 가능하다고 할 것이다.[15)]

당원들이 조직했던 딕시크랫(Dixiecrat)을 언급한다. 이들은 반민주적인 법률을 제정할 수 있을 정도의 규모나 영향력을 가진 정당이 아니었다. 그러나 딕시크랫은 흑인들의 평등한 지위를 인정하지 아니하고 그들이 경선에도 참여하지 못하도록 하였는바, 딕시크랫이 우세한 지역에 거주하는 흑인들의 참정권은 심각하게 침해될 수밖에 없었다. Alexander S. Kirshner, 위의 글(2011), p. 69.

14) Alexander S. Kirshner, 앞의 책(2014), pp. 69-71.

15) 물론 다른 사람들의 참정권을 침해하지 않으면서 민주주의 체제에 심각한

먼저 생각해볼 것은 반민주주의자들이 언제나 민주주의를 파괴하기에 앞서 다른 구성원들의 참정권을 침해하지는 않는다는 점이다. 선거제도 등의 폐지를 주장하면서도 집권이 임박하기까지 타인의 정치적 권리를 침해하거나 민주주의 제도를 훼손한 바 없었던, 알제리 사태 당시 이슬람구국전선이 그 하나의 예라고 할 수 있다.[16)]

문제는 이 같은 반민주적 세력이 집권하여 민주주의를 폐제할 경우, 민주적인 수단으로 민주주의를 회복할 수 없는 불가역적인 결과를 초래하며 이는 민주주의의 본질에 반한다는 점이다. 반민주주의자들에 의하여 민주주의 제도가 파괴된다면, 선거 기타 통상의 민주적 수단으로 민주주의를 복원하는 것이 불가능해진다. 우리가 살아갈 체제 등을 대상으로 하여 권위 있는 집단적 의사결정을 내리는 방식으로서의 민주주의 자체가 사라졌기 때문이다. 한편 Van den Bergh가 본 것처럼, 민주주의는 구성원들이 저마다의 이해관계를 드러내고 경쟁하면서 스스로를 지속적으로 교정해나가는 체제라 할 수 있다. 그런데 만약 반민주주의자들이 집권하여 민주주의를 불가역적으로 폐지하게 되면, 더 이상 대표자의 선출이나 숙의를 통한 자기교정은 이루어질 수 없으며, 이는 영속적인 자기교정이라는 민주주의의 정수(精髓)에 반하는 것이 아닐 수 없다. 따라서 민주주의 정치과정에 참여할 수 있는 구성원들의 권리를 침해하지 않은 경우라 하더라도, 반민주주의자들이 집권하여 민주주의를 파괴할 구체적 위험이 현존한다면 사전적 개입은 불가피하다. 그리고 민주주의에 대한 위험을 '예방'해야 할 필요에 비추어, 구체적 위협은 명백히 존

위협을 초래하는 일은 드물 것이다. Alexander S. Kirshner, 앞의 글(2011), p. 102.

16) Kirshner는 이러한 사례로 해산결정 당시 터키의 복지당을 거론한다. 복지당이 다른 사람들의 참정권을 침해한 바는 없었으나, 이들이 민주주의를 약화하고자 할 경우 민주주의에 심각한 해악을 가할 수 있는 위치에 있었다는 것이다. Alexander S. Kirshner, 위의 글(2011), pp. 118-119.

재하는 것으로 충분하며 이미 발생하였거나 목전에 다다를 정도로 임박할 필요는 없다 할 것이다.[17)]

그러나 민주주의의 수호를 위한 사전적 개입은 설사 예외적으로 허용된다 하더라도 심각한 규범적 비용을 초래할 수 있으며, 방어적 민주주의가 정치적인 목적으로 오·남용될 위험을 낳는다. 따라서 막연하고도 추상적인 위험의 존재만을 이유로, 방어적 민주주의에 입각한 조치의 필요성을 인정하기는 어렵다.

Ⅲ. 방어의 대상인 민주주의에 대한 엄격한 해석

방어적 민주주의가 수반하는 규범적 비용이나 정치적 오·남용의 가능성을 고려할 때, 방어의 대상인 민주주의는 엄격하게 해석하여야 한다.[18)] 특히 방어적 민주주의가 '가치의 독재'로 이어지지 않기 위해서는, 특정 이념을 지향하는 내용적인 요소를 가급적 배제할 것이 요청된다.[19)] 이하에서는 먼저 민주주의의 의미에 대한 기존의 논의를 개괄한 다음, 방어적 민주주의에서의 민주주의가 어떠한 의미로 이해되어야 하는지를 논구한다.

1. 민주주의의 의미에 관한 기존의 논의

여기서는 방어의 대상인 민주주의의 의미를 도출하기에 앞서, 방어적 민주주의에 관한 선행연구, 정치학 일반 및 헌법재판소 결정을 통해 민주주의가 어떠한 뜻으로 해석되어 왔는지 개괄한다.

---

17) 송석윤, 앞의 글(2010a), 60쪽.

18) 정태호, 앞의 글(2014), 286-287쪽.

19) 다원주의와 민주주의를 파괴하려는 것이 아닌 한 어떤 이념적 지향을 드러냈다 하여 민주주의의 적으로 낙인찍을 수 없다는 견해로 이재희, 앞의 글(2015a), 112쪽.

가. 방어적 민주주의에 관한 선행연구

방어적 민주주의와 관련하여 학계에서는 주기적·경쟁적 선거를 통한 동의의 갱신가능성이 민주주의의 요체라는 견해,[20] 방어적 민주주의의 핵심은 규율된 경쟁의 보호라는 견해,[21] 영속적인 자기교정이 민주주의의 정수라는 견해[22] 등이 개진되었다. 민주주의는 구성원들의 다양한 이해관계가 경쟁하는 다두정치라는 견해,[23] 민주주의를 존엄한 인간(Person)의 개념이 실현되는 공동체의 의사결정방식으로 받아들이는 견해[24]도 있다. 이를 정리하면, 방어적 민주주의에 대한 선행연구에서 수호의 대상인 민주주의는 "다양한 이해관계를 가진 구성원들이 주기적인 선거라는 규율된 경쟁을 통해 집단적 의사를 형성하고, 이를 통해 불완전한 스스로를 영속적으로 교정해나가는 다두정치"로 이해된다. 이처럼 선행연구가 민주주의를 좁게 새기는 것은, 방어적 민주주의가 엄격한 요건 하에서만 적용되어야 한다는 규범적 판단에 따른 것으로 보인다.

나. 정치학 일반

위에서 본 좁은 의미에서의 민주주의는 민주주의에 대한 정치학 일반에서의 개념정의에 의해서도 뒷받침된다. 예컨대 비교 민주화 이행론자들(transitologists)은 민주주의에 대한 최소강령적(minimalist) 정의를 수용하는데, 그 요건으로 ①선출된 공직자, ②자유 공정 선거,

20) Samuel Issacharoff, 앞의 글(2007), p. 1465.
21) Nancy L. Rosenblum, 앞의 책(2008), p. 432.
22) Paul Cliteur and Bastiaan Rijpkema, 앞의 글(2012), pp. 243-244.
23) Alexander S. Kirshner, 앞의 글(2011), p. 6.
24) 김명재, "정당의 자유와 민주적 기본질서-헌법 제8조의 해석을 중심으로-", 『헌법학연구』, 제13권 제1호, 한국헌법학회, 2007, 307-308쪽.

③포괄적 투표권, ④공직 출마권, ⑤표현의 자유, ⑥대안적 정보, ⑦결사체의 자율성 등을 들고 있다.[25)] 이해관계와 이데올로기가 상이한 집단들이 비워둔 권력의 자리를 차지하기 위해 투쟁하며, 그 자리의 점유자가 주기적인 선거로 교체된다는 점에서 민주주의와 전체주의의 본질적인 차이를 찾는 견해도 있다.[26)] Samuel P. Huntington(1991)은 공정하고 진실하며 주기적인 자유선거를 통해 집단적 의사결정권자를 선출하는 것이 선거 민주주의의 최소주의적인 개념이며, 여기에는 언론·출판·집회·결사의 자유의 존재가 전제된다고 보았다.[27)] 이들 연구는 정치적 표현의 자유와 (피)선거권이 전제된 규율된 경쟁을 민주주의의 요체로 본다는 점에서 공통적이다.

다. 헌법재판소 결정

헌법재판소 또한 민주적 기본질서와 자유민주적 기본질서[28)]를 동일한 것으로 이해하는 가운데[29)] 예전보다 (자유)민주적 기본질서를

---

25) Robert A. Dahl, *Polyarchy: Participation and Opposition*, New Haven: Yale University Press, 1971, p. 3; 서울대학교 정치학과 교수 공저, 앞의 책(2002), 315쪽.

26) 클로드 르포르, 홍태영 옮김, 『19~20세기 정치적인 것에 대한 시론』, 그린비, 2015, 30쪽.

27) Samuel P. Huntington, *The Third Wave: Democratization in the Late Twentieth Century*, Norman: University of Oklahoma Press, 1991, p. 15.

28) 이 책은 민주적 기본질서와 자유민주적 기본질서의 이동(異同)에 관한 학설의 대립을 상세히 다루지 않는다. 다만 정당해산제도를 도입할 당시 (자유민주적 기본질서라는 표현을 사용하는) 독일기본법의 전례를 따른 점, 정헌주 헌법개정기초위원장이 민주적 기본질서가 '자유스럽고 민주적인' 사회질서와 정치질서를 말하는 것이라고 한 점에 비추어 양자는 동일한 의미로 이해된다. 국회도서관, 『헌법개정회의록: 제4대 국회』, 국회도서관 입법조사국, 1968, 57, 154쪽. 양자의 관계에 대하여 자세히는 송석윤, 앞의 글(2010a), 50-55쪽 참조.

29) 헌법재판소는 "어떠한 정당이 외형상 '민주적 기본질서'를 추구한다고 하

좁게 설정하고 있으며, 이는 협의의 민주주의와 크게 다르지 않다고 할 수 있다.

과거 헌법재판소는 자유민주적 기본질서가 모든 폭력적 지배와 자의적 지배 즉 반국가단체의 일인독재 내지 일당독재를 배제하고 다수의 의사에 의한 국민의 자치, 자유·평등의 기본 원칙에 의한 법치주의적 통치질서"라고 하였다. 아울러 그 구체적인 내용으로는 "기본적 인권의 존중, 권력분립, 의회제도, 복수정당제도, 선거제도, 사유재산과 시장경제를 골간으로 한 경제질서 및 사법권의 독립 등"을 열거하였다.[30] 그러나 이에 대하여는 헌법의 최고원리인 (자유)민주적 기본질서의 내용에 경제질서를 포함시키는 것이 타당한지에 대한 의문이나,[31] 국민주권·야당의 기회균등·행정의 합법성 등 중요한 요소들을 결여하고 있다는 비판[32]이 제기되었고, 이후 헌법재판소는 89헌마113 결정을 인용하면서도 경제질서를 언급하지 아니한 바 있다.[33]

헌법재판소는 통합진보당 해산결정에서, 민주적 기본질서는 "개인의 자율적 이성을 신뢰하고 모든 정치적 견해들이 각각 상대적 진리성과 합리성을 지닌다고 전제하는 다원적 세계관에 입각한 것으로서, 모든 폭력적·자의적 지배를 배제하고, 다수를 존중하면서도 소수를 배려하는 민주적 의사결정과 자유·평등을 기본원리로 하여 구성되고 운영되는 정치적 질서"라고 하였다. 보다 구체적으로는 국

더라도 그 구체적인 강령 및 활동이 폭력적 지배를 추구함으로써 '자유민주적 기본질서'를 위반되는 경우 우리 헌법 질서에서는 용인될 수 없는 것"이라 하여, 양자가 같은 의미라는 취지로 설시한 바 있다. 헌재 2001. 9. 27. 2000헌마238 등, 판례집 13-2, 383, 401.

30) 헌재 1990. 4. 2. 89헌가113, 판례집 2, 49, 59, 64.

31) 이성환 외, 앞의 책(2004), 149-154쪽.

32) 정태호, 앞의 글(2014), 288-289쪽.

33) 헌재 2004. 5. 14. 2004헌나1, 판례집 16-1, 609, 656.

민주권의 원리, 기본적 인권의 존중, 권력분립제도, 복수정당제도 등이 현행 헌법상 민주적 기본질서의 주요한 요소로 볼 수 있다고 설시하였다.[34)]

이러한 판례동향을 종합하면, 헌법재판소가 국민주권을 그 내용에 포함시키면서도 전반적으로는 (자유)민주적 기본질서의 의미를 예전에 비해 좁게 해석하고 있음을 알 수 있다. 또한 헌법재판소는 일련의 결정에서, 언론·출판[35)]·집회[36)] 등 표현의 자유, 주기적인[37)] 보통·평등선거와 국민의 자기지배[38)]가 민주주의의 실현에 필수적이라고 하였다.

라. 소결

방어적 민주주의에 관한 선행연구는 보호의 대상인 민주주의를 좁은 의미로 이해하며, 이는 방어적 민주주의의 남용가능성을 고려할 때 수긍할 만한 것이다. 민주주의 내지 (자유)민주적 기본질서에 대한 정치학 일반과 헌법재판소의 개념정의 또한, 협의의 민주주의와 유사한 내용을 담고 있다.

2. 검토

여기서는 방어할 대상인 민주주의를 어떠한 의미로 이해하여야 하는지 검토한다. 살피건대, '민주주의'는 일의적으로 그 개념을 정의하기가 지극히 어려우며, 여러 영역에서 서로 다른 층위의 의미로

34) 헌재 2014. 12. 19. 2013헌다1, 판례집 26-2하, 1, 22-23.
35) 헌재 2011. 12. 29. 2007헌마1001 등, 판례집 23-2하, 739, 756.
36) 헌재 2003. 10. 30. 2000헌바67 등, 판례집 15-2하, 41, 53.
37) 헌재 2012. 12. 27. 2012헌바47, 판례집 24-2하, 507, 519.
38) 헌재 1999. 5. 27. 98헌마214, 판례집 11-1, 675, 697-698.

인식되고 있는 것으로 판단된다.[39] 민주주의 다양성연구소(Varieties of Democracy Institute)의 '민주주의 다양성 지수(V-Dem)'는, 민주주의의 이 같은 다의성을 인식하여 민주주의를 크게 5가지의 원리로 나누고, 방대한 자료에 근거하여 개별 국가의 민주주의 수준을 측정한 것으로서 주목할 만하다. V-Dem은 1900년 이래 모든 국가들을 대상으로 민주주의를 개념화하고 측정하려는 새로운 접근방식이며, 2,600명 이상의 각국 전문가들이 수집·분석하는 방대한 데이터에 바탕을 둔 것[40]으로 널리 공신력을 인정받고 있다. 이들 5가지의 민주주의 원리는 일련의 지표에 따라 0에서 1의 범위에서 측정되며, 만일 어떤 국가의 특정 민주주의 지수가 0이라면 그 국가는 적어도 당해 측면에서는 민주주의적인 성격을 전혀 가지지 못하였다고 할 수 있다.[41] 이하에서는 민주주의 다양성연구소의 논의를 바탕으로 먼저 민주주의의 구체적인 원리를 살펴본 다음, 방어적 민주주의에서의 민주주의가 그 가운데 어디까지를 망라하는 개념인지 다룬다.

가. 민주주의의 여러 의미

민주주의 다양성연구소는 민주주의를 크게 5가지의 원리로 구분한다. 선거민주주의, 자유민주주의, 참여민주주의, 숙의민주주의, 평등민주주의가 그것이다.

선거민주주의(electoral democracy)는 시민들에게 정치적 책임을 지는 대표자를 경쟁을 통해 선출하는 것을 뜻한다. 이것은 민주주의에

39) 직접민주주의, 참여민주주의, 숙의민주주의, 전자민주주의의 측면에서 의회를 논의한 임종훈·박수철, 『입법과정론』, 박영사, 2006, 35-50쪽 참조.

40) Frida Andersson and Valeriya Mechkova, "Country Brief: South Korea", Varieties of Democracy Institute at the University of Gothenburg, *Country Brief,* No. 10, 2016, p. 1.

41) Frida Andersson and Valeriya Mechkova, 위의 글(2016), p. 2.

있어 가장 근본적인 원리이며, 나머지 4가지 유형의 민주주의에 있어서도 필수적인 요소이다. 선거민주주의가 인정되지 않는다면, 우리는 그 정치체제를 가리켜 민주적이라 말할 수 없다. 선거민주주의의 수준을 평가함에 있어서는 결사의 자유가 인정되는지, 선거가 부정 없이 투명하게 치러지는지, 정부 수반이 법에 의거하여 선출되는지가 관건이다.[42)]

자유민주주의(liberal democracy)란 국가의 폭정(tyranny of the state)이나 자의적인 지배로부터 개인과 소수집단의 권리를 보호하여야 한다는 가치를 내포한 개념이다. 이것은 여러 시민적 자유(civil liberties)를 헌법적으로 보호하고, 강력한 법치주의를 확립하며, 입법부와 사법부를 통해 행정 권력을 견제함으로써 성취할 수 있다. V-Dem은 자유민주주의의 수준을 가늠하는 지표로 ①법 앞의 평등과 개인의 자유(equality before the law and individual liberty), ②행정 권력의 사법적 통제(judicial constraints on executive), ③행정 권력의 입법적 통제(legislative constraints on executive)를 활용한다.[43)]

참여민주주의(participatory democracy)라 함은 구성원들의 직접통치(direct rule)가 이루어지고, 시민들이 모든 정치과정에 능동적·적극적으로 참여하는 민주주의를 일컫는다. 여기서는 시민단체나 직접민주주의 등을 통한, 선거 아닌 형태의 정치참여(non-electoral forms of participation)가 강조된다. 참여민주주의자들은 대의제 민주주의에서 구성원들의 진정한 권리와 이익이 실질적으로 보장받지 못한다는 판단 하에, 그 대안으로 참여민주주의를 주장해왔다.[44)] 시민사회가 얼마나 정치과정에 참여하는지(civil society participation), 국민투표를 통해 구성원들이 공동체의 현안에 관한 의견을 표출할 수 있는지

---

42) Frida Andersson and Valeriya Mechkova, 위의 글(2016), pp. 4-5.

43) Frida Andersson and Valeriya Mechkova, 위의 글(2016), p. 6.

44) 임종훈·박수철, 앞의 책(2006), 39쪽.

(direct popular vote index), 직접 선출된 공직자들이 자율성을 가지고 운영하는 지방정부(local government, regional government)가 제도화되어 있는지에 따라 참여민주주의의 수준을 평가할 수 있다.[45)]

숙의민주주의(deliberate democracy)[46)]는 공동체의 정치적 의사결정이 공공선(public good)에 입각하여 이성적인 담론(reasonable dialogue)에 의해 이루어지는 정치형태를 의미한다. 숙의민주주의는 대중의 지배가 집단적 숙고의 과정을 통한 의사결정에 의하여야 한다고 보며, 시민들의 자발적인 참여와 상호토론과정을 중요시한다.[47)] (특히 엘리트가 아닌) 구성원들이 사회문제에 적극 참여하고, 공동체의 의사결정과정에서 반론이 존중되며, 공론(公論)이 합리적인 근거에 입각해 이루어질 때, 우리는 그 사회를 숙의민주주의 체제라 말할 수 있다.[48)]

평등민주주의(egalitarian democracy)는 사람들이 자유와 권리를 행사함에 있어 물질적, 비(非)물질적인 불평등의 문제가 존재한다고 전제한다. 각종의 재화가 여러 집단에 고르게 분배되고 교육·보건의 수준이 균질적이라면, 그 사회는 높은 차원의 평등민주주의를 구현하고 있는 것이다.[49)]

나. 방어적 민주주의에서 민주주의의 의미

방어적 민주주의에서 방어할 대상인 민주주의는 전술한 여러 유형의 민주주의 원리 가운데 어디까지를 포함하는 개념인가?

먼저 선거민주주의가 포함된다는 점에 대하여는 의문이 없다. 방

---

45) Frida Andersson and Valeriya Mechkova, 앞의 글(2016), p. 7.
46) 심의민주주의, 토의민주주의라고도 한다.
47) 임종훈·박수철, 앞의 책(2006), 41쪽.
48) Frida Andersson and Valeriya Mechkova, 앞의 글(2016), p. 8.
49) Frida Andersson and Valeriya Mechkova, 위의 글(2016), p. 9.

어적 민주주의에 관한 논의가 시작되기 훨씬 이전부터, 민주주의는 권력의 원천인 국민이 대표자를 주기적으로 선출, 교체하는 정치체제로 이해되어왔다. 민주주의는 문언 그대로 국민이 곧 주권자인 체제로서, 참정권의 주체와 국가권력의 지배를 받는 국민이 되도록 일치할 것을 요청하며, 참정권에 대한 이러한 민주주의적 요청의 결과가 바로 보통선거의 원칙이다.[50] 선거민주주의는 언론·출판·집회·결사 등 정치적 표현의 자유가 보장되고, 규율된 경쟁으로서의 선거가 공정하고 투명하게 주기적으로 치러질 것을 당연히 전제한다.

그런데 선거민주주의만으로는 방어적 민주주의론에서의 민주주의를 만족스레 설명할 수 없다. Loewenstein의 방어적 민주주의 이론은 반민주주의자들이 선거에 참여하는 등 민주주의 제도를 활용하며 바로 그 민주주의 제도를 파괴할 수 있다는 문제의식에서 출발하기 때문이다. 구성원 다수가 반민주적 세력을 선택함으로써 민주주의를 포기한다는 이른바 '민주주의의 역설'은 선거민주주의의 원리만으로 대처할 수 없는 것이다. 방어적 민주주의는 선거를 통해 권력을 부여받은 대표자라 하더라도, 자의적으로 통치하거나 구성원들의 기본적인 권리를 침해해서는 안 된다는 한계의 설정을 주문한다. 따라서 방어적 민주주의의 보호법익인 민주주의는 선거민주주의와 함께 자유민주주의 원리까지 포함하는 의미로 읽힌다.[51] 다만, 여기

50) 헌재 2014. 1. 28. 2013헌마105, 판례집 26-1상, 189, 197.

51) 최근 독일 연방헌법재판소는 민족민주당 해산심판 사건에서, 자유민주적 기본질서를 이루는 내용으로 인간의 존엄성, 공동체의 의사결정과정에 대한 구성원들의 참여 가능성, 모든 권력이 국민으로부터 도출된다는 점, 공권력의 법구속성 및 공권력에 대한 사법부의 통제를 언급하였다. 구성원들의 참여를 설시한 부분에서는 선거민주주의에 대한 인식이 드러난다. 한편 인간의 존엄성과 권력에 대한 통제를 자유민주적 기본질서에 포함시킨 것을 통해, 재판소는 방어할 대상인 민주주의가 자유민주주의 원리를 아우르는 것이라고 이해하고 있음을 알 수 있다. 제2장 제5절 Ⅲ. 4. 나. 참조.

서 침해될 수 없는 자유와 권리는 '정치적인' 것으로 한정할 필요가 있을 것이다. 방어적 민주주의에서 문제되는 것은 어디까지나 '민주주의에 대한' 위협이기 때문이다. 다른 구성원이 가지는 여타의 권리, 예컨대 재산권이나 환경권을 침해하였다고 하여 그러한 행태를 '반민주적'이라 할 수는 없을 것이다. 물론 그것이 규제될 수 있는가는 별개의 문제이다.

하지만 다음의 이유에서, 참여민주주의와 숙의민주주의 및 평등민주주의는 방어적 민주주의에서 말하는 민주주의의 원리에 포함시키기 힘들다고 판단된다. 물론 이들 원리가 적절히 작동할 때 공동체가 더 높은 수준의 민주주의를 구가하리라는 것은 분명하다. 그러나 정치적 표현의 자유와 참정권이 헌법상의 권리로서 보호되는 상황에서라면, 시민단체를 결성하거나 여론에 호소함으로써 자신의 정치적 입장을 관철하는 것은 구성원들의 몫이다. 숙의를 통해 의사결정을 해나가는 것이나 사회의 제 가치를 고르게 배분하는 것 또한, 반민주적 세력으로부터 방어할 대상이라기보다는, 선거민주주의와 자유민주주의가 보장하는 자유와 권리를 행사함으로써 지향하고 구현해야 할 대상에 가깝다. 따라서 누군가가 개인의 자유와 권리 및 선거제도를 존중하고, 폭정 내지 자의적인 지배를 추구하지 않았다면, 단지 불평등한 분배를 방임하거나 심의를 통한 의사결정을 지지하지 않는다 하여 반민주적이라 할 수 없다.[52)]

다. 소결

민주주의는 선거민주주의, 자유민주주의, 참여민주주의, 숙의민

52) 방어적 민주주의가 정치적으로 남용되거나 가치의 독재로 이어질 가능성을 고려하더라도, 민주주의에 너무 많은 내용을 포함시키는 것은 바람직하지 않다.

주주의, 평등민주주의 등 여러 다른 층위의 원리를 포괄하는 개념이라 할 수 있다. 방어적 민주주의가 민주주의의 역설에 대한 문제의식에서 출발하였음을 생각할 때, 방어할 대상인 민주주의는 선거민주주의뿐만 아니라 자유민주주의 원리까지 포함하는 것으로 보아야 한다. 그러나 나머지 원리들은 민주주의의 적으로부터 방어할 대상이라기보다는, 협의의 민주주의를 통해 구현해야 할 더 높은 경지라 할 수 있다. 방어적 민주주의에 관한 선행연구와 정치학 일반 및 헌법재판소의 결정 또한, 이와 유사한 내용으로 민주주의를 좁게 정의하고 있다. 이하 이 책에서는, 방어적 민주주의에서의 민주주의를 '주기적·경쟁적인 선거를 통해 공동체의 의사를 결정하되, 권력을 통제하고 자의적인 지배를 배제함으로써 개인의 정치적 자유와 권리를 보장하는 다두정치체제'로 정의한다.

3. 구별개념

지금까지 민주주의의 의미에 대한 기존의 논의를 개괄하고, 방어적 민주주의에서의 민주주의가 어떠한 의미인지에 관하여 논하였다. 여기서 중요한 것은, '(협의의) 민주주의'를 정치체제 전반이나 공동체의 안전보장과 준별할 필요가 있다는 점이다. 제2장 제5절에서 본 것처럼, 방어적 민주주의는 초기의 논자들이 예정하지 않았던 여러 새로운 대상에 확대적용되는 양상을 보이는데, 이는 부분적으로 '민주주의에 대한 위협'을 국가체제 전반이나 안보의 문제와 혼동하고 있기 때문이라 판단된다.

가. 민주주의와 체제의 준별

(국가)체제란 무엇을 뜻하는가? 이에 대하여 일의적으로 말하기

는 어렵다. 그러나 체제가 위에서 본 협의의 민주주의와는 다른, 그보다 넓은 개념이라는 점은 분명하다. 후술할 주요 입헌주의 국가들의 헌법규범은 이 점을 잘 보여주고 있다.

고유한 의미에서 헌법이란 국가의 근본조직법으로서, 국가가 있는 곳 어디에나 존재하기 마련이다. 그것은 "국가의 최고기관을 조직·구성하고, 이들 기관의 행위의 방법, 권력기관의 상호관계 및 활동범위를 규정하는 것"이다. 이러한 고유한 의미의 헌법이 국민주권주의 및 국민의 자유와 권리의 보장에 기초한 근대입헌주의 헌법으로 전환하였음은 인정된다.[53] 그러나 입헌주의 국가의 체제 전반을 이루는 헌법규범의 내용은 민주주의 원리에만 국한되지 않는다. 각국은 저마다의 역사적 배경과 정치적인 여건에 따라, 협의의 민주주의에 포함되지 않는 다양한 규범과 원리를 그들의 헌법에 포함시켜 이를 체제의 내용으로 인정한다.

예컨대 이스라엘 기본법은 민주주의와 함께 '유대인들의 국가'라는 속성을 헌법상의 원리로 인정하며, 이를 부인하는 정당이 국회의원 선거에 참여할 수 없음을 예정하고 있다.[54] 터키 헌법은 전문에서부터 '정교분리', '영토의 존속 및 불가분'의 원칙, 아타튀르크(Atatürk)의 '민족주의'를 헌법상의 원리로 천명하고, 이에 반하는 정치적 활동을 규제하고 있다.[55] 포르투갈 헌법 역시 법치주의에 입각

---

53) 성낙인, 앞의 책(2017), 6-7쪽.

54) Basic Law: The Knesset(1958) 7A. Prevention of participation of candidates' list (Amendments 9, 35, and 39) a. A candidates' list shall not participate in elections to the Knesset, and a person shall not be a candidate for election to the Knesset, if the objects or actions of the list or the actions of the person, expressly or by implication, include one of the following:

1. negation of the existence of the State of Israel as a Jewish and democratic state;
2. incitement to racism;
3. support of armed struggle, by a hostile state or a terrorist organization, against the State of Israel.

한 민주주의 국가임을 선언하면서도(제2조), 정당이 특정 종교 또는 교회와 직접적으로 관련된 표현이나 국가나 종교의 상징과 혼동될 수 있는 표상들을 포함하는 명칭을 사용해서는 아니 된다고 규정한다(제51조).[56] 성문헌법의 형태는 아니지만, 헌법재판소는 수도를 설정하는 것, 국명(國名)을 정하는 것, 우리말을 국어로 하고 우리글을 한글로 하는 것 등이 국가의 정체성에 관한 기본적 헌법사항이라고 본다.[57]

민족주의, 영토의 존속, 국어 등은 국가의 조직과 작용에 관한 원리로 기능하며 체제의 일부를 이룰 수 있다. 그러나 그것은, 개인의 정치적 권리가 보장된 가운데 규율된 경쟁(선거)을 통해 공동체의 의사결정을 내리는 민주주의 원리와는 다르다. 이처럼 헌법규범을 통해 드러나는 각국의 정치체제는, 협의의 민주주의에 포함되지 않으나 그 국가의 역사를 반영하며 정체성을 이루는 내용을 아우르고 있다. 방어적 민주주의의 보호법익인 민주주의를 엄격하게 이해하여야 한다는 규범적 요청에 비추어볼 때, 정체성을 비롯한 체제 전반과 민주주의를 준별할 필요가 인정된다. 국가정체성의 문제는 이 장 제4절 Ⅲ.에서 자세히 검토한다.

나. 민주주의와 안보의 준별

방어적 민주주의의 보호대상인 민주주의는 국가안보(national security)와도 구별할 필요가 있다. 국가의 안전보장이란, 국가의 존립·헌법

---

55) 터키 헌법의 관련규정들은 터키의 정당해산 사례들을 검토하면서 자세히 다루었다.

56) 포르투갈 헌법 해당규정의 번역은 국회도서관 법률정보실, 앞의 책(2013), 516, 528쪽을 따랐다.

57) 헌재 2004. 10. 21. 2004헌마554 등, 판례집 16-2하, 1, 41.

의 기본질서의 유지 등을 포함하는 개념으로서, 국가의 독립, 영토의 보전, 헌법과 법률의 기능, 헌법에 의하여 설치된 국가기관의 유지 등을 뜻한다.[58] 안전이 보장되지 아니한 사회에서 민주주의 제도가 온전히 기능하리라고는 생각하기 어렵다. 국가의 지속성이 담보되고 구성원의 생명과 재산이 보호될 때, 유의미한 경쟁을 통한 공동체의 의사결정도 이루어질 수 있을 것이기 때문이다. 이러한 점에서, 안보는 민주주의가 작동하기 위한 중요한 전제조건(prerequisite)이라 할 것이다.[59]

하지만 국가안보가 곧 민주주의 원리와 동일시될 수는 없다. 안보는 비단 민주주의 국가들만의 문제가 아니다. 그것은 민주주의가 등장되기 훨씬 전부터 있었던, 아직도 완수되지 아니한 역사상 가장 오랜 과제의 하나인 것이다.[60] 오늘날 민주주의 국가들뿐만 아니라 독재국가들 또한, 자국의 안전을 확보하기 위한 노력을 경주하고 있다.[61] 민주주의와 국가안보를 준별할 필요성은 이 장 제4절 Ⅱ.에서 다시 논의하게 된다.

4. 소결

방어적 민주주의가 도리어 민주주의의 본질을 약화시키거나 정치적인 목적에서 오·남용될 수 있음을 고려할 때, 방어의 대상인 민

---

58) 헌재 1992. 2. 25. 89헌가104, 판례집 4, 64, 90.

59) Sabrina Engelmann, "Barking Up the Wrong Tree: Why Counterterrorism Cannot Be a Defense of Democracy", *Democracy and Security*, Vol. 8, No. 2, 2012, p. 167.

60) Aurel Braun, "On Promoting Democracy and Security", in Valentin Naumescu ed., *Democracy and Security in the 21st Century: Perspectives on a Changing World,* Newcastle upon Tyne: Cambridge Scholars Publishing, 2014, p. viii.

61) Engelmann은 비민주주의 체제에서도 안보가 중요한 과제라는 점을 잘 지적하고 있다. Sabrina Engelmann, 앞의 글(2012), p. 167.

주주의의 의미는 가급적 엄격하게 이해할 필요가 있다.

방어적 민주주의에 대한 논의에서 민주주의는 "주기적·경쟁적인 선거를 통해 공동체의 의사를 결정하되, 권력을 통제하고 자의적인 지배를 배제함으로써 개인의 정치적 자유와 권리를 보장하는 다두정치체제"라 할 수 있다. 이처럼 좁은 의미에서의 민주주의는 민주주의의 개념에 관한 정치학 일반의 관점이나 헌법재판소의 입장에도 부합한다. 특히 민주주의를 국가체제 전반이나 안전보장과 준별할 필요가 있다.

Ⅳ. 방어적 민주주의의 비용과 위험성을 벌충하려는 노력

고전적인 방어적 민주주의는 당시 규범적 정당성과 시의성 및 효율성을 가지는 것이었다. 그러나 오늘날에도 방어적 민주주의가 민주주의를 수호하는 규범으로 적절히 기능하기 위해서는, 방어적 민주주의가 적잖은 비용과 오·남용의 위험을 수반한다는 점을 인식하고 이를 벌충하려는 노력을 경주하여야 한다.

방어적 민주주의는 특정한 가치관이나 의견을 공론의 장으로부터 배제하는 가치구속적인 속성을 가지는바, 설사 규범적으로 정당하다 해도 그 자체가 다원적 민주헌정질서의 범위를 축소시키는 것임을 부인하기 어렵다. 또한 방어적 민주주의는 예외적인 상황에서만 관철된다 하더라도, 구성원들의 정치적 자유를 위축시킴으로써 민주주의에 큰 상처를 줄 수 있다.[62] 한편 다수의 논자들은 방어적 민주주의가 정치적인 목적으로 악용될 수 있음을 지적하여왔는바, 방어적 민주주의 이론의 정당성은 그것이 구체적인 개별 사안에 적

62) 이재희, 앞의 글(2015a), 111쪽.

절하게 적용되리라는 점을 보장해주지 못한다.

따라서 사전적으로는 불필요하거나 과도한 개입이 이루어질 가능성을 인식하고, 자유와 권리를 제한하는 수단의 사용을 가급적 지양해야 한다. 한편 개입의 정당성에 대하여는 법원과 같은 독립기관에 의한 엄격한 사후심사(post-hoc review)가 뒤따라야 한다. 또한 반민주주의자들이 민주주의에 반하지 않는 정당한 이해관계를 아울러 가지고 있음을 고려할 때, 이들에 대한 정치적 배제는 항구적인 것일 수 없으며, 이들을 민주주의 정치과정에 온전히 재통합하기 위한 노력이 강구되어야 한다. 이렇게 함으로써 민주주의를 방어하기 위한 노력이 매카시즘과 구별되고, '방어적 민주주의의 역설'이라는 규범적 난관에 대처할 수 있게 된다.[63)]

Ⅴ. 사법부의 통제

방어적 민주주의의 규범적 정당성을 인정하는 논자들은, 독립된 사법부가 관련 조치의 적용기준을 제시하고, 적절한 개입시점을 평가하며, 사후적인 통제를 가함으로써 정치적 남용에 대한 우려를 덜 수 있다고 본다.

일각에서는 사법부가 직접적인 민주적 정당성을 결여한 경우가 많으며,[64)] 반민주주의자들이 집권하여 위헌적인 법률을 마음대로 제정할 수 있는 상황에서라면 법원에 의한 해결방안이 너무 늦은 것일 수 있다는 점[65)]을 지적한다. 그러나 아래의 이유에서, 사법부는 민주주의의 수호자로서 적절히 기능할 수 있으며, 적어도 방어적 민주주

63) 이상의 논의는 Alexander S. Kirshner, 앞의 글(2011), pp. 146-151을 간추린 것이다.
64) Anthoula Malkopoulou, 앞의 글(2016), p. 3.
65) Alexander S. Kirshner, 앞의 글(2011), p. 17.

의가 문제되는 상황에서는 이보다 나은 대안을 찾아보기 어렵다고 판단된다.[66)]

첫째, 사법권은 소극적이고 수동적인 권력이다. 사법권은 사실관계 혹은 법률의 해석을 둘러싼 법적 분쟁이 현재화되고, 그 분쟁의 일방 당사자가 분쟁의 해결을 사법부에 의뢰했을 때 비로소 발동된다.[67)] 이 때문에 사법권은 입법권이나 행정권에 비해 정치화, 권력화의 가능성이 높지 않으며,[68)] 그에 따른 폐해도 상대적으로 적다.

둘째, 사법 가운데 특히 헌법재판은 기본권과 소수자의 보호 및 헌법의 보장을 그 중추적인 기능으로 한다. 민주국가에서 법률은 다수의 의사를 대변하는 법적 표현인바, 법률에 대한 위헌심사는 다수결 원리에 의해 선출된 대표가 소수자에게 제도적으로 불이익을 가하는 경우 이를 제거하여 소수자를 보호하는 기능을 하도록 구상되어 있다.[69)] 민주주의가 다수결원리에 기초하고 있다면, 헌법재판은 다수결의 산물인 법률도 헌법에 부합해야 한다는 사고에 바탕을 두고 있는 것이다.[70)] 또한 헌법재판소의 기본권보호는, 국민 다수의 민주적 의사에 의해서도 침해될 수 없는 개인의 고유한 사적 영역이 존재한다는 인식에 기초하고 있다.[71)] 이러한 헌법재판의 기능에 비추어볼 때, 헌법재판을 담당하는 사법기관은, 다수결원리 등 민주주의를 활용하면서 타인의 정치적 기본권을 침해하거나 민주적 기본질서를 파괴하려는 세력에 맞서 민주주의를 수호하는데 적임자라

66) 민주주의의 수호와 관련한 사법부의 역할은 이 책이 Kirshner의 자기제한적인 방어적 민주주의와 가장 입장을 달리하는 부분이다.

67) 전광석, 『한국헌법론』, 집현재, 2017, 766쪽.

68) 차병직 외, 『지금 다시, 헌법』, 로고폴리스, 2016, 437쪽.

69) 정만희, 『헌법과 통치구조』, 법문사, 2003, 275쪽; 이우영, "대의제민주주의에서 소수자 보호의 헌법적 의의와 구조", 『서울대학교 법학』, 제48권 제3호, 서울대학교 법학연구소, 2007, 173-174쪽.

70) 한수웅 외, 앞의 책(2015), 19쪽.

71) 한수웅 외, 위의 책(2015), 88쪽.

할 수 있다.

물론 헌법재판소를 비롯한 사법부만 민주주의를 수호하는 기능을 하는 것은 아니다. 예컨대 대통령은 반민주적인 법률안을 거부함으로써 민주주의를 방어하는 역할을 할 수 있으며, 또 그렇게 행동할 것이 요청된다. 다수의 시민들이 소환제 등을 통해 반민주적인 지도자를 축출함으로써 민주주의를 사수하는 방안도 생각해볼 수 있다. 그러나 방어적 민주주의에서 문제되는 것은 민주주의의 역설, 다시 말해 다수 시민들이 반민주적 세력을 지지하고 그럼으로써 반민주주의자들이 득세하는 상황이다. 이 경우 민주주의에 헌신하지 않는 시민들이나, 그들이 지지하는 반민주적 세력이 장악한 의회 내지 대통령은 민주주의의 수호자로서 기능하리라고 기대하기 어렵다.

Ⅵ. 엄격한 적용요건

방어적 민주주의에 입각한 조치는 엄격한 적용요건에 의하여야 한다. 오늘날에는 방어적 민주주의가 최후의 수단으로 예외적으로 발동해야 하며, 자유와 권리의 제한을 수반하는 조치는 민주주의에 대한 위협이 사라질 때까지 한시적으로 동원하되 민주주의의 본질을 침해해서는 안 되고, 기본권의 제한은 비례원칙에 의하여야 한다는 점이 일반적으로 인정되고 있다.[72)]

방어적 민주주의의 적절한 적용과 관련하여 특히 중요한 것은 비례원칙이다. 물론 방어적 민주주의에 입각한 모든 제도가 반드시 기본권의 제한을 수반하는 것은 아니다. 예컨대, 독일기본법의 영구조항은 그 자체로 자유나 권리를 제한하는 내용을 담고 있지 않다. 그

72) 계희열, 『헌법학(상)』, 박영사, 2005, 246쪽; 이부하, “독일 기본법상 헌법충실과 헌법재판”, 『세계헌법연구』, 제13권 제2호, 국제헌법학회 한국학회, 2007, 107쪽; 이재희, 앞의 글(2015a), 112-113쪽 등.

러나 정당해산이나 기본권의 실효 등 침익적인 국가권력의 행사는 목적 달성에 필요한 최소한도에 그쳐야 하며, 국가권력의 행사로 인하여 침해되는 이익보다 달성하고자 하는 이익이 클 때에만 허용될 수 있다. 이것은 법치국가의 원리로부터 도출되는 국가권력 행사의 한계인 것이다.[73]

비례원칙은 설사 방어적 민주주의의 적용이 정당화되는 상황이라 하더라도, 그에 따른 기본권 제한의 정도가 민주주의에 대한 위협의 수위에 상응할 것을 요청한다. 예컨대 방어적 민주주의는, 타인의 참정권을 침해하지만 민주주의 체제 전반을 위협하지는 않는 정당들에 대하여도 적용될 수 있다. 그러나 이들 반민주적 정당에 방어적 민주주의를 적용할 수 있다는 것이 이들의 '해산'이 항상 정당화됨을 뜻하지는 않는다. 정당의 존립 자체를 부정하는 정당해산은 뒤에서 볼 여러 유형의 정당금지 가운데 가장 강력하고 극단적인 것이다. 만약 정당해산보다 완화된 제재수단을 통하여도 민주적 기본질서에 현존하는 위험에 대처할 수 있는 경우라면, 이때 정당해산은 비례원칙의 한 요소인 최소침해성의 원칙에 위배된다고 할 것이다. 또한 반민주적 세력이 민주주의에 초래하는 위협이 경미하다면, 이들에 대한 제재는 법익의 균형성 원칙에도 반하기 쉽다. 이들을 규제함으로써 달성할 수 있는 공익의 존재가 불분명하며, 설사 존재한다 하더라도 그러한 공익은 반민주주의자들의 제한되는 기본권보다 중대하다고 보기 어렵기 때문이다. 결론적으로, 반민주적인 '군소' 정당을 '해산'하는 결정은 방어적 민주주의의 논리에 입각한 것이기는 하나, 비례원칙에 위배되는 과도한 제재로 평가될 가능성이 크다.

73) 헌재 2014. 12. 19. 2013헌다1, 판례집 26-2하, 1, 24.

Ⅶ. 소결

고전적인 방어적 민주주의는 민주주의를 수호하기 위해 제시된 처방으로서 규범적 정당성과 시의성을 가졌으나, 다수의 논자들은 그것이 도리어 민주주의의 본질을 해치거나 정치적으로 오·남용될 수 있음을 지적해왔다. 이에 제3절에서는 이러한 비판론을 극복할 수 있는 대안으로서 오늘날 방어적 민주주의의 규범적 원리를 제시하였다. 구체적으로는 반민주주의자들도 정치과정에 참여할 권리를 가진다는 것을 인정하고, 이러한 권리가 침해되거나 민주주의 체제가 파괴될 위험이 있는 경우에만 개입하며, 방어의 대상인 민주주의의 의미를 엄격하게 이해할 필요가 있다고 보았다. 또한 방어적 민주주의가 수반하는 비용과 위험성을 벌충하려는 노력을 경주하며, 사법부를 통해 방어적 민주주의의 남용을 통제하고, 최후수단성·예외성·한시성·비례원칙 등의 요건을 준수해야 함을 주장하였다.

제4절 방어적 민주주의의 적용 범주 설정

Ⅰ. 논의의 필요성과 몇 가지 고려사항

방어적 민주주의는 1930년대 파시즘의 위협에 대한 처방으로 제시되었으나, 최근에는 테러리즘, 국가정체성에 대한 도전, 혐오표현 등 다양한 현상에 대한 확대적용이 문제되고 있다. 방어적 민주주의는 적잖은 비용을 수반하며 정치적으로 오·남용될 수 있기에, 그 적절한 경계를 설정할 필요가 있다. 제4절에서는 테러리즘(Ⅱ.), 국가정체성에 대한 도전(Ⅲ.), 혐오표현(Ⅳ.), 위협적인 정당의 결성 및 활동(Ⅴ.)이 방어적 민주주의의 이론적 틀에 포섭될 수 있는 대상인지의 여부를 논한다.

본격적인 논의를 전개하기에 앞서 몇 가지 고려사항을 상기하고자 한다. 방어적 민주주의의 확대적용 가부를 판단함에 있어서는 다음의 원칙이 전제되어야 하는바, 이는 방어적 민주주의의 규범적인 원리 및 확대적용의 본질로부터 도출되는 것이다.

첫째, 방어적 민주주의는 당해 정치공동체의 민주적 기본질서를 전제한다는 점이다. 민주주의가 정상적으로 작동하지 않는 체제에서라면, 설사 비자유주의적인 조치가 취해진다 해도 이를 방어적 민주주의라고 할 수 없다. 방어할 대상 자체가 존재하지 않기 때문이다. (전제1: 민주주의)

둘째, 방어적 민주주의의 비용과 정치적 오·남용의 가능성을 고려하여 보호의 대상인 민주주의를 협의로 이해해야 한다는 점이다. 이 장 제3절에서는 민주주의를 "주기적·경쟁적인 선거를 통해 공동체의 의사를 결정하되, 권력을 통제하고 자의적인 지배를 배제함으로써 개인의 정치적 자유와 권리를 보장하는 다두정치체제"로 정의할 것을 제안하였다. 그리고 이러한 민주주의 정치과정에 참여할 수 있는 다른 구성원의 권리가 침해되거나, 민주주의 체제가 전복될 위험이 있는 경우에만 방어적 민주주의에 따른 개입이 정당화된다고 보았다. (전제2: 협의의 민주주의)

셋째, 방어적 민주주의 이론은 민주주의 국가가 마주하게 되는 모든 위협에 대한 것이 아니었다는 점이다. Loewenstein이 방어적 민주주의를 주창한 것은, 민주주의 제도의 폐제를 주장하면서도 외견상의 합법성을 갖추고 민주주의를 활용하는 파시즘이라는 특유한 적 때문이었다. (전제3: 파시즘의 특유성)

넷째, 방어적 민주주의를 새로운 대상에 확대적용하기 위해서는, 종전의 적용대상이었던 파시즘과 새로운 대상 사이에 본질적인 차이가 있어서는 안 된다는 점이다. 유추적용 내지 확대적용은 양자의 기본적인 유사성을 당연히 전제하기 때문이다. (전제4: 확대적용의 요건인 유사성)

다섯째, 방어적 민주주의는 적잖은 비용과 위험성을 수반하며, 따라서 실천적인 측면에서도 그 확대를 가급적 지양해야 한다는 점이다. 민주주의의 투쟁대상을 지나치게 확대할 경우, 다원주의가 토대를 잃고 민주주의 정치과정이 위축될 수 있다.[1] (전제5: 확대적용 자제의 필요성)

Ⅱ. 테러리즘

테러리즘의 문제는 오랜 역사를 가지며, 9·11 테러는 서구 민주주의 국가들이 이슬람 근본주의의 표적이 되었다고 인식하게 함으로써 방어적 민주주의에 대한 논의의 부흥을 가져왔다고 평가된다.[2]

---

1) 이재희, 앞의 글(2015b), 262쪽.
2) Svetlana Tyulkina, 앞의 글(2011), p. 86.

특히, 반(反)테러리즘(counterterrorism)이 방어적 민주주의의 이론적 틀에 포섭될 수 있는지 여부에 관하여 다양한 견해가 개진되고 있다. 한편 국내에서도 테러방지법이 제정·시행되는 등 테러리즘이 중요한 현안으로 부각되었다. 그러나 방어적 민주주의와 테러리즘의 관련성을 검토한 연구는 많지 않으며, 일부 문헌에서 양자의 관계를 짧게 다루고 있을 뿐이다.[3)]

이하에서는 우선 테러리즘의 개념과 역사, 유형, 추이 및 반테러법 일반을 개괄한다. 다음으로 테러리즘이 방어적 민주주의의 적용대상에 포함될 수 있는지의 여부에 대한 견해의 대립을 살펴보고, 앞서 상기한 바를 고려하며 결론을 도출한다.[4)]

1. 테러리즘과 반테러법

가. 테러리즘의 정의

여기서는 테러리즘의 개념정의를 시도한 연구 및 관련법을 검토함으로써, 방어적 민주주의와의 관련성을 논함에 있어 중요한 징표를 파악한다.

Raymond G. Frey and Christopher W. Morris(1991)는 테러리즘의 속성으로 근본적으로 정치적인 성격을 가진다는 점, 일견 무차별적인 표적을 향해 폭력을 사용한다는 점, 비국가적인 행위자에 의해 수행된다는 점, 무고한 이들을 대상으로 한다는 점을 열거하였다.[5)] 여러 사

3) 가령 테러와의 전쟁 과정에서 나타난 권리의 제약이 방어적 민주주의의 법적·제도적 표현이라고 본 한상익·김진영, 앞의 글(2015), 65, 80쪽; 방어적 민주주의가 발현하는 이유의 하나로 테러를 언급한 김현철, 앞의 글(2016), 394쪽.

4) 이하의 논의는 김종현, 앞의 글(2016a), 147-179쪽을 수정·보완한 것이다.

5) Raymond G. Frey and Christopher W. Morris eds., *Violence, Terrorism, and Justice,*

건에서 위의 징표가 확인된다고 본 Audrey Kurth Cronin(2002)은 테러리즘을 "비국가적인 행위자가 정치적 목적 달성을 위해 무고한 이들을 대상으로 가하는 폭력의 사용 내지 위협"이라고 하였다.[6] 한편 미국법전(United States Code: U.S.C.) 제22편 제2656f조는 테러리즘을 "준국가단체나 비밀요원들이 정치적 동기를 가지고 사전에 계획하여 비전투상태에 있는 목표물에 가하는 폭력"[7]이라고 정의한다.

국내에서도 테러리즘의 개념을 정의한 문헌과 법제를 찾아볼 수 있다. 박기륜(2004)은 테러리즘을 "개인 또는 조직된 그룹이 정치적 또는 종교적 동기에서 어떤 국가나 국가이념을 공격하기 위하여 일정한 계층이나 사람들이나 어떤 민족에게 공포를 주려고 범하는 폭력 내지 무력행위로써의 국민 범죄"로 본다.[8] 신제철(2009)에 따르면, 테러리즘은 "정치적·사회적 목적을 가진 집단이나 개인이 그 목적을 달성하거나 상징적 효과를 얻기 위한 수단으로 타인의 생명 및 재산 또는 시설에 위해를 가하고자 하는 계획적인 불법폭력행위"이다.[9] 테러방지법 제2조 제1호는 테러를 "국가·지방자치단체 또는 외국 정부의 권한행사를 방해하거나 의무 없는 일을 하게 할 목적 또는 공중을 협박할 목적으로 하는 (다음 각 목의) 행위"라고 규정한다.

위의 논의를 정리하면 ①(주로) 정치적인 동기에서 ②무고한 이들을 향하여 ③무차별적으로 가해지는 ④비합법적 폭력이라는 테러리즘의 개념요소를 확인할 수 있다.

Cambridge: Cambridge University Press, 1991, p. 3.

6) Audrey Kurth Cronin, "Behind the Curve: Globalization and International Terrorism", *International Security,* Vol. 27, No. 3, 2002, p. 33.

7) 22 U.S.C. § 2656f(d)(2)

8) 박기륜, 『국제범죄론』, 비전캐릭터, 2004, 213쪽.

9) 신제철, "한국의 대테러 관련 입법정책에 관한 연구", 동국대학교 대학원 경찰행정학과 경찰학박사학위논문, 2009, 16쪽.

나. 테러리즘의 역사와 유형 및 전개양상

종교적 극단주의에 입각한 오늘날의 테러를 반제국·반식민지·반세계화에 이은 테러리즘의 네 번째 물결이라고 보는 견해가 있다. 19세기 인민주권과 보통선거권의 개념으로 고취된 변화의 요구를 억누르려는 제국에 맞서 테러리즘의 첫 번째 물결이 일어났다면, 제1차 세계대전 이후의 테러는 주로 민족자결주의에 따라 자주독립을 쟁취하려는 목적으로 행하여졌다. 이어 월남전은 1970년대 미국 주도의 세계질서를 거부하는 이들의 테러를 촉발하였고, 9·11 테러로 지하드라는 테러리즘의 새로운 측면이 부각되었다는 것이다.[10)]

테러리즘은 그 동기에 따라 크게 좌파, 우파, 종족적 민족주의·분리주의, 종교적 극단주의로 나뉜다고 한다. 좌파 테러리스트들이 공산주의와 부침을 함께했다면, 우파 테러리즘은 주로 파시즘으로부터 영향을 받았다. 종족적 민족주의자·분리주의자 집단은 제2차 세계대전 이후 탈식민운동의 물결을 타고 성장하였고, 최근에는 특히 종교적 극단주의 세력이 문제되고 있다.[11)]

통계에 비추어 2000년대를 전후한 테러에서는 4가지의 경향이 감지된다고 한다. 종교적 테러리즘이 증가하였으며, 전반적인 공격의 수는 감소하였고, 하나의 테러가 가지는 치명성은 증대하였고, 미국인이 표적이 되는 일이 많아졌다는 것이다.[12)] 최근의 자료에 의하면, 테러는 이라크·나이지리아·아프가니스탄·파키스탄·시리아 5개국에 집중되어 있으며, 2014년 사망 피해자는 2000년보다 약 9배 증가하였

---

10) David C. Rapoport, "The Fourth Wave: September 11 in the History of Terrorism", *Current History*, Vol. 100, No. 650, 2001, pp. 419-424.

11) Audrey Kurth Cronin, 앞의 글(2002), p. 39.

12) Nadine Gurr and Benjamin Cole, *The New Face of Terrorism: Threats from Weapons of Mass Destruction*, London: I.B. Tauris, 2000, pp. 28-29; Audrey Kurth Cronin, 위의 글(2002), pp. 42-45.

고, 9·11 테러를 제외하면 서구 민주주의 국가에서의 사망 피해자는 전체의 약 0.5%라고 한다.[13)]

다. 반테러법의 특징

여기서는 9·11 테러 이후 제정된 패트리어트법[14)] 등을 통해, 반테러법이 가지는 규범적 특징을 살펴본다.

패트리어트법은 정보기관과 법집행기관 사이의 경계를 완화함과 더불어 국가기관의 정보수집·수사권한을 대폭 확대하였다.[15)] 동법 제206조는 외국인에 한정되지 않는 '포괄적'인 이동성 감청(roving wiretap)을 도입하였으며,[16)] 제215조는 연방수사국(Federal Bureau of Investigation: FBI)이 국제 테러리즘과 비밀정보활동의 수사에 필요하다고 판단하는 경우 '관련된 모든 기록과 유형물'을 보관한 기관에 대하여 법원의 명령을 통해 그 제출을 강제할 수 있게 하였다.[17)] 제411조 이하에서 '외국인'에 대한 출입국제한조치를 극도로 강화한 것도 특기할 만

---

13) Institute for Economics and Peace, *Global Terrorism Index 2015: Understanding the Impact of Terrorism,* IEP Report 36, 17 November 2015, pp. 2-3. http://economicsandpeace.org/reports에서 이용 가능 (최종접근일 2018. 6. 13.)

14) 정식 명칭은 Uniting and Strengthening America by Providing Appropriate Tools Required to Intercept and Obstruct Terrorism Act이다. 동법은 2015. 6. 더 이상 연장되지 못하고 '미국 자유법(Uniting and Strengthening America by Fulfilling Rights and Ending Eavesdropping, Dragnet-collection and Online Monitoring Act: USA Freedom Act)'으로 대체되었다.

15) 김지영, "대테러 입법의 헌법적 문제-미국 애국법(PATRIOT ACT)을 중심으로-", 『비교헌법재판연구』, 2014-B-3, 헌법재판소 헌법재판연구원, 2014, 7-8쪽.

16) 감청대상인 수화기나 통화상대방을 지정하지 않는 방법으로 법원의 허가를 받아 감청을 실시할 수 있게 하는 제도이다. 김승대, "테러와의 전쟁과 입헌주의의 위기에 관한 헌법적 연구", 『법학연구』, 제55권 제4호, 부산대학교 법학연구소, 2014, 97쪽.

17) 김승대, 위의 글(2014), 90-100쪽.

하다.[18] 이처럼 정보수집 및 기본권 제한의 대상이 테러리스트나 테러 용의자에 국한되지 않는다는 점이 동법의 중요한 특징이다.

다른 나라들의 반테러법에서도, 방대한 정보수집과 불특정 다수의 기본권에 대한 포괄적 제한이라는 속성이 드러난다. 예컨대 프랑스는 '일상의 안전에 관한 법(Loi n° 2001-1062 du 15 novembre 2001 relative à la sécurité quotidienne)'을 제정하여 공공장소에서 '일반인들의' 소지품을 검색할 수 있도록 하는 조치를 시행하였다. 2006. 1. 23. 제정된 '테러방지 및 치안과 국경통제에 관련된 여러 규정들에 관한 법률(Loi n° 2006-64 du 23 janvier 2006 relative à la lutte contre le terrorisme et portant dispositions diverses relatives à la sécurité et aux contrôles frontaliers)'은 '공공장소'에 CCTV를 증설하고 대테러기관에 '시민 신상'에 대한 접근권한을 부여하였다.[19] 반테러법의 이러한 특징은, 테러리스트들이 은밀하게 활동하며 따라서 안전을 확보하기 위해 기본권을 제한할 대상을 특정하기 어렵다는 점에 기인한다.

2. 방어적 민주주의의 확대적용에 대한 검토

가. 견해의 대립

(1) 반테러리즘에의 확대적용을 지지하는 입장

방어적 민주주의를 반테러리즘에 확대적용하자는 논자들은 양자의 유사성 및 규범적 효용성을 그 논거로 제시한다.

---

18) 김승대, 위의 글(2014), 101쪽.

19) 오태곤, "국민보호와 공공안전을 위한 테러방지법의 제정과 시사점", 『인문사회 21』, 제7권 제2호, 아시아문화학술원, 2016, 594쪽.

(가) 방어적 민주주의와 반테러리즘의 유사성

방어적 민주주의가 반테러리즘에 확대될 수 있다는 입장에서는, 테러리즘과 파시즘이 유사한 속성을 가진다고 본다. 일찍이 Loewenstein은 권위주의가 민주주의를 종식시킨 원동력이 감성주의라고 보았는데,[20] 테러리스트들이 사용하는 공포와 위협이라는 수단 역시 감성의 정치를 만들어낸다는 것이다. 이슬람 근본주의 테러리스트 등이 과거 파시즘과 마찬가지로 민주주의 헌정질서 자체를 위협한다는 견해도 있다.[21]

테러에 대한 대응방안이 방어적 민주주의와 유사하다는 평가도 개진된다. 반테러리즘과 방어적 민주주의 모두 국내 안보의 문제라는 주장,[22] 양자 모두 예방적 조치를 취하는 것을 그 내용으로 한다는 지적,[23] 무언가(자유)를 수호하기 위해 바로 그 무언가를 제한하는 규범적 구조가 비슷하다는 관찰이 그러하다.[24] 평상시 헌정질서로부터의 이탈이라는 방어적 민주주의의 경험이 반테러리즘의 문제에 적절한 것일 수 있다는 견해 또한, 양자의 친근한 관련성(intimate relation)을 고려한 것이다.[25]

오늘날 테러리스트들이 한편으로는 여전히 폭력에 의존하면서도 다른 한편으로 정당을 설립하여 선거에 참여하는 등 지난날의 파시즘과 비슷한 양상을 보이고 있다는 점도, 유사성에 입각한 확대적용의 주장을 뒷받침할 수 있다. 예를 들어 하마스(Hamas)와 헤즈볼라(Hezbollah)는 군사조직이면서 동시에 정당의 속성을 가지고 있어, 일각에서는 이를 기묘한 혼합적 성격(strange hybrid character)이라 표현

20) Karl Loewenstein, 앞의 글(1937a), p. 423.
21) András Sajó, 앞의 글(2006), p. 2257; Svetlana Tyulkina, 앞의 글(2011), p. 355.
22) Markus Thiel, 앞의 글(2009a), p. 390.
23) Svetlana Tyulkina, 앞의 글(2011), p. 267.
24) Patrick Macklem, 앞의 글(2006), p. 488.
25) András Sajó, 앞의 글(2006), p. 2255.

하였다.[26] 그리고 Batasuna나 민족민주당에서 보는 것처럼, 정당정치와 테러리즘의 혼재 양상은 서구 민주주의 국가들이라고 해서 예외가 아니다.

(나) 확대적용 시 규범적 효용성

Svetlana Tyulkina(2011)는 방어적 민주주의를 반테러리즘에 적용함으로써 반테러 관련 조치의 적법성을 제고할 수 있다고 본다. 테러를 방지한다는 명목으로 제한할 수 있는 기본권의 종류와 범위가 한정되고, 의회가 행정부의 압력으로부터 자유로운 가운데 반테러 관련법을 면밀히 검토할 수 있으리라는 것이다. 또한 방어적 민주주의의 논리는 행정부를 선호하거나 사법부의 전통적인 기능을 부정하지 않으며 권력분립과 균형을 요청하고, 정부로 하여금 반테러 관련 조치를 정당화하는 강력한 논거를 제시하도록 요구할 것이라고 한다. 이러한 관찰은 '테러와의 전쟁(War on Terror)'이라는 별도의 패러다임을 만들어낼 이유가 없다는 주장으로 이어진다.[27]

(다) 논의의 전제: 방어적 민주주의의 역동성

방어적 민주주의를 반테러리즘에 확대하자는 위의 논의는, 헌법이 새로운 정치적·사회적 현실을 반영할 필요가 있으며 방어적 민주주의가 여러 위협에 적용 가능한 역동적인 개념임을 전제한다. Tyulkina는 방어적 민주주의가 어느 특정한 이념이나 운동에만 국한된 개념이 아니며, 권리를 남용하여 민주주의 제도를 훼손하려는 모든 움직임에 적용될 수 있음을 강조한다.[28]

---

26) Noah R. Feldman, "Ballots and Bullets", New York Times, 21 July 2006, http://www.nytimes.com/2006/07/21/magazine/30wwln_lede.html?pagewanted=print&_r=1& (최종접근일 2018. 6. 13.)

27) Svetlana Tyulkina, 앞의 글(2011), pp. 355-357.

(2) 양자를 준별하는 입장

이와 달리 방어적 민주주의가 반테러리즘에 확대적용될 수 없다는 의견도 개진되는바, 그 주요 논거는 다음과 같다.

(가) 민주주의의 전제요건인 안보와 민주주의의 구별

Sabrina Engelmann(2012)은 반테러리즘이 구성원들에게 안전을 제공하는 수단이기는 하나, 그것이 곧 민주주의 체제의 방어라고는 할 수 없다고 본다. 시민들이 생명과 재산에 위협을 느끼는 상황에서 민주주의가 기능하기 어렵다는 것은 분명하지만, 민주주의의 전제조건(prerequisite)인 안전의 확보는 민주주의 그 자체를 방어하는 것과 다르다는 것이다. 비민주적 국가들이 반테러법을 채택하고 있다는 사실도 반테러리즘이 민주주의의 방어가 아닌 안보의 문제임을 말해준다고 한다.[29)]

Engelmann에 따르면, 반테러리즘과 방어적 민주주의의 혼동은 민주주의에 대한 잘못된 이해에 기인한다. 민주주의의 방어가, 민주주의 제도의 수호라는 의미가 아니라, 우연히 민주적인 성격을 가진 국가의 자위(self-defense)라는 뜻으로 잘못 사용될 수 있다는 것이다. 민주주의를 이렇게 이해하면 민주주의 국가가 스스로를 지키고자 치르는 싸움 모두 방어적 민주주의라고 할 수 있게 되는데 이는 불합리하다는 것이다.[30)]

(나) 민주주의에 대한 실질적 위협이 아니라는 평가

테러리즘이 막심한 피해를 수반하기는 하지만 민주주의 체제에 근본적인 위협을 초래하지 않는다는 점에서 과거 파시즘과 다르다

28) Svetlana Tyulkina, 위의 글(2011), p. 347.
29) Sabrina Engelmann, 앞의 글(2012), p. 167.
30) Sabrina Engelmann, 위의 글(2012), p. 168.

는 견해도 있다. 예컨대 9·11 테러가 미국 사회에 큰 충격을 안겨주었지만, 그렇다고 미국의 민주주의 체제 자체가 위험에 빠지지는 않았다는 것이다. 이러한 입장에서는, 공고한 민주주의 체제가 (그 원인이 무엇이든) 대규모의 인명피해 및 파괴를 극복할 수 있는 역량을 가지고 있음을 강조한다.[31)]

(다) 민주주의 국가의 전유물로 볼 수 없는 반테러리즘

방어적 민주주의와 달리 반테러리즘은 비민주적인 국가들에서도 발견된다는 논거도 제시된다. Engelmann은 반테러법이 서구 민주주의 국가들에서뿐만 아니라, 말레이시아, 인도네시아, 홍콩 등에서 제정되었음을 언급한다. 당시 이들이 기껏해야 민주주의와 권위주의의 혼합형 정치체제(hybrid regime)였다는 사실에 비추어볼 때, 반테러법이 민주주의 체제만을 보호하는 도구로 이해될 수 없다는 것이다.[32)][33)]

Giovanni Capoccia(2013)는 테러리즘이 민주주의를 포함한 모든 국가에서 금지되며, 따라서 이에 대한 연구의 초점은 방어적 민주주의에 대한 연구에서와 상당히 다르다고 하였다.[34)] 테러를 지지하는 정당을 금지하는 것에는 특별히 민주주의에 관련된 요소가 없다는 이유에서, 이를 방어적 민주주의에 따른 분석의 대상에서 제외한 논자도 있다.[35)]

31) Sabrina Engelmann, 위의 글(2012), pp. 167-168.
32) Sabrina Engelmann, 위의 글(2012), p. 168.
33) 심지어 짐바브웨, 우간다 등 독재국가도 반테러법을 도입하였다. 한희원, “초국가적안보위협세력에의 법규범적 대응 법제연구”, 『중앙법학』, 제14집 제2호, 중앙법학회, 2012, 94쪽.
34) Giovanni Capoccia, 앞의 글(2013), p. 209.
35) Alexander S. Kirshner, 앞의 책(2014), pp. 88-91.

(라) 적(敵)이 가지는 성격의 차이

반테러리즘과 방어적 민주주의가 상정하는 적의 성격이 근본적으로 다르다는 견해도 있다. Jan-Werner Müller(2012a)에 따르면, 테러리즘은 선거를 통해서 민주주의를 파괴하려는 것과는 분명하게 구별된다. 물론 Müller 또한 테러조직이 선거에 참여하는 정당을 위성조직으로 거느리는 경우가 있음을 인정한다. 그러나 그렇다고 하여 테러리즘이 파시즘처럼 민주주의에 완벽하게 적응하였다고 말할 수는 없으며, 따라서 양자는 본질적으로 다르다는 것이다.[36)]

테러리즘이 주로 정치적 폭력의 사용이라는 문제를 야기하며 따라서 반테러리즘을 비폭력적 극단주의에 대한 대응의 문제에 적용하기는 어렵다는 견해[37)] 역시, 적이 가지는 성격의 차이(합법성의 존부)에 근거한 것이라 할 수 있다.

(마) 기본권 제한의 상이한 양상

적의 특징에 따른 기본권 제한의 상이한 양상도 방어적 민주주의가 반테러리즘으로 확대될 수 없다는 논거로 제시된다. 예컨대 Sajó는 방어적 민주주의의 경험이 반테러리즘에 적절한 것일 수 있다고 하면서도 이 같은 차이를 인정한다. 그에 따르면 방어적 민주주의의 경우 기본권 제한의 대상을 비교적 쉽게 식별할 수 있으며, 다른 구성원들에 대한 권리제한의 효과는 (적어도 이론상으로는) 직접적이지 않다.[38)] 반면 테러리스트들은 은밀한 네트워크를 통해 활동하며, 따라서 반테러법은 광범위한 데이터 수집이나 집회·시위에 대한 포

---

36) Jan-Werner Müller, 앞의 글(2012a), pp. 538-539.

37) Giovanni Capoccia, 앞의 책(2005), pp. 232-233; Jan-Werner Müller, 앞의 글(2016), p. 250.

38) 예컨대 반민주적 정당을 해산하면서 소속 의원과 당직자 및 당원들을 식별하여 이들의 정치적 기본권을 제한하는 데에는 큰 어려움이 따르지 않으며, 당해 정당과 무관한 사회 구성원들의 기본권에는 별다른 영향이 없다.

괄적 제한의 형태를 취하게 되고, 이는 구성원 모두에게 영향을 미친다는 것이다.[39)]

나. 검토

살피건대, 방어적 민주주의와 반테러리즘 사이에 일부 유사성이 있다는 것은 부정하기 어렵다. 양자는 어떤 위협에 대처하는 과정에서 기본권 제한을 수반한다는 점에서 공통적이며, 파시즘과 테러리즘 모두는 구성원들의 감성에 호소하는 측면이 없지 않다. 그러나 다음과 같은 이유에서, 방어적 민주주의가 테러리즘의 문제에 확대될 수는 없다고 본다.

(1) 민주주의 국가의 전유물이 아닌 국가안보의 영역

방어적 민주주의는 그 정치공동체가 민주적일 것을 대전제로 한다(전제1). 그러나 이와 달리 반테러리즘은 민주주의 국가의 전유물이 아니며, 민주주의와 권위주의의 혼성체제나 독재국가도 관련 법제를 적극 채택하고 있다. 또한 테러리즘은 주로 정치적인 동기에서 무고한 이들을 향하여 무차별적으로 가해지는 비합법적 폭력이라 정의되는바, 그 대상은 결코 민주주의 국가로 한정되지 않는다.[40)] 폭력의 사용은 물리적 강제력의 합법적 독점, 내적 질서의 유지, 외부 위협으로부터의 안전 확보를 중요한 개념징표로 하는 국가일반[41)]에서 당연히 금지되는 것이다. 요컨대, 테러리즘은 민주주의가 아닌

---

39) András Sajó, 앞의 글(2006), p. 2269.

40) 유독 민주주의(국가)를 표적으로 하는 테러리즘의 존재를 부정하기는 어렵다. 그러나 앞서 보았듯 최근의 테러는 민주주의가 공고화되었다고 볼 수 없는 이라크 등 5개국에 집중되어 있다.

41) 서울대학교 정치학과 교수 공저, 앞의 책(2002), 144-150쪽 참조.

국가안보에 대한 위협이다.[42] 민주주의와 국가의 안전보장을 준별할 필요성은 이 장 제3절 Ⅲ.에서 살펴보았다.

(2) 민주주의에 대한 적응 및 합법성의 결여

또한 테러리즘은 폭력성과 비합법성이라는 징표에서부터 파시즘과 본질적인 차이를 드러낸다(전제4).[43] Loewenstein이 본 것처럼 파시즘은 합법성을 활용하였으며, 이들의 성공은 민주주의에 대한 완벽한 적응에 따른 결과였다(전제3). 물론 당시 파시즘이 보였던 폭력적·억압적인 성격을 간과해서는 안 될 것이다.[44] 그러나 파시즘이 대중의 동의를 얻으려고 노력하였다는 점은 테러리즘과 선명한 대조를 이루며, 나치가 바이마르 헌법을 크게 위반하지 않고 공중의 지지를 얻었다는 지적이 계속되는 것[45] 또한 파시즘이 테러리즘과는 본질적으로 다른 것이었음을 말해준다. 이처럼 민주주의에 적응하고 합법성을 활용한 결과, 파시즘은 거스를 수 없는 보편적인 조류라 여겨질 만큼 여러 민주주의 국가들에서 성공할 수 있었다.

반면 테러리즘은 비합법적·폭력적 수단에 의지하여 정치적 목적을 달성하려는 것이기 때문에, 그에 대한 국민의 지지는 항구적일

---

42) 그렇다고 테러가 민주주의에 위협을 야기하지 않는다는 의미는 아니다. Engelmann이 본 것처럼 안보는 민주주의가 적절히 기능할 수 있도록 하는 중요한 전제조건이며, 따라서 안전에 대한 위협은 '결과적으로' 민주주의 체제에 대한 위협으로 이어질 수 있다.

43) 민주주의 정치과정에 헌신적으로 참여하는 이슬람 성향의 정당과 종교적 테러리스트를 준별하여야 한다는 주장으로 Mary R. Habeck, *Knowing the Enemy: Jihadist Ideology and the War on Terror*, New Haven: Yale University Press, 2006, p. 4.

44) 이상적인 민족을 인위적으로 설계하려는 파시즘의 기획이 필연적으로 폭력과 강압을 수반했다는 평가로 장문석, 앞의 책(2007), 290쪽.

45) 가령 Mark Chou, 앞의 책(2014), p. 60. 다만, 앞서 본 것처럼 수권법의 통과는 순수한 다수결에 의한 것이었다고 하기 어렵다.

수 없다.[46] 테러조직이 민족해방이나 지역적 분리 독립을 명분으로 내걸고 정당 및 선거제도를 활용하는 사례가 없는 것은 아니나, 성숙한 민주주의 국가가 테러리즘에 의하여 전복된 사례는 발견되지 않는다.[47]

(3) 규범적 효용성이라는 논거의 한계

테러와의 전쟁에 대하여는 국제법적 규율대상인 전쟁과 국내법적 규율대상인 범죄 진압 사이에서 인권보호의 사각지대를 형성하고 있다는 비판이 제기되어왔으며, 초창기 패트리어트법이 입헌주의의 사실상 포기였다는 평가도 있다.[48] 이러한 현실에서, 방어적 민주주의의 확대적용을 통해 반테러 관련 조치의 규범적 정당성을 제고하려는 시도는 높이 평가할 만하다.

그러나 방어적 민주주의는 그 자체로 역설적인 성격을 가지며 상당한 비용과 위험성을 수반한다. 설사 반테러법이 기본권 침해의 소지를 가진다 하더라도 이는 기본권 제한의 한계를 준수하고 법치주의 원리를 제고함으로써 극복할 문제이지, 전혀 그 성질을 달리하는 방어적 민주주의라는 또 다른 위험한 개념을 확대하여 해결할 성격의 것은 아니다(전제5).

(4) 기본권 제한의 상이한 양상

반테러리즘과 방어적 민주주의는 위협에 대응하는 과정에서 기본권의 제한을 수반한다는 유사성을 가진다. 그러나 Sajó가 지적한

---

46) 정유선, "이슬람 원리주의 테러조직의 급진화와 온건화-헤즈볼라의 사례를 중심으로", 『사회과학연구』, 제28집 제1호, 경성대학교 사회과학연구소, 2012, 255쪽.

47) 이에 비추어, 테러리즘이 민주주의에 대한 실질적 위협이 아니라는 Engelmann의 평가는 결론에 있어 타당하다.

48) 김승대, 앞의 글(2014), 92, 112쪽.

것처럼, 기본권 제한의 양상에서 양자는 큰 차이를 보인다. 반테러법제는 광범위한 데이터 수집이나 집회·시위에 대한 제한을 통해 일반 구성원의 기본권에 심각한 영향을 끼치며, 기본권 제한의 대상이 한정되어 있으며 비교적 용이하게 식별되는 방어적 민주주의로 설명하기 어렵다.

3. 소결

반테러리즘은 방어적 민주주의와는 본질적으로 다르며, 따라서 방어적 민주주의의 적용대상이 될 수 없다고 본다. 사실 테러리즘은 Loewenstein이 방어적 민주주의를 주창하기 전에도 있어왔다.[49] 그러나 그가 민주주의의 위기를 인식하고 대응방안을 모색한 계기는, 민주주의에 적응하고 합법성을 활용하는 파시즘이지 테러가 아니었다.

규범적으로도, 방어적 민주주의에 반대하면서 동시에 반테러 조치를 지지하는 것이 얼마든지 가능하다. 예컨대 Kelsen은 반민주적인 세계관을 평화롭게 표현하는 정도라면 결코 억압되어서는 안 된다고 하면서도, 민주정부는 폭력으로써 자신을 폐제하려는 시도를 억누르고 적절한 수단을 통해 저지할 권한을 가짐을 인정하였다.[50] 테러는 어느 체제에서나 용인할 수 없는 중대한 범죄인 반면, 오늘날의 방어적 민주주의는 반민주주의자를 패퇴시키는 것이 아니라 민주주의 체제에 재통합하기 위한 장기적인 과제로 이해되고 있다는 점도 고려해야 할 것이다.

---

49) 1914. 6. 28. 발발한 '사라예보 사건'은 그 대표적인 예이다.

50) Hans Kelsen, *Was ist Gerechtigkeit,* Wien: F. Deuticke, 1953, S. 42. 이종수, 앞의 글(2015), 222쪽에서 재인용.

Ⅲ. 국가정체성에 대한 도전

국가의 정체성(identity)을 구성하는 요소가 무엇인가는 일률적으로 답하기 어려운 문제이다. 그러나 거칠게 표현하여 (특히 근대)국가의 형성과정은 특정한 (비)종교성과 민족성을 수립하며 국경을 획정하는 역사라고도 볼 수 있으며,[51] 이 점에서 국교 혹은 세속주의 원리, 민족성, 국경은 국가정체성의 중요한 요소라고 할 수 있다. 방어적 민주주의에 관한 논의에서도 (비)종교성, 영토적 통합성, 구성원의 민족적·인종적 성격 등이 국가정체성의 주된 내용으로 이해되고 있다.[52]

오늘날 국가정체성은 각국의 정치에서 결정적인(decisive) 요소가 되었다고 평가되며,[53] 이는 1990년대 이후 방어적 민주주의의 전개양상에서도 확인된다. 여기서는 국가정체성에 대한 도전을 규제하는 유형을 정리하고, 그것이 방어적 민주주의로 정당화될 수 있는지를 검토한다.

1. 국가정체성에 대한 도전의 규제유형

가. 정당금지

국가정체성에 대한 도전이 정당정치를 통하여 이루어지는 경우

---

51) 근대국가의 발전은 주권을 매개로 국가와 국민/민족/인민이 통합되는 과정이다. 특히 1648년 베스트팔렌조약(Treaty of Westphalia)은 "정치권력이 종교를 결정"하고 "국왕이 영토 내에서는 황제"라는 원칙을 정하였으며, 이후 서구에서는 영토주권에 바탕을 둔 국제질서가 형성되었다. 강상규·이혜정, "근대 국제정치질서와 한국의 만남", 하영선·남궁곤 편, 『변환의 세계정치』, 을유문화사, 2007, 39-41쪽.

52) Alexander S. Kirshner, 앞의 책(2014), p. 89.

53) András Sajó, 앞의 글(2012), p. 571.

가 있으며, 일부 국가는 정당해산을 비롯한 정당금지로 이에 대처하고 있다.

터키에서 복지당 등 이슬람 정당들은 세속주의 원리에 반한다는 이유로, 쿠르드 분리주의를 지향하는 정당들은 영토의 통일성과 국민의 통합성에 반한다는 이유로 각각 해산되어 왔다. Batasuna는 테러조직인 ETA와의 관련성을 이유로 해산되었으나, 일각에서는 ETA가 바스크 지역의 독립을 주장해왔음을 고려하여 Batasuna를 국가정체성에 도전한 정당으로도 분류한다.[54] 불가리아에서 Pirin Macedonia의 자치 내지 분리를 주장해온 연합마케도니아조직당(United Macedonian Organisation Ilinden-Party for Economic Development and Integration of the Population: UMO Ilinden-PIRIN)이 해산된 사례도 있다.

각국은 국가정체성에 도전하는 정당을 규제하는 규정을 두기도 하며, 근래의 헌법일수록 종교적·인종적·민족적·언어적 성격을 가진 정당의 결성과 활동을 제한하는 경향이 있다.[55] 이스라엘이 유대인들의 나라임을 부인하는 정당을 금지하는 이스라엘 기본법 7A, 정당의 정강, 정책 및 활동이 영토적·국민적 통합성과 세속주의 원리에 반해서는 안 된다고 규정한 터키 헌법 제68조 제4항, 인종적·민족적·종교적 노선의 정당을 금하는 불가리아 헌법 제11조 제4항[56] 등이 그 예이다.

나. 종교적 복장의 규제

국가정체성을 위협하는 정당의 금지와 함께 문제되는 것이 (주로

54) Alexander S. Kirshner, 앞의 책(2014), p. 89.

55) Nancy L. Rosenblum, 앞의 글(2007), p. 24.

56) "There shall be no political parties on ethnic, racial or religious lines, nor parties which seek the violent seizure of state power." http://www.parliament.bg/en/const (최종접근일 2018. 6. 13.)

공공장소에서의) 종교적 복장 착용의 규제이며, 그 대부분은 무슬림 여성들이 신체를 가리고 종교적 정체성을 드러내는 부르카, 니캅, 히잡, 차도르에 대한 것이다. 최근에는 프랑스, 이탈리아, 독일, 오스트리아 등지에서 부르키니에 대한 규제가 논란이 되고 있으며, 프랑스 행정최고재판소(Conseil d'Etat)는 빌뇌브루베(Villeneuve-Loubet)시가 취한 부르키니 금지조치의 효력을 정지시키기도 하였다.[57]

이 가운데 Leyla Şahin v. Turkey 사건과 Dogru v. France 사건은, 세속주의 원리가 민주주의 체제의 보호에 필수적이라는 당사국의 주장을 받아들였다는 점에서 방어적 민주주의의 논리를 보여주고 있음을 앞서 살펴보았다.

2. 규제의 근거 및 평가

이처럼 국가정체성에 대한 도전의 규제가 방어적 민주주의의 논리로 긍정하기도 함을 알 수 있는바, 그 타당성이 문제된다. 이하에서는 이 같은 제한을 뒷받침하는 근거를 개괄하고 그에 대한 평가를 시도한다.

가. 상호합의 내지 상호이익에 입각한 정당화

국가정체성은 정치적 안정에 대한 구성원들의 중첩적 합의(overlapping consensus)의 산물이므로 그에 대한 도전이 금지된다는 견해가 있다. 예컨대 사람들은 자신의 신앙이 국교로 받아들여지기를

---

57) Conseil d'Etat, ORD., 26 août 2016, Ligue des droits de l'homme contre Villeneuve-Loubet (arrêté anti-burkini), requête numéro 402742. 동 사건에 관하여는 헌법재판소 헌법재판연구원, 『세계헌법재판동향』, 2017-F-1, 헌법재판소 헌법재판연구원, 2017, 55-56쪽 참조.

바라지만, 그렇다고 종교 문제로 전쟁을 치르는 것을 원치는 않으며 다른 종교가 국교가 되는 것도 꺼리기에, 종교를 논쟁의 장에서 배제하기로 하는 함구령(gag rules)을 받아들인다는 것이다. 그러나 이러한 주장에 대해서는, 함구령이 구성원들의 자발적인 합의에 의한 것이라기보다는 어떠한 대상이 공론화되는 것을 원치 않는 이들이 제3자의 침묵과 희생을 강요하는 것이라는 비판이 제기된다.[58)]

상호이익(mutual interest)에 따라 국가정체성에 대한 도전의 규제가 정당화된다는 논변도 있다. 특정한 변화의 시도는 정치적 균형을 깨뜨리고 폭력으로 이어질 수 있기 때문에, 구성원들의 상호이익을 위해서라도 민감한 주제가 정치적 의제가 되어서는 안 된다는 것이다. 하지만 이에 대하여는, 민주주의를 위협하는 것은 그러한 주제를 의제로 부각하려는 행위자가 아니라 폭력을 동원하면서까지 이를 억누르려는 자로 보아야 한다는 반론이 유력하다.[59)]

나. 영향력에 따른 규제의 정당화

국가정체성에 대한 도전이 가지는 영향력을 근거로 그 규제를 정당화하는 논자들도 있다. 예컨대 종교적 정체성을 드러내는 복장은 과거 파시스트들의 준군사적 제복과 비슷한 영향을 가져 규제된다는 것이다.[60)]

그러나 이와 관련하여, 민주주의 체제를 전복하거나 정치적·군사적 결사를 형성할 의도가 전무한 무슬림 여성들의 복장을 파시스트들의 그것과 동일선상에서 볼 수 있는지에 대한 의문이 제기된다.[61)]

---

58) Alexander S. Kirshner, 앞의 책(2014), pp. 101-103.
59) Alexander S. Kirshner, 위의 책(2014), pp. 103-105.
60) András Sajó, 앞의 글(2012), p. 567.
61) 이 점에서 Leyla Şahin v. Turkey 사건이 방어적 민주주의의 자의적 확대라고

Loewenstein은 제복의 착용 규제가 정당의 준군사적 결사의 금지에 부수적일 뿐이라 하였으며, 당시 여러 나라의 법제가 제복 착용을 금하면서도 비정치적 결사나 단순한 의식(ceremony)에 대하여 예외를 인정하고 있음을 언급하였다.[62]

다. 평가

위에서 검토한 바에 비추어, 국가정체성에 대한 도전의 규제를 구성원 상호의 합의에 따른 것이라거나 서로에게 이익이 된다는 이유로 정당화할 수는 없다. 또한 결집된 정치세력이 아닌 개인의 종교적 복장이 과거 파시스트 정당의 제복과 유사한 효과를 끼치리라 생각하기도 어렵다.

세속주의 원리나 영토적 통합성 등의 국가정체성은 협의의 민주주의에 포함되지 않으며, 따라서 국가정체성에 대한 도전의 규제는 방어적 민주주의에 따라 정당화될 성격의 것이 아니다(전제2). 오히려 국가정체성은 그것이 민주적 논쟁의 대상이 될 때 정당하게 정의될 수 있는 것이다.[63] 다수의 연구 및 베니스위원회의 문헌은, 국가정체성에 대한 도전과 민주주의에 대한 위협을 준별해야 한다는 점을 지적한 바 있다.[64]

비판한 Carlo Invernizzi Accetti and Ian Zuckerman, 앞의 글(2016), pp. 11-12 참조.

62) Karl Loewenstein, 앞의 글(1938b), pp. 730-731.

63) Nancy L. Rosenblum, 앞의 글(2007), p. 67. 유럽인권재판소도 인민노동당 사건에서 이러한 취지의 설시를 한 바 있다. Yazar and Others v. Turkey, paras. 57-58.

64) 민주주의를 위협하지 않는다면 국가정체성에 대한 도전을 이유로 한 정당의 금지가 정당화되기 어렵다는 입장으로 Gur Bligh, 앞의 글(2013), p. 1370. 종교에서 영감을 얻은 정당이 반드시 민주주의에 해악을 끼치지는 않는다는 평가로 European Commission for Democracy through Law(Venice Commission), "Opinion on the Constitutional and Legal Provisions to the Prohibition of Political

한편 유럽인권재판소의 판례들에 대하여는 일관성을 결여하고 있다는 비판이 가능하다. 재판소는 소수민족의 문제를 공론화하거나(터키연합공산당) 자기결정권 및 언어의 권리를 인정해 줄 것을 주장하거나(인민노동당) 특정 지역의 분리를 주장하는 것(연합마케도니아조직당)이 곧 민주주의 원리에 위배됨을 뜻하지 않는다고 하면서도, 유독 이슬람 정당이나 이슬람 복장의 규제에 대하여는 민주주의의 이름으로 그 정당성을 인정한다. 이처럼 세속주의를 민주주의의 필수적인 일부로 이해하는 재판소의 태도에 관하여, 방어적 민주주의의 돌연변이(mutation)이자 우려스러운 전개라는 평가가 있다.[65)]

3. 소결

지금까지 국가정체성에 대한 도전의 규제양상을 개괄하고, 그것이 방어적 민주주의로 정당화될 수 있는지를 살폈다. 종교적·민족적 소수자를 배제하는 무기로 악용될 가능성을 우려하면서도, 방어적 민주주의가 종교적 근본주의 등에 적용될 수 있다고 보는 입장이 있다. 이에 따르면, 문제는 방어적 민주주의의 적용 자체보다는 그 적용방식에 있다. 예컨대 종교적 내용을 담고 있다고 하여 그러한 견해를 공론에서 무조건 배제하거나 민주주의에 대한 위협으로 간주하는 것은 잘못이라는 것이다.[66)]

그러나 방어적 민주주의에서 방어의 대상인 민주주의를 협의로 이해해야 한다는 규범적 요청에 비추어볼 때, 국가정체성에 대한 도전은 방어적 민주주의의 적용대상이 아니라고 생각된다. 세속주의나 영토적 통합성, 국경 등이 곧 민주주의 원리라고 할 수는 없기 때

Parties in Turkey", para. 45.

65) Jan-Werner Müller, 앞의 글(2016), p. 262.

66) Svetlana Tyulkina, 앞의 글(2011), pp. 250-257.

문이다. 개인적인 차원에서 이루어진 종교적 복장의 착용 등이 문제되는 경우라면, 기본권 제한의 한계를 준수하였는지 여부에 따라 그 규제의 당부를 평가하면 족하다. 국가정체성에 도전하는 정당의 경우에도, 정치과정에 참여할 수 있는 타인의 권리를 침해하거나 민주주의 체제를 위협하는 경우가 아닌 한 그에 대한 규제가 방어적 민주주의로 정당화되기는 어려울 것이다.

다만 논의를 마무리하기에 앞서 다음의 두 가지를 상기하고자 한다.

첫째, 이 책의 주장은 국가정체성에 대한 규제가 허용될 수 없다는 취지가 아니다. 인종이나 민족, 종교에 관한 주장이 자칫 내전이나 유혈사태로 이어질 가능성이 매우 높은 극도로 불안정한 사회에서라면, 이를 금지해야 하는 경우도 있을 것이다. 그러나 그러한 주장이 곧 협의의 민주주의에 대한 도전이라 할 수는 없으므로, 국가정체성을 이유로 한 규제는 방어적 민주주의가 아닌 다른 규범에 근거한 것이어야 한다.

둘째, 국가정체성에 대한 도전과 민주주의에 대한 위협이 함께 이루어지는 상황이 있을 수 있다. 예를 들어 어떤 종교적 근본주의 정당이 선거제도를 폐지하려는 의도를 노골적으로 드러냈다면, 이는 단지 세속주의 원리에 대한 도전으로만 볼 수 없으며 방어적 민주주의에 입각한 개입이 정당화될 여지가 있다. 그러한 정당이 집권할 경우, 주기적·경쟁적인 선거를 통한 공동체의 의사결정을 요체로 하는 민주주의 체제가 불가역적으로 파괴될 수 있기 때문이다.

Ⅳ. 혐오표현

1. 혐오표현의 개념 및 전개양상

혐오표현에 대하여는 다양한 개념정의의 시도가 있어 왔으나, 이 책은 "(변화 불가능한 인격적 구성요소로서의 속성인) 인종, 민족, 종교, 성별 및 성적지향·성별정체성 등에 기하여 역사적으로 차별을 받아온 집단에 대한 부정적 편견에 기반한 적대적 표현행위"라는 정의[67]를 받아들였다. 이것은 혐오표현이 주로 권력적 약자 집단에 가해진다는 점 및 혐오표현에 대한 구체적 개념설정의 필요하다는 점을 고려한 것이었다.

오늘날 여러 나라에서 혐오표현의 문제가 불거지고 있으나, 그 규제가 방어적 민주주의와 관련하여 검토되고 있는 것은 주로 중·동유럽 등지의 불완전한 민주주의 국가들이다. 다만 최근에는 캐나다나 영국의 혐오표현 규제 사례가 방어적 민주주의의 차원에서 논의되기도 한다. 1990년대 이후 혐오표현이 문제된 주요 사례들은 제2장 제4절 Ⅰ.과 제2장 제5절 Ⅴ.에서 살펴보았다. 이하에서는 혐오표현이 방어적 민주주의의 적용대상에 포함될 수 있는지에 대한 견해의 대립을 검토하고 결론을 도출한다.

2. 방어적 민주주의의 적용 여부에 대한 검토

가. 견해의 대립

(1) 방어적 민주주의의 적용을 긍정하는 견해

방어적 민주주의가 혐오표현의 규제에 적용될 수 있다는 입장이 있다. Loewenstein이 (나치스의) 혐오표현이 가진 해악을 인식하고 있었음을 환기하면서 방어적 민주주의의 관점에서 혐오표현을 다룬 연구,[68] 혐오표현이 민주주의의 근간을 위협하기 때문에 표현의 자유로 보호받지 못한다면서 1990년 이후 중·동유럽의 혐오표현 규제

---

67) 이승현, 앞의 글(2016), 43쪽.

68) Alexander Brown, 앞의 책(2015), p. 198.

를 방어적 민주주의에 입각하여 분석한 연구가 대표적이다.[69] 혐오표현의 규제를 정당금지 등과 함께 방어적 민주주의의 전통적인 사례로 열거한 문헌[70]도 있다.

(2) 혐오표현 규제와 방어적 민주주의를 준별하는 견해

이와 달리 혐오표현의 규제와 방어적 민주주의를 준별하는 논자들도 있다. Rosenfeld는 혐오표현의 규제와 방어적 민주주의가 일부 유사성을 가진다고 인정하면서도, 양자 사이에는 중요한 불일치가 있다고 본다. 혐오표현은 하등의 보호가치를 가지지 못하며 만약 그것이 금지되지 않는다면 단지 정책적인 이유에서라고 할 수 있으나, 정당이 표방하는 반민주적인 정책은 부분적으로나마 보호가치를 가질 수 있다는 것이다.[71] Capoccia는 캐나다 대법원이 혐오표현을 규제한 사례[72]를 언급하면서도, 영어권 국가들이 방어적 민주주의의 교의(doctrine) 내지 실무를 채택하지 않았다고 하였다.[73]

(3) 검토

(가) 방어적 민주주의의 적용가부와 그 판단기준

먼저 생각해볼 것은, 방어적 민주주의가 외견상 합법성을 가지고 민주주의 체제에 적응하는 파시즘이라는 대단히 특유한 적에 대한 처방이었다는 사실이다(전제3). 따라서 그 자체로 불법성과 가벌성이 명백한 제노사이드·증오범죄나 이를 선동하는 표현[74]은, Loewenstein

69) Uladzislau Belavusau, 앞의 글(2014), pp. 27-61.
70) Patrick Macklem, 앞의 글(2006), pp. 488-489.
71) Michel Rosenfeld, 앞의 책(2011), p. 241.
72) R v Keegstra, [1990] 3 S.C.R. 697.
73) Giovanni Capoccia, 앞의 글(2013), p. 210.
74) 특정집단에 대해 폭력과 살인을 촉구하는 행위는 종종 이들에 대한 제노사이드 직전에 나타나지만, 이미 그 자체로써 가벌성이 명백히 인정되는

이 생각한 민주주의의 적과 본질적으로 다르다는 점에서 방어적 민주주의의 적용대상이라고 보기 어렵다(전제4). 특히 물리적 폭력과 제노사이드는 의견표현의 차원을 벗어나 행동에 농축되는 정도에 이르러 애당초 혐오'표현'에 해당하지 않는다는 점,[75] 이러한 범죄행위는 그 나라 실정법에 따라 처벌하면 족하다는 점을 생각하면, 방어적 민주주의의 적용 여부를 논할 실익도 적다.

다음으로 혐오표현에 방어적 민주주의가 적용될 수 있는지의 여부는 오늘날 방어적 민주주의의 규범적인 원리를 기준으로 판단할 수 있을 것이다. 이에 따르면, 민주주의 정치과정에 참여할 수 있는 구성원의 권리가 침해되거나 민주주의 체제에 대한 구체적 위험성이 현존하는 경우에만 자유와 권리를 제한하는 방어적 조치가 정당화된다(전제2).[76] 따라서 혐오표현이 표적집단의 권리행사를 가로막거나 민주주의 정치질서를 파괴할 구체적인 위험성을 가진다면, 방어적 민주주의의 논리에 따라 이를 규제할 수 있을 것이다. 다수의 연구는 약자이자 소수자인 피해자들이 자기표현과 권리행사를 주저하게 된다는 점에서 혐오표현의 규제근거를 찾거나,[77] 혐오표현이 그 대상이 된 구성원들의 민주적 참여를 박탈하고 토론문화를 왜곡함으로써 민주주의의 정치적 정당성을 약화한다는 점을 지적한다.[78]

어떠한 혐오표현이 민주주의 정치과정에 참여할 수 있는 구성원들의 권리를 침해하거나 민주주의 체제를 위협하는 것인지는 개별

표현행위라 할 수 있다. 이승현, 앞의 글(2016), 46쪽.

75) 이승현, 위의 글(2016), 40-41쪽.

76) Alexander S. Kirshner, 앞의 책(2014), pp. 4-7.

77) 박해영, 앞의 글(2015), 142쪽; 이승현, 앞의 글(2016), 177-178쪽.

78) 가령 김현귀, 앞의 글(2016), 5-6쪽. 혐오표현은 표적집단 구성원을 침묵케 하여 공론에 참여할 실질적 기회를 박탈하고, 표적집단에 대한 적대적 사상을 만연시키는 방법으로 공론장을 왜곡하며 이는 민주주의의 실현에 위협이 된다고 본 이승현 위의 글(2016), 178쪽도 참조.

사안마다 구체적으로 판단할 수밖에 없으나, 특히 당해 표현이 가지는 사회적 파급력이 중요한 기준이 되어야 할 것이다. 최근의 한 연구는 사회적 파급력의 판단기준으로 ①표적집단에 대한 구조적·제도적 차별의 존부, ②그 사회에서 이루어지는 혐오표현의 빈도, ③증오범죄의 발생 정도, ④혐오표현에 대한 대항언론의 활성화 정도를 제시하여 주목할 만하다.[79)]

(나) 방어적 민주주의가 적용될 수 있는 사례

여기서는 위의 기준에 따라 방어적 민주주의가 적용될 수 있는 두 가지 사례를 살펴보기로 한다.

전술한 것처럼, 민주주의가 공고화될 여건을 갖추지 못한 중·동유럽 국가들에서 냉전 종식 이후 정치적 검열의 폐지는 혐오표현의 증가로 이어졌다. 가령 체코에서는 소수민족인 집시에 대한 혐오표현이 만연하였으며, 그 결과 체코에 거주하는 다수의 집시는 그들의 정체성을 숨긴 채 정치적·사회적으로 소외되었다.[80)] 특히 교육·고용·주거 영역에서의 차별은 극심하다고 평가되나,[81)] 혐오표현은 이들이 민주주의 정치과정에 참여하여 권리를 주장하는 것을 주저케 하고 있는 것이다. 위에서 살펴본 기준에 의할 때 증오범죄에 이르지 아니한 혐오표현에 대하여는 방어적 민주주의가 적용될 수 있다고 판단되며, 최근 체코에서의 혐오표현 규제를 방어적 민주주의에 입각한 것으로 풀이한 연구도 있다.[82)]

다른 사례는 영국의 극우정당인 브리튼국민당에 대한 것이다. 당

---

79) 이승현, 위의 글(2016), 199-201쪽.

80) Uladzislau Belavusau, 앞의 글(2014), p. 38 참조.

81) 그 구체적인 양상은 European Commission against Racism and Intolerance, "ECRI Report on the Czech Republic (Fourth Monitoring Cycle)", paras. 73-117 참조.

82) Uladzislau Belavusau, 앞의 글(2014), p. 39.

수인 Nick Griffin이 인종적인 적개심을 선동하였다는 혐의로 기소되기도 하였던 브리튼국민당은 당원 자격을 백인으로 제한하고 있었다.[83] 동 정당은 2008년 지방선거에서 55석을 차지하였으며, 이듬해 처음으로 유럽의회 의원 2명을 배출하였다. 그러자 영국 평등인권위원회는 당원의 자격에 관한 당헌을 수정할 것을 요구하였고, 브리튼국민당은 정부가 정당의 내부구조에 개입하는 것은 부당하다며 이를 거부하였다. 그러자 영국 평등인권위원회는 브리튼국민당을 제소하였고, 이는 동 정당이 해당 규정을 수정하는 결과로 이어졌다.

최근 이러한 영국 평등인권위원회의 개입을 방어적 민주주의에 따른 것으로 풀어낸 연구가 있다. 당시 브리튼국민당이 영국의 민주주의 체제에 명백한 위험을 야기하였다고 보기는 어렵지만, 이들이 유럽의회에 입성한 결과 해당 선거구[84] 주민들의 참정권이 침해할 가능성이 발생하였고, 그에 따라 개입이 이루어졌다는 것이다. 문제의 당헌은 이전부터 있어왔으나 브리튼국민당이 다른 구성원들의 정치적 권리를 침해할 수 있게 된 시점에야 비로소 개입함으로써, 영국 평등권위원회가 자기제한적인 방어적 민주주의를 섬세하게 구가하였다는 것이 이 연구의 결론이다.[85]

살피건대, 당시 영국은 민주적 기본질서를 확립하고 있었음이 인정되며(전제1), 영국 평등권위원회의 개입은 민주주의 사회 구성원들의 참정권을 보호하기 위한 것이었다(전제2). 또한 브리튼국민당

---

83) British National Party, "Constitution of the British National Party: Eighth Edition", Hertfordshire EN8 8ZU: BNP, November 2004, p. 4.

84) 유럽의회 선거에서 대부분의 회원국은 국가 단일의 대선거구를 활용하나 벨기에, 이탈리아, (유럽연합 탈퇴 전) 영국 등 광역자치단체별 선거구를 활용하는 국가들도 있다. 2009년 선거에서 브리튼국민당은 요크셔·험버(Yorkshire and the Humber)와 노스웨스트 잉글랜드(North West England) 선거구에서 각각 1인의 당선자를 배출했다.

85) Alexander S. Kirshner, 앞의 책(2014), pp. 61-62, 79-81.

은 정당의 형태를 취하고 선거에 참여하는 등 외견상의 합법성을 갖추고 민주주의에 적응하였다고 볼 수 있는바(전제3), 위 사안에 대하여 방어적 민주주의의 논리가 적용될 수 있다고 본다. 다만 이러한 일회적인 사례의 존재만으로, 방어적 민주주의의 개념과 친하지 아니해온 영국을 방어적 민주주의 국가로 분류하기는 어려울 것이다.

3. 소결

테러리즘이나 국가정체성에 대한 도전과 달리, 혐오표현은 방어적 민주주의의 적용대상인지 여부를 일률적으로 말하기 어렵다. 오늘날 방어적 민주주의의 규범적 원리를 고려할 때, 혐오표현이 정치과정에 참여할 수 있는 표적집단의 권리를 침해하거나 민주주의 체제를 파괴할 구체적 위험성을 가진 경우라면 방어적 민주주의에 따른 규제가 가능할 것이다.

Ⅴ. 위협적인 정당의 결성 및 활동-정당금지

파시스트 세력이 위협적인 정당을 결성하여 활동하고 이로써 민주주의 제도를 파괴한 것은, 방어적 민주주의 이론이 등장하게 한 중요한 배경이었다. 이와 관련하여 각국은 정당의 존속이나 활동을 금지하는 일련의 제도를 마련하여 대처해왔는바, 정당금지(party ban)는 방어적 민주주의의 가장 대표적인 제도라고 평가되어왔다.[86)] 그러나 최근에는 정당해산제도를 채택하고 있다고 해서 반드시 방어적 민주주의를 수용했다고 볼 수 없다거나, 방어적 민주주의에 입각한 정당금지의 패러다임이 본질적으로 변화하였다는 주장이 제기된

86) Alexander S. Kirshner, 위의 책(2014), p. 72.

다. 정당금지를 방어적 민주주의에 따른 제도라고 단언하기보다 양자의 관계를 면밀히 살펴볼 필요가 있는 것이다. 여기서는 먼저 정당금지의 개념, 유형, 사유 및 판단자료를 개괄하고, 정당금지에 관한 주요 가설을 검토함으로써 방어적 민주주의와의 관련성을 논한다.

1. 정당금지의 개념·유형·사유 및 판단자료

가. 정당금지의 개념

정당금지는 정당해산을 포함하는 보다 넓은 개념이다. 이는 단지 강학상의 개념이 아니며, '정당의 금지와 해산 및 유사조치에 관한 지침'에서처럼 베니스위원회도 정당해산과 함께 정당금지라는 용어를 사용하고 있다. 정당금지는 위협적인 정당의 결성 및 활동에 맞서, 그 존립이나 활동을 금지·제한하는 조치의 총칭으로 이해된다.

나. 정당금지의 유형

(1) 정당해산

정당해산은 정당금지의 가장 대표적인 유형이다. 단지 정당의 특정 활동을 금지·제약하는 것이 아니라 결사로서의 존재 자체를 부정한다는 점에서, 가장 강력한 형태의 정당금지라 할 수 있다. 정당을 해산하게 되면 일반적으로 대체정당이나 대체조직의 결성이 금지되며,[87] 잔여재산의 국고 귀속이나[88] 소속 의원의 의원직 상실을 수반

87) 우리나라는 정당법 제40조에서 대체정당을 금지하고 있다. 독일 연방헌법재판소법은 연방헌법재판소가 정당이 위헌임을 확인할 때 대체조직의 결성금지를 부가하도록 규정하며(제46조 제3항 제1문), 독일 정당법 제33조 제1항은 금지된 정당의 기존조직을 대체조직으로 유지하는 것을 금지한다.

하는 경우도 있다.[89)]

우리나라, 독일, 폴란드나 체코와 같이 헌법에 정당해산에 관한 규정을 둔 나라도 있는 반면, 정당을 통상의 결사와 마찬가지로 해산할 수 있는 입법례도 있다. 호주 공산당 사건의 경우, 사법부의 판결이나 결정이 아닌 입법의 형식을 통해 정당해산을 시도하였다는 점에서 특기할 만하다.

지금까지 정당을 해산한 나라들 중에는 우리나라나 독일, 스페인처럼 비교적 공고한 민주주의 국가도 있는 반면, 이집트나 알제리와 같이 정치적·사회적으로 불안하며 민주주의가 성숙하지 못한 나라도 있다.

(2) 등록취소, 등록거부

정당의 등록을 취소하거나 거부하는 것 또한 정당금지의 한 유형이다. 등록거부는 어떤 결사가 정당의 지위를 가지고 정치과정에 참여하지 못하도록 하는 사전적 제약이며, 등록취소는 적법하게 활동해온 정당에 가해지는 사후적 제재이다. 우리나라에서는 1958년 행정처분에 의하여 진보당의 등록이 취소된 사례가 있으며, 러시아에서는 2001년 정당법 개정 이후 등록거부·취소 사례가 급증하였다.[90)] 유럽인권재판소는 정당의 등록거부가 민주사회에서 필요한 조치로서 비례원칙을 준수해야 한다며, 불가리아 공산당(Komunisticeska Partija na Balgarija: KPB)에 대한 등록거부가 유럽인권협약 제11조를 위반한 것이라 판결한 바 있다.[91)]

---

88) 정당법 제48조 제2항은 해산된 정당의 잔여재산은 국고에 귀속한다고 규정하며, 독일 연방헌법재판소법 제46조 제3항은 연방헌법재판소가 재량으로 위헌정당 소유 재산을 몰수할 수 있도록 하고 있다.

89) 가령 독일 연방선거법 제46조 제4항.

90) Angela K. Bourne, 앞의 글(2012), p. 1078.

91) Tsonev v. Bulgaria, ECtHR, Application no. 45963/99, judgment of 13 April 2006

(3) 선거 참여의 금지

정당이 결사로서의 지위를 잃고 해산되지는 않지만, 특정 선거에 참여하는 것이 금지되는 경우도 있다. 유대인들의 나라이자 민주주의 국가인 이스라엘의 존재를 부정하는 정당, 인종차별을 선동하는 정당, 이스라엘에 반하는 무장투쟁을 지지하는 정당이 선거에 참여할 수 없도록 하는 이스라엘 기본법이 그 예이다. 아랍인들에 대한 증오와 차별을 선동하였다는 이유로 극우정당 카흐가 1988년과 1992년 총선에 참여할 수 없게 되었음은 전술하였다.

이에 대하여는 특정한 정견이나 사상에 따라 정당을 형성하는 것은 허용하되 선거에 참여하는 것만을 금지한다는 점에서 정당해산보다 완화된 조치라는 평가[92]가 개진되며, 혹자는 이를 가리켜 '연성의 방어적 민주주의(soft militant democracy)'라 하였다.[93] 결사의 자유를 제한하는 정당해산은 민주사회에 필요한 조치로서 비례원칙을 준수하여야 하나(자유권규약 제22조 제2항), 선거에 참여하는 것을 금지하는 조치는 자유권규약 제25조에 따라 합리성 요건만 충족하면 된다는 이유에서 양자의 심사기준이 다르다는 지적도 있다.[94]

살피건대 선거에 참여하지 않고 이념만 내세우는 결사는 정당이라고 할 수 없을 것인바,[95] 특정 선거의 참여를 금지하는 조치는 정

(First Section).

92) Samuel Issacharoff, 앞의 글(2007), pp. 1449.

93) Jan-Werner Müller, 앞의 글(2016), p. 259.

94) 다만 판단의 재량 이론에 의하여 비례원칙이 완화되거나 제재조치의 성격에 따라 합리성 요건이 엄격해질 수 있기 때문에, 실무상 그 차이가 항상 크게 나타나지는 않을 수도 있다고 한다. Gregory H. Fox and Georg Nolte, 앞의 글(1995), pp. 45-49.

95) "(전략) 정당이라 함은 국민의 이익을 위하여 책임 있는 정치적 주장이나 정책을 추진하고 '공직선거의 후보자를 추천 또는 지지함으로써' 국민의 정치적 의사형성에 참여함을 목적으로 하는 국민의 자발적 조직을 의미하는 것이다." 헌재 1991. 3. 11. 91헌마21, 판례집 3, 91, 113.

당으로서의 지위와 권리를 '한시적으로' 박탈하는 성격을 가진다.

(4) 보조금의 제한·박탈

정당에 대한 정부 보조금의 지급을 중단하거나 이미 지급된 보조금을 박탈하는 조치도 광의의 정당금지로 논의되고 있다. 이것은 이론상 여타의 정당금지보다 덜 가혹한 제재라 할 수 있지만, 정당의 정치자금 모금이 엄격하게 규제되고 국고보조금의 지급이 까다롭지 않은 곳에서라면 해당 정당에 상당한 타격이 될 수 있다.[96)]

벨기에에서는 유럽인권협약상의 자유와 권리에 대한 적의를 명백하고도 반복적으로 드러내는 정당에 대하여 한시적으로 보조금을 지급하지 않을 수 있다. 극우정당인 플랜더스 블록이 보조금의 지급 거부 등에 대한 우려로 자진해산한 사례는 앞서 살펴보았다. 터키 헌법은 정당을 해산하는 대신 국가지원의 일부 또는 전부를 박탈하는 판결을 할 수 있도록 규정하며(제69조 제7항), 2008년 정의발전당은 간신히 해산을 면했지만 보조금의 절반을 박탈당했다. 독일 또한 2017년 7월 기본법을 개정하여 위헌정당의 보조금을 박탈할 수 있는 근거조항(제21조 제3항)을 마련하였다.

(5) 기타

대중매체의 활용이나 은행거래와 같은 정당의 활동을 한시적으로 금지하는 조치(temporary ban)도 있다. 2002년 몰도바는 '정당 기타 사회정치적 결사에 관한 법률(Parties and other Socio-Political Organisations Act)'을 적용해 기독민주인민당(Christian Democratic People's Party: CDPP)의 활동을 1개월 간 금지하였으나, 유럽인권재판소는 동 조치가 유럽인권협약 제11조 위반이라 판결하였다.[97)]

96) Gur Bligh, 앞의 글(2013), p. 1376.

97) Christian Democratic Party v. Moldova, EctHR, Application no. 28793/02, judgment

정당에만 국한된 규제가 아니기 때문에 엄밀한 의미에서 정당금지라 보기 어려운 측면이 있지만, 선거기간 중 특정한 내용의 언사(speech)를 제한하고 이를 위반할 경우 선거 결과를 무효화하는 경우도 있다. 앞서 본 것처럼 이슬람을 비방하는 내용의 지지연설이 있었음을 이유로 Prabhoo의 의원직을 상실시켰던 인도의 사례가 대표적이다. 이에 대하여, 선거기간에만 규제를 가할 뿐 일상의 정치활동에 개입하지 않는다는 점에서 방어적 민주주의를 신중히 적용한 것이라는 평가가 있다.[98)]

다. 정당금지의 사유

최근 일군의 연구와 베니스위원회의 문헌이 정당금지의 사유 내지 정당화 논거를 유형화하여 제시한바, 여기에서는 그 중 몇 가지를 살펴본다.

Alexander S. Kirshner(2014)는 타인의 핵심적인 권리를 침해하는 정당, 민주주의를 거부하는 정당, 국가정체성을 위협하는 정당, 폭력을 지지하는 정당으로 나누어 정당금지의 논거를 고찰한다. 자기제한적인 방어적 민주주의 이론에 의할 때, 다른 구성원들의 참정권을 침해하는 정당은 민주주의 체제를 위협할 정도의 영향력을 가지지 못한 경우에도 제재될 수 있으나, 정당이 단지 민주주의에 반대한다는 것만으로는 금지사유로 불충분하다고 한다. 민주주의 이외에 집단적 의사결정의 방식을 선택할 수 없었던 이들이 민주적인 방식으로 정치에 참여하는 것을 기만적이라고 할 수 없으며, 이들의 참여를 금지할 경우 참정권의 의미가 퇴색할 것이기 때문이다. 다만 민주주의에 대한 거대한 위협이 존재하며 통상적인 수단으로 대처할

---

of 14 February 2006 (Fourth Section).

98) Svetlana Tyulkina, 앞의 글(2011), p. 170.

수 없는 예외적인 상황에서는, 목적으로서의 민주주의가 예방적 개입의 비민주성을 치유한다고 한다. 한편 이 연구는 국가정체성이 정당하게 정의되기 위해서는 민주적인 논쟁의 대상이 되어야 하며[99], 테러를 옹호하는 정당은 응당 금지되어야 하지만 그것은 방어적 민주주의로 논의할 사안이 아니라고 본다.[100]

그 밖에 정당금지의 사유에 관한 주요 연구는 상호 유사하며, 오늘날 정당금지의 양상을 보여준다. Nancy Rosenblum(2007)은 폭력에 연관된 정당, 증오를 선동하는 정당, 국가정체성을 위협하는 정당, 외부(외국)의 지원과 통제를 받는 정당으로 금지사유를 분류하였다.[101] Gur Bligh(2013)는 민주적 수단을 통해 민주주의 체제를 전복하려는 정당 외에 증오를 선동하는 정당, 테러리즘을 지지하는 정당, 국가정체성에 도전하는 정당이 금지되고 있다고 지적했다.[102] Angela K. Bourne(2015)는 1943년부터 2013년까지 금지된 정당이 대개 극우, 공산주의, 이슬람 급진주의, 소수민족 분리주의 성향이라고 보았다.[103]

베니스위원회도 정당을 금지하는 사유를 분류하여 제시해왔다. 2008년 채택된 '정당 분야에서 바람직한 행동 규약과 설명보고서'는 인종·종교에 근거한 차별, 전체주의, 폭력의 선동·조장, 국가권력의 찬탈기도, 영토적·지역적 문제의 야기 등이 정당금지의 사유가 되고 있다고 하였다.[104] 이듬해 채택된 '터키의 정당금지에 관한 헌법 및 법률 규정에 대한 의견'은 정당금지의 사유를 보다 구체적으로 열거한바, 〈표 1〉와 같다.[105]

---

99) Nancy L. Rosenblum, 앞의 글(2007), p. 67의 입장을 따른 주장이다.
100) Alexander S. Kirshner, 앞의 책(2014), pp. 88-105.
101) Nancy L. Rosenblum, 앞의 글(2007), pp. 43-71.
102) Gur Bligh, 앞의 글(2013), pp. 1326-1344.
103) Angela K. Bourne, 앞의 글(2015), pp. 328-329.
104) European Commission for Democracy through Law(Venice Commission), "Code of Good Practice in the Field of Political Parties", paras. 75-85.

〈표 1〉 정당금지의 주요 논거

	정당을 금지하는 논거
1	국가의 존립 또는 주권에 대한 위협
2	민주적 기본질서에 대한 위협
3	영토적 통합성에 대한 위협
4	사회적·인종적·종교적 적대감의 조장
5	인종적 차별의 조장
6	폭력의 사용 혹은 폭력을 사용하리라는 위협
7	나치즘 또는 파시즘
8	범죄단체 (criminal associations)
9	(준)군사적 조직 (military or paramilitary associations)
10	비밀스러운 혹은 파괴적인 수단의 사용

방어적 민주주의의 전개양상 및 위의 논의에 비추어, 정당금지의 사유는 다음과 같이 이해된다.

첫째, 위협적인 정당의 조직과 활동이 다양화되면서, 새로운 정당금지의 사유가 등장하였다. 예컨대 테러리즘, 국가정체성에 대한 도전은 초기의 정당금지제도가 예정한 바가 아니었다.

둘째, 테러와의 연관이나 국가정체성에 대한 도전을 이유로 한 정당금지는 방어적 민주주의에 따른 것이라 보기 어렵다.

셋째, 정당금지의 사유는 상호 배타적인 것이 아니다. 가령 독일민족민주당의 경우만 하더라도, 네오나치 정당이면서 동시에 테러조직과의 관련성이 문제되었다.

라. 정당금지의 판단자료

어떤 정당이 금지사유에 해당하는지 여부는 무엇을 근거로 판단

105) European Commission for Democracy through Law(Venice Commission), "Opinion on the Constitutional and Legal Provisions to the Prohibition of Political Parties in Turkey", para. 23.

할 것인가? 이에 대하여 각국은 사뭇 다른 양상을 보인다.

가령 독일기본법 제21조 제2항은 "그 목적이나 추종자의 행태에 의할 때"라 하여, 정당의 목적을 해산의 독립적인 판단근거로 인정한다. 헌법 제8조 제4항에서 정당의 '목적이나' 활동이 민주적 기본질서에 위배될 때 그 해산을 제소할 수 있다고 규정한 우리나라도 마찬가지이다.

이와 달리 스페인 정당기본법 제9조 제2항은 폭력을 조장하거나 준비하거나 정당화하는 경우 등과 같이 정당의 활동을 중심으로 위헌성을 판단한다. 불가리아 또한 정당의 목적을 다루고는 있지만 그 활동에 더 많은 비중을 두고 있다고 평가된다.[106]

학계에서는 목적만을 위헌성 판단의 기준으로 삼는 것에는 문제가 있다는 견해가 유력하다. 민감한 정치적 이슈에 대한 발언을 억압하려는 목적으로 정당금지가 악용될 수 있으며, 이는 다원주의를 훼손하는 결과로 이어질 것이라는 이유에서다.[107] 유럽인권재판소는 정당금지가 민주사회에 필요한 조치로서 비례원칙을 준수하여야 한다는 입장인바, 목적만을 판단의 근거로 하여 정당을 금지한다면 유럽인권협약 제11조를 위반한 것으로 판단될 가능성이 높다. 최근 베니스위원회는 목적이나 의견만으로 정당을 금지하는 사례가 소수라고 언급한 바 있다.[108]

---

106) 이상의 논의는 이상경, 앞의 글(2014), 118-123쪽과 한상희, 앞의 글(2014), 388-394쪽을 요약, 정리한 것이다.

107) 이상경, 위의 글(2014), 121-122쪽; 한상희, 위의 글(2014), 394쪽.

108) European Commission for Democracy through Law(Venice Commission), "Opinion on the Constitutional and Legal Provisions to the Prohibition of Political Parties in Turkey", para. 26.

2. 정당금지 관련 주요 가설의 검토

이하에서는 정당금지에 대한 두 가지 주요 가설을 검토함으로써, 정당금지와 방어적 민주주의와의 관련성을 살펴본다.

가. 불안정한 민주주의에서 정당금지가 더 활발한지 여부

최근 신생 민주주의 국가나 불완전 민주주의 국가에서 정당금지가 더 활발한지 여부를 분석한 연구가 있어 주목할 만하다.

1943년부터 2010년까지 유럽 12개국의 22개 정당금지 사례를 검토한 Angela K. Bourne(2012)은, 복수정당이 자유로이 선거에 참여할 수 있게 되는 것이 민주주의로의 변천을 뜻한다고 본다. 이 연구는 최초로 복수정당이 참여하는 선거가 치러진 시기와 정당이 금지된 시기의 시간적 간격을 추적한다. 만일 이 간격이 크다면, 민주주의가 확립되고 오랜 시간이 지나 정당이 금지된 것이라 할 수 있다. 반면 간격이 크지 않다면, 당해 정당은 신생 민주주의 국가에서 금지된 것으로 해석된다.[109)]

이어 이 연구는 민주주의의 수준을 측정하는 정체Ⅳ(Polity Ⅳ)[110)]을 활용하여, 정당금지 당시 그 나라의 민주화 수준을 검토한다. 정체Ⅳ는 정부인력 충원의 경쟁성·공개성, 행정부를 견제할 수 있는 효과적인 제도의 존부, 정치 참여의 경쟁성을 고려하여 연도별로 각국의 민주주의를 -10점부터 10점까지로 평가하며, 이때 숫자(민주주의 지수)가 클수록 민주주의가 성숙했다는 의미이다. 만약 정당을 금지

---

109) Angela K. Bourne, 앞의 글(2012), p. 1070.

110) http://www.systemicpeace.org/polity/polity4.htm에서 확인할 수 있다. (최종접근일 2018. 6. 13.) 이하 본서에서는, 민주주의의 수준과 관련하여 민주주의 다양성 지수(V-Dem)와 함께 정체Ⅳ의 민주주의 지수를 참고하였다.

한 해에 그 나라의 민주주의 지수가 낮다면, 불완전한 민주주의 국가에서 정당이 금지된 것으로 볼 수 있다.[111] 〈표 2-1〉, 〈표 2-2〉는 이 연구가 제시한 도표에 반영되지 못한 유럽의 사례를 보완하고, 유럽 외 지역에서의 주요 정당금지 사례를 추가한 것이다.[112]

〈표 2-1〉 최초 복수정당 참여 선거와 정당금지의 인접성

정당명	금지년도	최초 복수정당 선거	인접성
국가파시스트당 (이탈리아)	1943	1948	-5
오스트리아 나치당 (오스트리아)	1945	1945	0
소련/러시아 공산당 (러시아)	1991	1991	0
그리스 공산당 (그리스)	1947	1946	1
라트비아 공산당 (라트비아)	1991	1990	1
리투아니아 공산당 (리투아니아)	1991	1990	1
* 이슬람구국전선 (알제리)	1992	1991	1
사회주의제국당 (독일)	1952	1949	3
독일공산당 (독일)	1956	1949	7
연합마케도니아조직당 (불가리아)	1999	1990	9
* 진보당 (대한민국)	1958	1948	10
기독교민주당 (러시아)	2004	1991	13
국가볼셰비키당 (러시아)	2005	1991	14
러시아공화당 (러시아)	2007	1991	16
노동자당 (체코)	2010	1990	20
* 민족질서당 (터키)	1971	1946	25
Batasuna (스페인)	2003	1977	31
바스크 공산당 (스페인)	2008	1977	31
Askatasuna (스페인)	2009	1977	32
* 자유정의당 (이집트)	2014	1976	38
* 카흐 (이스라엘)	1988	1949	39
* 카흐 (이스라엘)	1992	1949	43
민족민주당 (오스트리아)	1988	1945	43

111) Angela K. Bourne, 앞의 글(2012), p. 1075.

112) Angela K. Bourne, 위의 글(2012), pp. 1067-1068. 필자가 추가한 사례는 따로 표시(*)하였으며, 당명의 원어표기는 생략하였다.

연합공산당 (터키)	1990	1946	44
* 사회주의당 (터키)	1992	1946	46
인민노동당 (터키)	1993	1946	47
* 자유민주당 (터키)	1993	1946	47
복지당 (터키)	1998	1946	52
중앙당 (네덜란드)	1998	1946	52
* 미덕당 (터키)	2001	1946	55
* 인민민주당 (터키)	2003	1946	58
* 타이락타이당 (태국)	2007	1946	61
* 민주사회당 (터키)	2009	1946	63
* 통합진보당 (대한민국)	2014	1948	66

〈표 2-2〉 정당금지 당시 당해 국가의 민주주의 지수

금지된 정당	금지년도	민주주의 지수
나치당 (오스트리아)	1945	자료 없음
국가파시스트당 (이탈리아)	1943	자료 없음
* 이슬람구국전선 (알제리)	1992	-6
* 타이락타이당 (태국)	2007	-5
* 진보당 (대한민국)	1958	-4
* 자유정의당 (이집트)	2014	-4
* 민족질서당 (터키)	1971	-2
소련/러시아 공산당 (러시아)	1991	3
러시아공화당 (러시아)	2007	5
기독교민주당 (러시아)	2004	6
국가볼셰비키당 (러시아)	2005	6
* 미덕당 (터키)	2001	7
* 인민민주당 (터키)	2003	7
그리스 공산당 (그리스)	1947	8
라트비아 공산당 (라트비아)	1991	8
연합마케도니아조직당 (불가리아)	1999	8
노동자당 (체코)	2010	8
복지당 (터키)	1998	8
* 민주사회당 (터키)	2009	8
* 통합진보당 (대한민국)	2014	8
* 카흐 (이스라엘)	1988	9
* 카흐 (이스라엘)	1992	9
연합공산당 (터키)	1990	9
* 사회주의당 (터키)	1992	9

인민노동당 (터키)	1993	9
* 자유민주당 (터키)	1993	9
사회주의제국당 (서독)	1952	10
독일공산당 (독일)	1956	10
민족민주당 (오스트리아)	1988	10
리투아니아 공산당 (리투아니아)	1991	10
중앙당 (네덜란드)	1998	10
Batasuna (스페인)	2003	10
바스크 공산당 (스페인)	2008	10
Askatasuna (스페인)	2009	10

〈표 2-1〉에서는, 복수정당이 참여하는 선거를 처음으로 치르고 오랜 시간이 지나 금지된 정당을 여럿 확인할 수 있다. 예를 들어 복지당, 미덕당 등 터키의 다수 정당과 통합진보당은 처음으로 복수정당이 참여하는 선거를 치른 뒤 50년 이상이 경과한 시점에 해산되었다. 사회주의제국당이나 독일공산당처럼 선거 민주주의가 확립되고 오래잖아 금지된 정당이 없는 것은 아니다. 그러나 34건의 위 정당금지 가운데 최초로 복수정당이 참여하는 선거가 실시되고 10년이 경과하지 않은 시점에 이루어진 것은 진보당을 포함해 11건에 불과하며, 2000년 이후의 모든 정당금지는 처음으로 복수정당제와 선거제도가 마련되고 13년 이상이 경과한 시점에 이루어졌다. 선거 민주주의가 확립되고 한 세대(30년) 이상이 지나 금지된 정당도 전체의 절반을 상회하는 18개에 이른다. 복수정당이 참여하는 선거의 실시가 민주화의 징표라고 한다면, 정당금지가 신생 민주주의 국가에서만 문제되지 않는다는 잠정적인 결론을 도출할 수 있다.

〈표 2-2〉는 민주주의가 상당히 공고함에도 불구하고 정당을 금지하는 국가가 적지 않음을 보여준다. 통계에 포함된 사례 가운데 21건은 민주주의 지수가 8 이상으로 비교적 민주적 기본질서가 안정된 상황에서 이루어진 것이며, 여기에는 통합진보당 해산결정이 포함된다. 물론 민주주의의 존재 자체를 인정하기 어려울 정도로 사회가

혼란스러운 와중에 정당이 금지되기도 한다. 진보당 등록취소 사건이나 2007년 태국 및 2014년 이집트에서의 정당해산 사건이 그 예이다. 다만 민주주의 지수가 0보다 낮은 상황에서 정당이 금지된 것은 5건에 불과하며, 이처럼 민주적 기본질서라는 전제 자체가 구비되지 못한 상황에서 이루어진 정당금지는 방어적 민주주의에 입각한 것으로 볼 수 없다(전제1).

위의 분석은 각국에서 정당이 금지된 사례 모두를 망라하고 있지 못하며, 정체Ⅳ의 민주주의 지수가 민주주의의 수준을 가늠하는 여러 지표들 가운데 하나에 불과하다는 점에서 한계를 가진다. 그럼에도 앞서의 논의는 정당금지가 신생 내지 불완전 민주주의 국가의 전유물이라고 할 수 없음을 잘 보여준다. 현실에서 정당금지는 임박한 위험으로부터 불안정한 민주주의를 수호하기 위한 수단으로만 기능하고 있지 않은 것이다. 물론 그것이 규범적으로 타당한지는 별개의 문제이다.

나. 정당금지의 패러다임이 변화하였는지 여부

정당금지의 패러다임이 근본적으로 변화하였다고 주장하는 논자들이 있다. 테러리즘을 지지하는 정당, 증오나 차별을 선동·조장하는 정당, 국가정체성에 도전하는 정당이 해산되는 등 정당금지의 새로운 유형이 등장하였고, 이러한 현상은 방어적 민주주의로 적절히 설명하기 어렵다는 것이다.[113)]

이 가운데 Gur Bligh(2013)는 정당금지의 양상이 변화하였음을 지적하는 것으로부터 한 걸음 나아가, 새로운 정당금지를 설명할 수 있는 대안으로 '정당성 패러다임(legitimacy paradigm)'을 제시하여 눈

113) Nancy L. Rosenblum, 앞의 글(2007), pp. 23-24; Gur Bligh, 앞의 글(2013), pp. 1321-1379 등.

길을 끈다. 여기서는 Bligh의 연구를 검토하면서, 방어적 민주주의에 입각한 정당금지의 패러다임이 본질적으로 변화하였다고 볼 수 있는지를 살펴본다.[114]

(1) 새로운 패러다임의 필요성

Bligh는 파시즘처럼 완연히 반민주적인 성향의 정당이 민주주의를 활용하여 민주주의 체제를 불가역적으로 파괴하는 것을 방지하고자 비자유주의적인 예방조치를 취하는 것을 '바이마르 패러다임(Weimar paradigm)'이라 하는바, 그 논리는 방어적 민주주의와 다르지 않다.[115] 그러나 그는 테러리즘을 지지하는 정당, 증오나 차별을 선동하는 정당, 국가정체성에 도전하는 정당 등이 금지되는 오늘날의 양상은 바이마르 패러다임으로 적절히 설명할 수 없으며 대안적인 이론이 필요하다고 주장하는데, 그 요지는 다음과 같다.

첫째, 위와 같은 정당들을 금지해야 한다는 점은 부정하기 어렵다. 주기적인 선거의 실시 등 좁은 의미에서의 민주주의를 위협하지 않더라도 소수자를 억압한다거나 테러리즘을 지지하는 행태를 좌시할 수는 없으며, 이를 용인하는 체제를 과연 민주적이라고 할 수 있을지도 의문이기 때문이다. 일각에서는 협의의 민주주의를 위협하지 않는 정당 모두를 관용하자고 주장하지만, 이는 테러에 연관된 정당이나 증오·차별을 선동하는 정당을 금지하는 여러 민주주의 국가들의 제도 및 실무에 부합하지 못한다.

둘째, 그렇다고 이들 정당에 바이마르 패러다임을 적용하는 것은 부적절하다. 오늘날 금지되는 정당 다수는 민주주의 제도 자체를 폐제할 의도를 가지고 있지 않으며, 지난날의 파시즘과 달리 선거를 통해 집권할 가능성도 거의 없기 때문이다. 더구나 테러리즘을 지지

114) 이하의 논의는 김종현, 앞의 글(2016b), 98-123쪽을 정리, 보완한 것이다.
115) Gur Bligh, 앞의 글(2013), pp. 1326-1333.

하거나 증오·차별을 선동하는 정당을 금지하는 것은, 장차 그들이 집권하여 달성하려는 목적보다는 당장의 언사(what the parties say)에 근거한 것으로 보인다.

셋째, 설사 테러를 지지하거나 국가정체성에 도전하는 정당이 집권하더라도, 이들이 선거제도를 폐지하지 않는 이상 추후 실각할 가능성이 존재하며 이 경우 민주주의 제도 자체는 존속할 수 있다. 따라서 이들 정당에 대해서는, 민주주의 체제를 '불가역적으로' 파괴하려는 세력에 맞서려는 바이마르 패러다임이 적용되기 힘들다.[116)]

(2) 대안으로서의 정당성 패러다임

(가) 정당의 성격 변화

그렇다면 새로운 정당금지의 양상을 어떻게 이해해야 하는가? Bligh의 논의는 오늘날 정당의 성격이 지난날의 그것과는 근본적으로 바뀌었다는 인식으로부터 출발한다. 전통적으로 정당은 시민들의 대표기관 혹은 시민사회와 국가의 중개자로 이해되어 왔다. 그러나 투표율의 하락이나 진성당원의 감소 및 조직 활동의 미미함은, 정당의 이러한 성격이 약화되고 있음을 보여준다. 한편 공공 보조금이나 국영 방송매체에 대한 정당의 의존도가 상승하고 당의 내부조직에 대한 국가의 규제가 확대되고 있는바, 이는 오늘날 정당이 준(準)공공기관(public entities)의 성격을 가지게 되었음을 말해준다.[117)] 이제 정당은 사적인 결사라기보다는 공적인 제도로 인식되며, 민주주의가 제 기능을 할 수 있도록 하는 공공재로 여겨지기에 이르렀다.[118)]

---

116) Gur Bligh, 위의 글(2013), pp. 1348-1358.

117) 정당의 이러한 속성을 지적한 선행연구로 Ingrid van Biezen, "Political Parties as Public Utilities", *Party Politics*, Vol. 10, No. 6, 2004, p. 701 참조.

118) Gur Bligh, 앞의 글(2013), pp. 1359-1362.

Bligh는 이처럼 민주사회에서 필수적인 존재로 여겨지는 정당에는 일반적인 사적 결사와 다른 지위가 부여되며, 이것이 정당에 일종의 선험적 정당성(a priori degree of legitimacy)을 부여한다고 본다. 물론 국가가 정당을 재정적으로 지원하거나 규제를 가하는 것이 곧 그 정당에 대한 정치적 지지를 뜻하지는 않는다. 그러나 정당이 국가와 밀접하게 연관되어 있다는 사실은 그 정당의 정견이나 활동이 보다 정당해 보이게끔 한다. 특히 정당은 선거에 참여함으로써 이 같은 정당화 효과(legitimizing effect)를 누리며, 이것은 집권가능성이 없는 군소정당의 경우에도 마찬가지라고 한다.[119] 또한 정당이 선거에 참여하는 것은 유권자들이 가진 사고의 틀(frame of thought)에도 지대한 영향을 준다고 한다. 예를 들어 극우정당이 선거에 참여하는 것은 그 사회에 인종주의나 외국인에 대한 혐오감이 만연한 결과이기도 하지만, 극우정당의 참여 자체가 또한 이 같은 정서를 강화한다는 것이다.[120]

(나) 정당성 패러다임과 그 적용

이처럼 Bligh는 오늘날 정당이 준공공기관의 지위를 향유하며 특히 선거에 참여함으로써 유권자들의 사고에 큰 영향을 준다는 입장이다. 이러한 인식은 정당금지가 당해 정당에게서 정당의 지위 및 그로부터 얻어지는 정당성을 박탈하기 위한 것으로 이해되어야 한다는 주장으로 이어지며, 이것이 정당성 패러다임이다.[121] 정당성 패러다임에 따르면, 정당금지의 주된 목적은 극단주의 정당들을 제도적인 표현의 장(forum)으로부터 축출하는 것이다. 이로써 정당금지는 공동체의 의사결정과정에 이들이 설 자리가 없다는 메시지를 보내

---

119) Gur Bligh, 위의 글(2013), p. 1358.
120) Gur Bligh, 위의 글(2013), pp. 1363-1364.
121) Gur Bligh, 위의 글(2013), p. 1358.

며, 유권자들에게 반자유주의적인 사고를 주입하려는 이들의 시도를 차단하는 기능을 한다.[122] 정당성 패러다임을 구체적으로 적용하면 다음과 같다.

첫째, 정당이 민주사회에 필수적인 공공재로 인식되고 준공공단체로서의 지위를 누리는 것은 그들이 다원주의와 민주주의가 제대로 기능할 수 있도록 하는 존재이기 때문이다. 따라서 금지의 대상은 주기적인 선거를 통한 규율된 경쟁을 거부한다거나 다원주의에 역행하는 정당으로 국한되어야 한다. 협의의 민주주의를 위협하지 않는 한, 공론의 대상이 되어야 할 국가정체성에 도전한다는 이유로 정당을 금지하는 것은 정당화되기 어렵다.[123]

둘째, 정당금지는 극단주의 정당에게서 정당의 지위를 박탈하고 그로부터 얻어지는 정당화 효과를 차단하려는 것이므로, 그 정당이 집권하여 민주주의를 파괴할 개연성은 더 이상 해산여부를 판단함에 있어 적절한 기준이라고 보기 어렵다. 중요한 것은 어떤 결사가 정당이라는 사실이지, 그 규모나 지지율이 아니다.[124]

셋째, 정당성 패러다임에서 문제되는 것은 정당이 가지는 특수한 지위이기 때문에, 금지결정은 정당 그 자체의 표현이나 활동에 근거한 것이어야 한다. 비공식적인 상황에서 이루어진 모호한 진술이나 당원들의 산발적인 진술을 취합한 것만으로는 정당을 금지하기에 불충분하다. 이것은 정당의 집권가능성을 고려하지 않음에 따라 정당금지가 남용되는 것을 막아주며, 정당금지에 관한 베니스위원회의 지침에도 부합한다.[125]

넷째, 정당을 금지함으로써 정당의 지위 및 그로부터 얻어지는

122) Gur Bligh, 위의 글(2013), pp. 1365-1366.
123) Gur Bligh, 위의 글(2013), pp. 1367-1371.
124) Gur Bligh, 위의 글(2013), p. 1372.
125) Gur Bligh, 위의 글(2013), pp. 1373-1374.

정당화 효과를 박탈하면 족하므로, 금지된 정당이 통상의 결사로서 존속하는 것을 막아서는 안 되며 이들의 재산을 몰수한다거나 집회·시위를 할 권리를 박탈하는 것도 곤란하다. 따라서 정당을 해산하고 의원직을 상실시키며 재산을 몰수할 수 있는 독일의 정당금지보다는, 정당이 특정 선거에만 참여할 수 없게 하는 이스라엘이나 정당에 대한 보조금의 지급을 거부하는 벨기에의 방식이 바람직하다.[126)]

(3) 검토

(가) 의의

정당성 패러다임은 초기의 방어적 민주주의 이론이 예정하지 않았던 다양한 정당금지를 설명할 수 있는 일관된 이론의 정립을 시도하였다는 점에서 의의가 크다. 오늘날 테러리즘과 연관된 정당이나 국가정체성에 도전하는 정당 등이 각국에서 금지되고 있는 것은 엄연한 현실이며, 이들이 방어적 민주주의의 적용대상이 아니라는 점은 앞서 논하였다.

정당의 성격이나 역할이 변화하고 있다는 지적 또한 타당성을 가진다. 오늘날 정당은 더 이상 집권을 목적으로 하는 사적 결사로서만 이해될 수 없다. 선거에 참여하는 정당이라는 지위에 따르는 특권이나 정당화 효과는, 극단주의 세력이 집권가능성이 전혀 없음을 잘 알면서도 정당을 설립하고 지속적으로 선거에 참여하는 이유를 설득력 있게 설명해준다.

그러나 이 책은 다음의 이유에서, 방어적 민주주의에 입각한 정당금지의 양상이 전적으로 변화하였다고 보기는 어려우며 정당성 패러다임 또한 한계를 드러내고 있다고 본다.

---

126) Gur Bligh, 위의 글(2013), pp. 1375-1377.

(나) 한계

1) 방어적 민주주의에 입각한 정당금지의 지속

먼저 언급할 것은 반민주적인 목적과 활동을 이유로 한 전통적인 정당금지가 지속되고 있다는 사실이다. 한 예로 헌법재판소는 통합진보당의 해산을 결정하면서, "지금껏 드러난 피청구인의 목적이나 활동은 (중략) 의도적이고 계획적으로 그리고 적극적이고 투쟁적으로 헌법상 민주적 기본질서를 훼손시키거나 폐지하고자 시도하는 것"이라고 하였다.[127] 물론 실제로 통합진보당이 민주적 기본질서를 폐제하려 하였는지 여부에 관하여는 견해가 대립한다. 그러나 위의 설시를 통해, 통합진보당에 대한 해산결정은 노골적으로 반민주적인 세력이 민주적 수단에 의거하여 민주주의를 전복시키는 것을 방지하려는 바이마르 패러다임(방어적 민주주의)에 입각한 것이었음을 알 수 있다.[128] 최근 해산심판청구가 기각된 독일 민족민주당의 경우 테러조직과의 관련성이 문제되었지만, 동 정당이 1964년 창당 이래 그 이념적 노선에 큰 변화가 없는[129] 네오나치 정당임을 생각한다면 고전적인 방어적 민주주의에 따라 해산심판이 청구되었다고 볼 여지도 없지 않다.[130]

아울러 지적할 것은 정당이 집권하여 민주주의 체제를 전복할 가능성이라는 측면에서 정당금지의 패러다임 변화를 단언하기 어렵다는 점이다. 물론 방어적 민주주의나 이에 입각한 초기의 정당해산제

---

127) 헌재 2014. 12. 19. 2013헌다1, 판례집 26-2하, 1, 107.

128) 실제 헌법재판소는 이 결정에서, 정당해산심판제도의 본질이 방어적 민주주의라 하면서 통합진보당 소속 국회의원들의 의원직 상실을 결정하였다. 헌재 2014. 12. 19. 2013헌다1, 판례집 26-2하, 1, 112-114.

129) Giovanni Capoccia, 앞의 글(2013), p. 218.

130) 민족민주당이 그 목적이나 활동에 비추어 나치당과의 본질적인 유사성이 인정되어 해산심판청구의 문제가 지속적으로 논의되어 왔다는 지적으로 차진아, 앞의 글(2014), 117-118쪽.

도는, 반민주적 세력이 집권함으로써 민주주의를 불가역적으로 파괴하려는 것에 맞선 규범적 대응방안이었다. 그러나 사회주의제국당과 독일공산당의 사례에서 보는 것처럼, 초기의 정당해산결정 역시 현실적인 집권가능성이 없는 정당을 그 대상으로 하는 경우가 많았다.[131) 반면 오늘날에도 이미 집권하였거나 집권할 가능성을 가진 거대정당이 금지된 사례가 적지 않다. 원내 제1당으로서 연립정권을 구성하고 수상을 배출했던 터키 복지당이나 그 후신인 미덕당에 대한 해산결정, 이집트 자유정의당(Freedom and Justice Party: FJP)에 대한 해산결정[132)이 대표적이다.

첨언한다면, 오늘날 집권하여 민주주의를 폐지할 개연성이 인정되지 않는 정당이 금지되는 사례가 있다 하더라도, 그것만으로 방어적 민주주의에 입각한 정당금지가 본질적으로 변화하였다고 말하기 어렵다. 구성원들의 정치적 권리를 침해하거나 민주주의 체제에 구체적인 위험을 야기하지 아니한 정당을 민주적 기본질서에 위배된다는 이유로 금지하였다면, 이는 방어적 민주주의에 입각하지 않았다기보다는 방어적 민주주의를 '잘못 적용'한 것이라고 보아야 할 것이기 때문이다.

---

131) 결과적으로 무산되었지만, 입법을 통한 해산이 시도된 호주 공산당 역시 당시 지지율이 미미하여 집권을 기대할 수 없는 정당이었다.

132) 2014. 8. 9. 이집트 최고행정법원에 의하여 해산된 자유정의당은 2011년 '아랍의 봄' 이후 2013. 7. Mohammed Morsi 전 대통령이 축출되기 전까지 제1당의 자리를 유지하였다. 자유정의당 해산결정 당시 이집트는 민주적 기본질서를 구비하였다고 보기 어려우며, 따라서 동 결정은 방어적 민주주의에 입각한 것이 아니었다고 판단된다(전제1). 다만 이 결정은 정당의 규모나 집권가능성만으로 정당금지의 패러다임이 변화하였다고 단언하기 어려움을 보여준다. 동 결정에 관하여 자세히는 Amid Salamey, "Post-Arab Spring: Changes and Challenges", *Third World Quarterly*, Vol. 36, No. 1, 2015, pp. 120-121 참조.

2) 각국 제도 및 유럽인권재판소 판례 동향과의 괴리

정당성 패러다임은 정책적, 입법적 제언으로서는 의의를 가지지만, 일부 국가의 제도상 해석론으로 채택될 수 없으며 유럽인권재판소의 판례 동향에 부합하지 못한다는 점에서도 한계를 드러낸다.

예컨대 독일에서는 연방헌법재판소가 정당이 위헌임을 확인할 경우 당해 정당(또는 정당의 독립된 부분)의 해산 및 그 대체'조직'의 결성금지를 부가하여야 하며(독일 연방헌법재판소법 제46조 제3항 제1문), 금지된 정당의 기존조직을 대체조직으로 유지하는 것도 허용되지 않는다(독일 정당법 제33조 제1항). 실제로 독일 연방헌법재판소는 사회주의제국당과 독일공산당의 해산을 결정하면서, 이들 정당의 대체조직을 창설하거나 현존하는 기구를 대체조직으로 존속시키는 것이 금지됨을 분명히 하였다. 따라서 금지된 정당이 통상의 사적 결사로서 존속할 수 있어야 한다는 주장은, 독일 등 일부 국가에서 '해석론'으로는 채택될 수 없다. 아울러 금지된 정당의 재산을 몰수하거나 이들의 집회·시위를 금지해서는 안 된다는 주장은 우리의 현행법제 하에서도 받아들일 수 없는 것이다.[133)]

한편 유럽인권재판소는 복지당에 대한 해산결정이 긴박한 사회적 필요의 요건을 충족하는지 여부를 판단하면서, 동 정당이 다수의 의석을 차지하고 연립정권을 구성한 사실 등을 중요하게 고려하였다. 또한 '정당의 금지와 해산 및 유사조치에 관한 지침'은 정부 기타 국가기관이 사법기관에 정당의 금지 내지 해산을 요청하기에 앞서, 그 정당이 자유민주적 정치질서 또는 개인의 권리에 대하여 실제로 위험이 되는지 여부를 평가하여야 한다고 규정한다. 이처럼 오늘날

---

133) 집회 및 시위에 관한 법률 제5조 제1항 제1호는 헌법재판소의 결정에 따라 해산된 정당의 목적을 달성하기 위한 집회 또는 시위를 금하며, 정당법 제48조 제2항은 해산된 정당의 잔여재산이 국고에 귀속됨을 규정하고 있다.

정당금지에 관한 국제규범은 그 정당이 민주주의에 현실적인 위협을 초래하는지 여부를 고려할 것을 요청하며, Batasuna처럼 테러리즘에 관련된 경우가 아니라면 그 정당의 규모나 지지율, 집권가능성 등이 위험성 판단의 중요한 기준이 되고 있다. 따라서 정당이 집권하여 민주주의를 폐지할 개연성 기준이 더 이상 정당금지의 적절한 지침이 될 수 없다는 주장은, 유럽인권재판소의 판례나 베니스위원회의 입장과 조화되기 어렵다.

3. 정당금지의 현주소에 관한 평가

지금까지 정당금지의 개념, 유형, 사유 및 판단자료를 검토하고, 정당금지에 대한 두 가지 주요 가설을 살펴보았다. 오늘날 정당금지의 양상에 대하여는, 특히 방어적 민주주의와 관련하여 다음과 같은 평가가 가능할 것이다.

첫째, 정당금지에는 여러 가지 유형이 있으며 정당해산은 그 중 가장 대표적인 형태일 뿐이다. 방어적 민주주의의 성격이 강한 국가라고 해서 반드시 정당을 해산하는 것은 아니며, 이는 문제의 정당이 특정 선거에만 참여할 수 없도록 하는 이스라엘의 사례에서도 확인된다.

둘째, 정당해산을 포함한 정당금지는 민주주의 국가의 필수적인 요소도, 민주주의 국가의 전유물도 아니다. 오늘날 유럽 다수의 민주주의 국가는 정당을 금지하는 제도를 가지고 있지 않으며,[134] 남아프리카공화국처럼 신생 민주주의 국가임에도 불구하고 이러한 제도를 두지 않은 사례도 있다. 한편 정당은 민주적 기본질서의 존재 자

---

134) European Commission for Democracy through Law(Venice Commission), "Opinion on the Constitutional and Legal Provisions to the Prohibition of Political Parties in Turkey", para. 21.

체를 인정할 수 없는 혼란스러운 정국에서 해산되기도 하나, 이를 방어적 민주주의에 입각한 조치라고 평가할 수는 없다(전제1).

셋째, 신생 민주주의 국가나 불안정한 민주주의 국가라고 하여 공고한 민주주의 국가보다 정당을 금지하는 경향이 강하다고 말할 수 없다. 복수정당이 참여하는 선거를 치르는 등 민주주의로 이행하고 나서 오랜 시간이 지나 정당을 금지하거나, 민주주의가 상당히 안정되어 있음에도 불구하고 정당을 금지한 사례가 적지 않기 때문이다. 물론 이러한 사실이 민주주의에 대한 위험이 임박하지 않았어도 정당금지가 정당화될 수 있음을 뜻하지는 않는다.

넷째, 초기의 정당금지제도가 예정하지 않았던 여러 정당금지의 사유가 등장한 점은 인정된다. 다만, 테러리즘을 지지하는 정당이나 국가정체성에 도전하는 정당의 금지는 방어적 민주주의에 따른 것으로 보기 어렵다. 또한 오늘날에도 반민주적인 목적이나 활동을 이유로 한 정당금지가 지속되고 있어, 방어적 민주주의에 따른 정당금지의 패러다임이 전면적으로 변화하였다고 단언하기는 힘들다.

Ⅵ. 소결

방어적 민주주의는 외견상의 합법성을 갖추고 민주주의를 활용하면서 민주주의를 폐제하고자 하였던 파시즘이라는 특유한 적에 맞선 규범적 대응방안이었다. 그러나 오늘날 여러 나라는 테러리즘, 국가정체성에 대한 도전, 혐오표현과 같은 새로운 위험을 인식하게 되었으며, 이러한 문제가 방어적 민주주의의 이론적 틀에 포섭될 수 있는지에 대한 논의가 활발하다.

이에 제4절에서는 위의 문제들에 방어적 민주주의가 적용될 수 있는지를 검토함으로써, 방어적 민주주의의 적절한 적용 범주를 설정하고자 하였다. 이 과정에서는 방어적 민주주의가 그 정치공동체의 민주적 기본질서를 당연히 전제한다는 점(전제1), 방어적 민주주의의 비용과 오·남용 가능성을 고려할 때 보호의 대상인 민주주의를 좁게 이해하여야 한다는 점(전제2), 방어적 민주주의는 민주주의를 위협하는 대단히 특유한 적에 대한 처방이었다는 점(전제3)이 강조되었다. 그리고 방어적 민주주의를 새로운 대상에 확대적용하기 위해서는 파시즘과 새로운 대상 사이에 기본적인 유사성이 인정되어야 한다는 점(전제4), 실천적인 측면에서도 방어적 민주주의의 확대는 가급적 지양할 필요가 있다는 점(전제5)이 중요하게 고려되었다.

방어적 민주주의는 테러리즘의 문제에 확대적용하기 어렵다. 테러리즘은 국가안보에 대한 위협으로 민주주의 국가만의 문제가 아니며, 민주주의에 적응하거나 외견상의 합법성을 구비하지 못했다는 점에서 파시즘과 근본적으로 다르기 때문이다.

국가정체성은 좁은 의미에서의 민주주의에 포함되지 않으며 따라서 그에 대한 도전을 제재하는 것은 방어적 민주주의로 정당화될 수 없다. 이 점에서 언어, 국경이나 소수민족의 문제를 공론에 부치려는 것이 민주주의에 위배되지 않는다고 하면서도, 유독 이슬람 정당과 복장에 대한 규제를 민주주의로 정당화하는 유럽인권재판소의 판례는 일관성을 결여한 것으로 보인다. 다만 방어적 민주주의의 적용대상이 아니라는 것이, 국가정체성에 대한 도전의 규제가 일절 허용되지 않음을 뜻하지는 않는다. 또한 국가정체성에 대한 도전이 민주주의에 대한 위협과 동시에 이루어질 수 있다는 점에도 주의할 필요가 있다.

혐오표현에 방어적 민주주의가 적용될 수 있는지의 여부는, 구성원들이 가지는 정치적 권리가 침해되거나 민주주의 체제가 파괴될 위험이 있는지의 여부에 따라 판단하여야 할 것이다. 다만, 그 자체로 가벌성이 명백하며 '표현'에 해당하지 아니하는 제노사이드나 증오범죄는 방어적 민주주의의 적용대상에서 제외된다.

위협적인 정당의 결성 및 활동은 방어적 민주주의 이론이 등장하게 된 중요한 배경이었으며, 각국은 다양한 형태의 정당금지를 통해 이러한 문제에 대처해왔다. 오늘날 초기의 방어적 민주주의가 예정하지 않았던 새로운 정당금지의 사유가 등장한 것은 인정되나, 테러리즘과의 관련성이나 국가정체성에 대한 도전을 이유로 한 정당금지를 방어적 민주주의에 입각한 것으로 볼 수는 없다. 또한 반민주적 목적과 활동을 이유로 한 정당금지가 지속되는 점에 비추어, 방어적 민주주의에 입각한 정당금지의 패러다임이 전면적으로 변화하였다고 단정하기는 어렵다. 그리고 정당금지가 민주주의 국가의 필수적인 요소나 전유물이라고 할 수 없으며, 비민주적 국가에서 정당이 금지된다 하더라도 이를 방어적 민주주의로 정당화할 수 없다.

방어적 민주주의는 설사 규범적으로 정당화될 수 있다 하더라도 그 자체로 많은 비용과 위험성을 수반한다. 이 때문에 방어적 민주주의의 확대적용을 가급적 지양하면서 그 경계를 좁게 설정하려는 노력이 요청되며, 어떠한 이유에서 자유와 권리를 제한하는 조치가 취해졌다 하더라도 이를 섣불리 방어적 민주주의의 이름으로 정당화해서는 안 될 것이다.

제5절 결어

제3장에서는 Loewenstein이 주창한 고전적인 방어적 민주주의를 평가하고, 여러 비판론을 극복할 수 있는 오늘날 방어적 민주주의의 규범적인 원리를 제시하였다. 또한 오늘날 방어적 민주주의가 여러 새로운 대상으로 확대되고 있는바, 이를 비판적으로 검토함으로써 그 적절한 적용 범주를 설정하고자 하였다.

방어적 민주주의는 민주주의의 본질을 해치거나 정치적으로 오·남용될 위험으로부터 자유롭지 못하며, 그 효율성에 있어서도 난관이 뒤따른다. 그러나 민주주의가 민주적 근본주의로 인식될 우려, 민주주의 제도를 활용하는 특유한 적의 존재, 동 이론이 제시되었던 당시의 위기상황, 방어적 조치의 성공사례 등을 고려한다면, 고전적인 방어적 민주주의의 규범적 정당성과 시의성 및 효율성을 인정할 수 있다.

하지만 1930년대 제시된 방어적 민주주의 이론이 오늘날에도 그대로 통용되기는 어렵다. 오늘날의 방어적 민주주의는 반민주주의자를 포함한 모든 구성원들의 참정권을 인정하고, 이러한 권리가 침해되거나 민주주의 체제에 구체적인 위험이 존재하는 경우에만 예외적으로 개입하는 것이어야 한다. 또한 방어할 대상인 민주주의의 의미를 엄격하게 이해하고, 방어적인 조치가 수반하는 규범적 비용과 위험성을 벌충하고자 하며, 최후수단성·예외성·한시성·비례원칙 등의 요건을 준수해야 한다.

오늘날 방어적 민주주의는 여러 새로운 현상에 확대되고 있는바, 방어적 민주주의의 남용가능성을 고려할 때 비판적인 관점에서 그 적절한 적용 범주를 설정할 필요가 있다. 테러리즘은 민주주의 국가만의 문제가 아니며, 민주주의에 적응하거나 외견상의 합법성을 구비하지 못했다는 점에서 파시즘과 근본적으로 다르기에 방어적 민주주의의 적용대상이라고 할 수 없다. 국가정체성은 협의의 민주주의에 포함되지 않으며, 따라서 그에 대한 도전을 규제하는 것은 방어적 민주주의로 정당화될 수 없다. 구성원들의 정치적 권리를 침해하거나 민주주의 체제에 위협을 야기하는 혐오표현에는 방어적 민주주의가 적용될 수 있다. 다만, 가벌성이 명백하며 표현행위라 할 수 없는 제노사이드나 증오범죄는 적용대상에서 제외된다. 위협적인 정당의 결성 및 활동은 방어적 민주주의 이론이 등장하게 한 중요한 배경이었으나, 그 규제로서의 정당금지 모두가 방어적 민주주의에 입각한 것이라 할 수는 없다. 각국이 민주주의 체제에 대한 위협에 직면한 경우에만 정당을 금지하는 것은 아니며, 비민주적 국가에서 정당이 금지된다고 하여 이를 방어적 민주주의라고 할 수 없기 때문이다.

제4장
한국에서의 방어적 민주주의

제1절 논의의 필요성 및 몇 가지 전제

제2장에서는 방어적 민주주의에 대한 논의의 역사적 전개를 개괄하였으며, 제3장에서는 오늘날 방어적 민주주의의 규범적 원리를 제시하고 그 적절한 적용 범주를 설정하였다. 제4장에서는 우리 헌정사와 제도의 맥락에서 방어적 민주주의를 검토한다. 구체적으로는 우리가 방어적 민주주의를 채택하였다고 볼 수 있는지, 만일 그렇다면 우리의 헌정질서 속에서 방어적 민주주의가 어떠한 성격과 위상을 가지는지가 문제된다.

이러한 연구가 필요한 것은 크게 다음의 두 가지 이유에서다.

첫째, 어떠한 법 규범이나 이론은 그 나라의 역사·전통·사회·정치의 산물이며, 그 사회의 맥락을 고려해야만 이를 온전히 이해할 수 있기 때문이다. 특히 방어적 민주주의의 경우, 전 세계 민주주의 국가들에서 예외 없이 보편적으로 받아들여지는 개념이라고 보기 어렵다는 점이 고려되어야 한다. 앞서 본 것처럼, 각국은 저마다의 역사적·사회적 여건에 따라 방어적 민주주의를 수용하기도 하고 거부하기도 하였다(제2장 제6절).

둘째, 체제를 유지하기 위한 제도를 두고 있다고 하여 이를 반드시 방어적 민주주의에 입각한 것으로 단정하기 어렵기 때문이다. 방어적 민주주의는 당해 정치공동체의 '민주주의'를 전제한 가운데, 외견상 '합법성'을 갖추고 '민주주의에 적응'하면서 '협의의 민주주의를 위협'하는 특유한 적에 맞서 제시된 처방이었다. 이러한 까닭에 민주주의 자체가 흠결된 상황에서 취해진 비자유주의적인 조치를 방어적 민주주의라 할 수 없으며, 합법성을 결여한 테러리즘(제3장 제4절 II.)이나 협의의 민주주의를 위협하지 않는 국가정체성에 대한 도전(제3장 제4절 III.) 등에 방어적 민주주의가 적용될 수 없는 것이다.

또한 방어적 민주주의의 가장 대표적인 제도로 평가되어온 정당금지도 민주주의 국가의 필수적인 요소나 전유물이 아닌바(제3장 제4절 V.), 우리가 정당해산제도를 도입하였다고 하여 반드시 우리가 방어적 민주주의를 채택하였다는 결론이 도출되지 않는다.

이러한 문제의식에 입각하여, 제4장에서는 우리 헌정사를 검토함으로써 우리 헌법이 방어적 민주주의를 채택하였다고 볼 수 있는지를 논구한다. 만일 방어적 민주주의의 도입이 인정된다면, 언제 어떠한 제도를 통해 도입된 것인지, 헌정질서 내에서 방어적 민주주의의 규범적 위상은 어떠한지가 문제된다(제2절). 다음으로는 방어적 민주주의에 따른 것으로 볼 수 있는지 견해가 대립하는 국가보안법과 테러방지법을 각각 검토하고(제3절), 통합진보당 해산결정을 방어적 민주주의의 관점에서 평석한다(제4절).

본격적인 논의에 앞서 다음의 몇 가지가 전제될 필요가 있다. 이는 방어적 민주주의의 규범적 원리 및 관련 논의의 역사적 전개양상으로부터 도출되는 것이다.

첫째, 어떤 정치공동체가 방어적 민주주의를 채택하였다고 할 수 있으려면 그 공동체의 민주주의가 당연히 전제되어야 한다. 방어할 대상인 민주적 기본질서 자체가 갖추어지지 않은 사회에서라면, 국민의 자유와 권리를 제한하는 조치가 제도화되어 적용된다 하더라도 이를 방어적 민주주의라고 할 수 없다. 방어적 민주주의의 남용 가능성을 고려하여 민주주의의 의미를 엄격하게 이해하여야 함은 물론이다. (전제1: 민주주의)

둘째, 유사한 제도라도 각국에서의 도입배경은 상이하며 그에 따라 제도의 성격도 달라질 수 있음에 주의할 필요가 있다.[1] (전제2:

---

1) 예컨대 우리나라의 대통령제는 도입 당시부터 미국의 그것과 다름을 예정하고 있었다. 유진오, "대한민국 헌법의 제안이유", 『헌법제정회의록: 제헌국회』, 국회도서관 입법조사국, 1967, 107쪽 이하.

제도의 도입배경에 대한 고려의 필요) 특히 우리의 정당해산제도에 대하여는, 독일의 그것과 도입배경이 다르며 방어적 민주주의보다는 정당을 보호하는 수단으로서의 성격이 강하다는 지적이 거듭되어왔다. 각국에서 정당금지의 사유가 사뭇 다르며, 이는 그 나라의 역사적인 경험이나 정치적 상황의 소산이라는 점[2] 또한 고려되어야 할 것이다.

셋째, 우리 헌정질서가 방어적 민주주의를 채택하였다고 할 수 있으려면, 외견상 합법성을 갖추고 민주주의를 활용하면서 다른 구성원들의 정치적 권리를 침해하거나 민주주의를 파괴하려는 적에 대응하기 위한 제도의 존재가 전제되어야 한다(전제3: 방어적 민주주의의 특유성). 내부의 질서와 외부로부터의 안전을 책임지며 사회체제를 유지하는 것은 국가의 일반적인 속성인바,[3] 어떤 국가가 나름의 자기방어체제를 구비하였다 하여 이를 두고 방어적 민주주의를 채택하였다고 말할 수는 없다.

넷째, 방어적 민주주의는 그 나라 특유의 역사적 경험에 따른 규범적 필요에 의하여 자생하거나 도입되며, 이후 강화되거나 약화될 수 있다(전제4: 가치관의 수렴과 규범적 합의의 존재). 예컨대 독일이 방어적 민주주의를 헌법적인 원리로 채택한 것은, 바이마르 공화국의 실패에 대한 반성[4] 및 다시는 반민주적 세력이 득세하여 민주주의 제도를 폐지하는 것을 좌시할 수 없다는 가치관의 수렴[5]에 따

2) Nancy L. Rosenblum, 앞의 글(2007), pp. 39-41.
3) 서울대학교 정치학과 교수 공저, 앞의 책(2002), 144쪽. 근대국가가 안전의 확보를 자임하면서 그 존재가치를 입증하려 하였다는 지적으로 송석윤, 『헌법과 사회변동』, 경인문화사, 2007a, 9-10쪽.
4) John E. Finn, 앞의 책(1991), p. 179; 성낙인, 앞의 책(2017), 150쪽.
5) 제2차 세계대전 이후 독일인들의 가치체계가 한 방향으로 수렴했기 때문에 독일 헌법재판이 성공했다는 평가로 조홍식, 『사법통치의 정당성과 한계』, 박영사, 2010, 44쪽.

른 결과였다. 1990년대 중·동유럽 각국은 구체제 세력이나 여러 새로운 위협으로부터 불안정한 민주주의를 방어해야 할 현실적인 필요를 인식하고 방어적 민주주의 관련 규정을 도입하였다. 반면 민주주의 체제의 존립에 대한 위협을 경험한 바 없는 (주로 영어권) 국가들은 일반적으로 방어적 민주주의와 친하지 아니하다고 평가되나, 9·11 테러 이후 이슬람 근본주의 세력에 대한 인식은 이들 국가에서 방어적 민주주의에 관한 이론적·실무적 관심을 크게 제고하였다.

제2절 방어적 민주주의의 채택 여부와 규범적 성격

제2절에서는 우리 헌정질서가 방어적 민주주의를 채택하였다고 볼 수 있는지, 만약 그렇다면 그 규범적인 성격은 어떠한지를 살펴본다. 먼저 관련 학설과 판례의 입장을 개괄하고(Ⅰ.), 우리 헌정사를 중심으로 이 문제를 검토한다(Ⅱ.).

Ⅰ. 학설 및 판례의 입장

1. 방어적 민주주의 채택 긍정설

우리 헌정질서가 방어적 민주주의를 도입하였다는 것이 헌법재판소의 입장이며, 학계에서도 다수설인 것으로 보인다. 그러나 구체적으로 '언제', '어떠한 제도를 통하여' 방어적 민주주의를 채택하였다고 볼 것인지에 대하여는 관점의 차이가 있다.

가. 국가보안법을 통해 채택되었다는 견해

1948. 12. 1. 제정·시행된 국가보안법을 통해 방어적 민주주의가 헌정질서에 도입되었다고 보는 견해가 있다. 박용상(2012)은 이른바 '국가보호형법(Staatsschutzstrafrecht)'이 국가를 보호할 뿐만 아니라 동시에 헌법과 법의 보호도 의도하며, 일반적인 형법과는 다른 여러 특성을 가진다고 본다. 이 연구는 이러한 전제에서, 국가보안법은 헌법이 채택한 자유민주주의 정치체제를 보호하려는데 그 입법취지가 있었으며 정부수립 후 공산주의 기타 파괴적인 사상을 불법화하

였다는 점에서 방어적 민주주의의 개념을 도입한 것이라고 본다.[1)] 이처럼 동 연구는 국가보안법의 제정을 통하여 방어적 민주주의가 도입되었다는 입장인바, 동법이 문제된 일련의 사건에서 대법원과 헌법재판소가 방어적 민주주의를 적용하고 있다는 관찰도 있다.[2)]

나. 헌법 제37조 제2항에 주목하는 견해

방어적 민주주의의 채택과 관련하여 헌법 제37조 제2항에 주목한 연구가 있다. 이한태(2014)는 정당해산제도에 관한 헌법 제8조 제4항이 방어적 민주주의를 채택한 것임을 인정한다. 그러나 이 연구에 따르면, 국가안전보장이나 질서유지를 위하여 기본권을 제한할 수 있다고 규정한 헌법 제37조 제2항도 방어적 민주주의를 수용한 규정이라 할 수 있다.[3)] 만일 이와 유사하게 "국민의 자유와 권리를 제한하는 법률의 제정은 질서유지와 공공복리를 위하여 필요한 경우에 한한다."고 규정한 제헌헌법 제28조 제2항이 방어적 민주주의를 도입한 것이라고 볼 경우, 우리나라는 헌법제정 당시 이미 방어적 민주주의를 채택하였다는 결론에 이르게 된다. 그러나 이 연구는 제헌헌법의 위 규정을 방어적 민주주의에 따른 것이라고 할 수 있는지, 우리나라가 방어적 민주주의를 도입한 시기가 언제라고 볼 것인지에 대하여 말하고 있지는 않다.

---

1) 박용상, 앞의 글(2012), 90, 111쪽.

2) "헌법재판소와 법원은 일련의 국가보안법 위반사건에서 자유민주주의를 헌법의 최고이념으로 규정하면서 이를 수호하기 위한 수단으로서의 방어적 민주주의론을 수용하고 있는 것으로 볼 수 있다." 권영성, 『헌법학원론』, 법문사, 2010, 87쪽. 유사한 서술로 정종섭, 『헌법학원론』, 박영사, 2016, 161쪽; 성낙인, 앞의 책(2017), 152쪽.

3) 이한태, "위헌정당해산제도에 관한 소고-통합진보당 사건을 중심으로-", 『법학연구』, 제25권 제2호, 충남대학교 법학연구소, 2014, 117, 122쪽.

다. 유신헌법에 주목하는 견해

방어적 민주주의의 채택과 관련하여 유신헌법에 주목한 문헌도 있다. 김민배(1990)는 서독의 전투적 민주주의[4] 원리가 우리 헌법에 명문화된 것은 유신쿠데타의 와중에서였다고 본다. 유신헌법이 전문에 '자유민주적 기본질서'를 규정하였으며, 이후 폭력적·억압적인 방법으로 자유민주주의의 한국화 내지 반공화가 이루어졌다는 것이다.[5] 앞서 본 것처럼 이러한 입장에 대해서는, 방어적 민주주의를 냉전논리에 기초하여 좌파를 억압하는 개념으로 보는 것은 심각한 오해라는 비판이 있다.[6]

살피건대 방어적(전투적) 민주주의를 반공주의나 반좌파의 논리와 동일시할 수 없다는 점에는 이의를 제기하기 힘들다.[7] 그러나 위 연구는 유신헌법 전문의 자유민주적 기본질서가 독일기본법의 자유롭고 민주적인 기본질서[8]를 생각한 것이 아니었다고 평하는 한편, 유신헌법을 통해 '허위와 기만의 기치 아래' 전투적 민주주의가 '도용'되었다고 하고 있다.[9] 이에 비추어볼 때, 동 연구 또한 유신헌법을 통해 본래적 의미의 방어적 민주주의가 채택되었다고 보고 있지는 않음을 알 수 있다.

---

4) 이 연구는 일관되게 '전투적 민주주의'라는 표현을 사용하고 있다.
5) 김민배, 앞의 글(1990), 9-10, 40쪽.
6) 차진아, 앞의 글(2014), 102-105쪽.
7) Loewenstein이 민주주의에 대한 주된 위협으로 인식한 것이 공산주의가 아닌 파시즘이었다는 점도 고려되어야 할 것이다.
8) 독일기본법의 freiheitliche demokratische Grundordnung를 '자유민주적 기본질서'로 번역하는 것이 일반적이나, 이 연구는 '자유롭고 민주적인 기본질서'라고 쓰고 있다.
9) 김민배, 앞의 글(1990), 10, 40쪽.

라. 정당해산제도에 주목하는 견해

이처럼 방어적 민주주의의 채택·적용과 관련하여 국가보안법이나 유신헌법 등에 주목하는 견해도 있으나, 우리나라에서 방어적 민주주의에 대한 논의는 정당해산심판제도를 중심으로 이루어져왔다.

우리 헌법이 '정당해산제도를 통하여' 투쟁적 민주주의 내지 방어적 민주주의의 길을 공식적으로 열어 놓았다는 서술[10]은, 우리 헌법상 방어적 민주주의의 채택이 1960. 6. 15. 제3차 헌법개정 당시라는 의미로 읽힌다. 그 밖에 다수의 연구[11]는 방어적 민주주의가 헌정질서에 도입된 시기를 구체적으로 언급하고 있지는 않지만, 정당해산심판제도가 방어적 민주주의에 따른 것이라고 보고 있으며 헌법재판소도 같은 입장이다.[12]

그러나 판례 및 다수설이 정당해산제도가 방어적 민주주의에 입각한 것임을 인정하면서도, 그보다는 정당보호의 성격이 강하다고 보고 있음에 주목할 필요가 있다. 우리의 경우 정부의 일방적인 행정처분으로 진보당의 등록이 취소되었던 현대사에 대한 반성의 산물로 정당해산제도가 도입되었으며, 이처럼 독일과 다른 발생사적 측면을 고려할 때 정당을 보호하기 위한 수단으로서의 성격이 보다 부각된다는 것이다.[13] 다만 이러한 도입배경 때문에 우리의 정당해

10) 정태호, 앞의 글(2014), 270-271쪽; 한수웅 외, 앞의 책(2015), 704쪽.

11) 김문현, "정당해산심판에 관한 소고", 『성균관법학』, 제19권 제2호, 성균관대학교 비교법연구소, 2007, 3쪽; 이덕연, "판단의 정오(正誤)가 아니라 '수사'(rhetoric)로 본 통합진보당 해산결정", 『헌법재판연구』, 제2권 제1호, 헌법재판소 헌법재판연구원, 2015, 79쪽; 장영수, 앞의 글(2015b), 136-137쪽, 채진원, 앞의 글(2015), 259-260쪽 등.

12) 헌재 1999. 12. 23. 99헌마135, 판례집 11-2, 800, 814; 헌재 2006. 4. 27. 2004헌마562, 판례집 18-1상, 574, 584 등.

13) 헌재 2014. 12. 19. 2013헌다1, 판례집 26-2하, 1, 19; 이성환 외, 앞의 책(2004), 24-25쪽; 송석윤, 앞의 글(2010a), 41-42쪽; 양삼석·장병연, "통합진보당 문제

산제도가 민주주의의 방어적 측면과 전혀 무관한 것이라는 결론이 도출되는 것은 아니라고 한다.[14] 참고로 베니스위원회 또한, 일부 국가에서 정당금지가 정당의 활동을 제한하기보다는 정당의 특권을 보장하는 기능을 하고 있음을 인정한 바 있다.[15]

2. 방어적 민주주의 수용 부인론

위의 견해들은 모두 우리 헌정질서가 방어적 민주주의를 채택하고 있다고 보며, 방어적 민주주의가 어떤 제도를 통해 언제 도입되었는지에 대하여만 인식의 차이를 드러낸다. 그러나 최근에는 이와 달리 우리나라가 방어적 민주주의를 수용한 바 없다는 견해도 개진되고 있다.

김선택(2014)은 우리 헌법이 독일과 같은 좁은 의미에서의 방어적 민주주의[16]를 결단했다고 볼 수 없다는 입장이다. 우리 헌법의 정당해산조항이 독일기본법의 유사조항을 모델로 하였지만 양자의 입법배경이 전혀 다르고, 독일이 각종의 제도들로 방어적 민주주의를 뒷받침하고 있는 반면 우리 헌법은 정당해산제도만을 두고 있으며 그

를 통해 본 위헌정당해산심판과 의원의 자격", 『대한정치학회보』, 제22집 제4호, 대한정치학회, 2014, 320-321쪽; 이상경, 앞의 글(2014), 114-115쪽; 한수웅 외, 앞의 책(2015), 706쪽 등.

14) 이성환, "현행 정당해산심판절차의 문제점과 개선방향", 『세계헌법연구』, 제10호, 국제헌법학회 한국학회, 2004, 194-195쪽.

15) European Commission for Democracy through Law(Venice Commission), "Opinion on the Constitutional and Legal Provisions to the Prohibition of Political Parties in Turkey", para. 21.

16) 이 연구는 스스로를 지키기 위한 제도적 노력을 기울이는 것은 어느 나라 헌정체제에서든 당연한 현상이라 하면서, 이를 '넓은 의미에서의 방어적 민주주의'라 하여 독일식의 방어적 민주주의와 구별한다. 김선택, 앞의 글(2014), 147쪽의 각주 7.

나마도 일차적으로는 정당보호에 주안점이 있다는 것이다.[17)]

이종수(2015)에 따르면 방어적 민주주의는 바이마르 헌정의 침탈을 배경으로 정당화된 대단히 독일적인 문제이며, 독일 이외의 나라들에서 그 계수 내지 수용이 결코 쉽지 않다.[18)] 또한 정당해산제도를 둔 여러 나라들에서 방어적 민주주의의 수용이 적극적으로 논의되고 있지 않다는 점에 비추어, 정당해산제도의 존재가 방어적 민주주의의 충분조건이라고 볼 수 없다고 한다. 이 연구는 특히 우리의 경우 방어적 민주주의 수용의 전제조건인 자유가 지나치게 제한받고 있으며 정당해산제도의 도입배경도 독일과 다르다며, 방어적 민주주의가 우리 헌법상 채택 내지 수용되지 않았다고 본다. 그럼에도 불구하고 방어적 민주주의의 채택·수용을 기정사실로 전제하는 오해가 확산되어왔으며, 이로써 실체가 없는 사실이 규범으로 승화되었다는 것이다.[19)]

이재희(2015b)는 입법자의 의도나 정황에 비추어 정당해산제도가 도입 당시 방어적 민주주의의 수단이 아니었으며, 군사정권의 권위주의 지배가 시작되어 현행헌법에 이르기까지는 수호해야 할 대상인 민주주의가 존재하지 않았다고 본다. 또한 현행헌법에 이르러 정당해산제도에 민주주의 수호라는 의미가 부가될 수 있게 되었으나, 이를 반영한 조문상의 변화가 있었던 것은 아니라는 점에서 이러한 해석론을 적극 도출하는 것에는 한계가 있다고 한다.[20)]

3. 검토

생각건대 한국에서의 방어적 민주주의를 검토함에 있어서는 ①헌

17) 김선택, 위의 글(2014), 170쪽.
18) 이종수, 앞의 글(2015), 232-234쪽.
19) 이종수, 위의 글(2015), 236-243쪽.
20) 이재희, 앞의 글(2015b), 244-251쪽.

정사에 대한 동태적 연구가 필요하며, ②그것은 정당해산뿐만 아니라 여타의 제도들을 모두 망라한 것이어야 한다.

이미 헌법재판소가 방어적 민주주의에 입각하여 정당의 해산과 소속 국회의원들의 의원직 상실을 결정한 현실에서, 우리 헌법이 방어적 민주주의를 채택하였는지의 여부 및 도입 시기는 헌법적 해명을 필요로 하는 중요한 문제가 아닐 수 없다. 그러나 헌정질서가 방어적 민주주의와 같은 특정한 법 개념이나 가치규범을 채택한다 하더라도, 그 성격과 위상이 항상 일정하게 유지되는 것은 아니다. 독일의 경우만 하더라도 1950년대에는 두 차례 정당해산심판을 통해 방어적 민주주의를 조심스레 관철한 반면, 1970년대에는 공직취임금지 등 여러 영역에서 방어적 민주주의를 폭넓게 적용하였다. 우리 헌정사를 순차적으로 돌아봄으로써 방어적 민주주의가 헌정질서에 도입되었는지 여부를 검토하고, 만일 도입되었다면 그 위상이나 성격이 어떻게 변화하여왔는지를 살펴보아야 하는 이유가 여기에 있다. 이 점에서, 정당해산제도가 도입 당시 방어적 민주주의에 입각한 것이 아니었다고 하면서도 도입 이후 방어적 민주주의의 결단을 내릴만한 사정이 있었는지를 검토한 이재희(2015b)의 동태적인 접근방식[21]은 설득력을 갖는다.

한편 위의 선행연구 대부분은 정당해산제도를 중심으로 방어적 민주주의의 채택 여부를 논하고 있으나, 논의의 범위가 정당해산제도로 한정될 수는 없다고 본다. 제2장과 제3장에서 본 것처럼 방어적 민주주의는 정당해산(금지) 외에도 실로 다양한 영역에서 문제되고 있기 때문이다. 우리의 경우, 국가보안법이나 유신헌법 전문, 테러방지법 등이 방어적 민주주의를 수용한 것으로 볼 수 있는지에 대한 검토가 필요하다.

21) 이재희, 위의 글(2015b), 248-249쪽.

Ⅱ. 헌정사를 중심으로 한 검토

여기서는 우리 헌정사를 순차적으로 검토함으로써, 우리 헌정질서가 방어적 민주주의를 채택하였다고 볼 수 있는지 만일 그렇다면 이후 방어적 민주주의의 규범적인 위상과 성격은 어떻게 변화하여 왔는지를 논구한다.

헌정사를 시기별로 나누는 방식에는 여러 가지가 있다. 헌법이 개정된 매 시기를 기준으로 할 수도 있으며,[22] 헌법이 전면개정의 형식을 취하고 있지만 실질적으로는 헌법의 제정에 해당한다는 판단에 따라 새로운 공화국의 숫자를 부여할 수도 있다.[23] 논자에 따라서는 정치적·사회적·역사학적으로 중요하다고 평가되는 사건을 중심으로 헌정사를 풀이하기도 한다.[24]

여기에서 논의하는 대상의 성격에 비추어볼 때, 헌정사를 구획하는 기준이 결정적으로 문제되지는 않는다. 중요한 것은 우리의 헌법규범과 헌정현실의 중요한 내용을 순차적으로 살펴보면서, 방어적 민주주의의 채택 여부 및 그 규범적 성격과 위상의 변화를 파악하는 것이다. 이하에서는 정치적·사회적·역사학적으로 중요한 사건을 기준으로 한 한영우(2014)의 분류를 기본으로 하되, 매 시기 헌법규범과 헌정현실을 나누어 검토한다.

---

22) 이 기준에 따라 우리 헌정사를 개괄한 문헌으로 정종섭, 앞의 책(2016), 195쪽 이하.

23) 성낙인, “한국헌법사에 있어서 공화국의 순차(서수)”, 『서울대학교 법학』, 제46권 제1호, 서울대학교 법학연구소, 2005, 140쪽. 이러한 기준에 따라 우리나라의 정치제도를 순차적으로 분석한 연구로 이정복, 『한국정치의 분석과 이해』, 서울대학교출판문화원, 2012, 563-632쪽.

24) 가령 한영우, 『다시 찾는 우리역사』, 경세원, 2014, 523-602쪽.

1. 정부수립 이후 6·25 동란까지

가. 헌법규범: 제헌헌법

제헌헌법은 기본권을 폭넓게 보장하고(제2장) 권력분립원칙을 제도화하였으며(제3장 내지 제5장), 사법권의 독립을 위해 대법원장 임명 시 국회승인제와 법관 임기제를 채택하는 등(제78조 내지 제79조) 자유민주주의 헌법의 기본적인 사항을 포함하고 있었다.[25] 특히 국민주권의 원칙(제2조)을 천명하고, 언론·출판·집회·결사의 자유(제13조)와 공무원을 선거하고 담임할 권리(제25조 내지 제26조)를 보장하였으며, 국회가 보통·직접·평등·비밀선거에 의하여 공선된 의원으로 조직됨을 규정하고(제32조), 국회의원과 대통령의 임기를 제한하는 등(제33조, 제55조), 협의의 민주주의에 부합하는 내용을 담고 있었다(전제1).

또한 헌법을 제정할 국회를 구성하기 위한 총선거에 참여한 국민의 열기나 절차에 비추어 제헌헌법은 주권적·민주적 정당성을 갖추고 있었으며, 당시 한반도의 정치적 상황을 감안하면 절차적 정당성[26]도 상당한 수준으로 확보한 것이었다고 평가되고 있다.[27]

나. 헌정현실

이 시기와 관련하여 주목할 것은 제헌의회 선거 및 제헌국회의

25) 정종섭, 앞의 책(2016), 199쪽; 허영, 앞의 책(2017), 101쪽.
26) 종국적으로 총선을 통해 제헌국회를 구성하고 이곳에서 외세의 개입 없이 헌법제정논의가 이루어졌다는 점에서, 당시 미군정의 역할이 절차적 정당성을 해칠 정도는 아니었다는 평가로 정상우, “1948년헌법 제정과 국가공동체의 통합”, 『헌법학연구』, 제21권 제3호, 한국헌법학회, 2015, 140쪽.
27) 정종섭, 앞의 책(2016), 199쪽.

구성에 이르기까지의 경과이다. 미군정 시기에는 한반도에 자유민주주의 제도를 수립할 것인지 아니면 공산주의 제도를 수립할 것인지의 문제를 둘러싸고 미국과 소련 간의 대립이 있었고, 좌·우파의 정치 엘리트들과 그들을 지지하는 대중들 사이에 치열한 투쟁이 전개되었다.[28] 그 결과 1948. 5. 10. 치러진 총선거에는 남로당 등 좌파와 김구 등 우파세력이 불참하였고, 제주 4·3 사건의 발발로 제주도 2개 선거구에서의 선거가 무기한 연기되었다. 제헌헌법이 (협의의 민주주의에 부합하는 일련의 규범을 담고 있었지만) 국가공동체의 통합에 중요한 내용을 깊이 다루지 못한 것도 이러한 정세 때문이라고 풀이된다.[29]

이처럼 제1공화국 초기는 대의민주제 근대국가 권력이 아직 확립되지 못한 상태에서, 좌우의 정치적 대립이 극심했던 과도기 체제였다고 할 수 있다. 제주 4·3 사건과 여수·순천 사건으로 우리나라는 정부가 수립된 해에 바로 커다란 정치적 위기에 직면하게 되었으며,[30] 이어 1948. 12. 1. 국가보안법이 제정·시행되었다.[31]

다. 검토

제헌헌법은 정치적 자유와 권리의 보호 및 선거제도를 요체로 하

---

28) 이정복, 앞의 책(2012), 570쪽.

29) 국가의 연속성, 통일정부의 수립, 친일 청산, 농지개혁, 식민지 경제 상태를 극복하기 위한 경제질서 등이 헌법에 규정되지 못하거나 구체적인 입법과제로 넘겨진 경우가 많았음을 지적한 정상우, 앞의 글(2015), 135-136쪽 참조.

30) 김용직, "자유민주주의와 방어적 국가형성 – 대한민국 초기국가형성 재고, 1945~1950", 『한국정치외교사논총』, 제35집 제2호, 한국정치외교사학회, 2014, 21, 26쪽.

31) 동법의 제정과정에 대하여 자세히는 박원순, 『국가보안법연구1 – 국가보안법 변천사』, 학문사, 2004, 78쪽 이하 참조.

는 협의의 민주주의에 부합하는 내용을 담고 있었다. 또한 냉전이라는 국제적인 기류와 좌우의 극심한 정치적 대립 속에서 진행된 우리나라의 국가형성과정이 일부 방어적인 성격을 가졌다는 점을 부정하기는 어렵다.[32] 그러나 다음의 이유에서, 이 시기 우리의 헌정질서가 방어적 민주주의를 채택 내지 계수하였다고 보기는 어렵다.

첫째, 제헌헌법의 존재에도 불구하고 당시 우리나라는 민주주의 체제가 필요로 하는 사회경제적·문화적·정치적 조건을 충분히 갖추고 있지 못했다는 점이다(전제1).[33] 좌우의 이념과 상이한 정치경제적 이해관계는 민주주의 정치과정을 통해 조정되지 못하였고, 극단적인 경우 제주 4·3 사건과 같은 무장봉기와 무력을 통한 진압으로 이어졌다. 정체Ⅳ에 따르면 1948년부터 1950년까지 우리나라의 민주주의 지수는 −3에 불과하다. 민주주의 다양성 지수(V-Dem)에 의하더라도, 1950년 우리나라의 선거민주주의 지수는 0.4 미만이며 자유민주주의 지수는 약 0.2에 불과하다.

둘째, 이 시기 우리나라에는 제2차 세계대전 이후 독일에서와 같은 가치관의 수렴이 없었으며, 방어적 민주주의의 필요에 대한 규범적 합의도 존재하지 않았다는 점이다(전제4). 당시 정치 지도자들과 대중은 자유민주주의의 수호는커녕 그 도입 자체에 대하여도 입장이 엇갈렸다.

셋째, 국가보안법의 제정도 방어적 민주주의에 입각한 것으로 보기는 어렵다는 점이다. 동법의 규율대상은 국헌을 위배하여 정부를 참칭하거나 그에 부수하여 국가를 변란할 목적으로 하는 결사 또는 집단을 구성하는 행위(제1조), 살인, 방화, 중요시설의 파괴 등 범죄행위를 목적으로 하는 결사나 집단을 조직하는 행위(제2조 제1항) 등이었다. 여기에서는 외견상의 합법성이나 민주주의에 대한 적응이

32) 김용직, 앞의 글(2014), 36쪽.
33) 이정복, 앞의 책(2012), 48, 290쪽.

라는 파시즘과 유사한 표징을 찾아볼 수 없으며, 이러한 행위는 민주주의 국가만의 문제도 아니다(전제3). 동법의 모체가 1948. 9. 20. 발의된 '내란'행위특별조치법안이었고 동법의 제정을 서두르게 한 직접적인 계기가 무장봉기인 여수·순천 사건이라는 점[34]도, 국가보안법의 제정이 방어적 민주주의에 따른 것이 아니었음을 말해준다. 국가보안법에 관하여는 이 장 제3절 Ⅰ.에서 보다 자세히 검토한다.

그 외에 법을 이데올로기나 정치사회적 요소로부터 분리하여 인식하고자 한 Kelsen의 순수법학(reine Rechtslehre)이 해방 후 본격적으로 수용되어 큰 영향을 미친 점,[35] 제헌헌법의 제정자들이 시기상으로 독일기본법상 방어적 민주주의 관련 제도의 도입을 고려할 수 없었던 점[36] 또한, 당시 우리 헌정질서가 방어적 민주주의를 채택하였다고 보기 어려움을 말해준다.

2. 6·25 동란부터 4·19 혁명까지

가. 헌법규범

(1) 제1차 개정헌법

제2대 국회의원선거 이후, 의회주의제로의 개헌을 성사하고자 한

---

34) 박원순, 앞의 책(2004), 78-81쪽. 반민족행위처벌법에 대처하려는 친일파의 정치적 의도가 동법의 제정 배경이라는 지적으로 변동명, "제1공화국 초기의 국가보안법 제정과 개정", 『민주주의와 인권』, 제7권 제1호, 전남대학교 5·18연구소, 2007, 98-104쪽; 강성현, "한국의 국가 형성기 '예외상태 상례'의 법적 구조-국가보안법(1948·1949·1950)과 계엄법(1949)을 중심으로", 『사회와 역사』, 제94집, 한국사회사학회, 2012, 93-94쪽.

35) 최종고, 『한국법사상사』, 서울대학교출판부, 2004, 348-351쪽.

36) 제헌헌법의 제정이 독일기본법보다 시기상으로 앞서기 때문이다. 한수웅 외, 앞의 책(2015), 48쪽.

야당과 대통령직선제 개헌을 관철하려는 정부·여당의 대립은, 임시수도인 부산에서 국회의원들을 위협하고 연금하는 정치파동으로 이어졌다. 1952. 7. 4. 이승만 정부는 국회의원들이 탑승한 버스를 강제로 국회의사당에 연행해온 다음, 정부 측의 대통령직선제 개헌안에 야당 측 개헌안의 내용 중 국무원불신임제를 혼합한 '발췌개헌안'을 기립투표로 통과시켰다.

제1차 개정헌법은 내용상 체계정합성을 무시한 데다, 제헌헌법 제98조 소정의 공고절차를 거치지도 않았다. 동 헌법은 비상계엄이 선포되고 폭력세력이 국회의사당을 포위한 상황에서 국회의원들에게 토론의 기회를 부여하지 않고 강행되어 위헌·위법적이라는 것이 일반적인 평가이다.[37]

(2) 제2차 개정헌법

제3대 민의원선거에서 압승한 자유당은 대통령의 중임 제한 규정을 폐지하는 내용의 개헌안을 제출하였으나, 1954. 11. 27. 표결 결과 재적의원 203명 중 135인이 찬성하여 의결정족수에 한 표가 모자라 국회는 부결을 선포하였다. 그러나 이틀 후 소위 사사오입(四捨五入)이라는 계산법을 적용하여, 야당 국회의원 전원이 퇴장하고 자유당 소속 의원만이 참석한 가운데 부결선포를 번복하여 가결로 선포하는 결의가 이루어졌다. 제2차 헌법개정은 개헌에 필요한 의결정족수에 미달한 위헌적·불법적인 것이었으며,[38] 중임제한에 관한 규정(제55조 제1항 단서)이 공포 당시의 대통령(이승만)에게 적용되지 않는다고 함으로써 평등의 원칙에 반한다[39]는 것에 이견을 찾아보기 어렵다.

---

37) 계희열, 앞의 책(2005), 131쪽; 김철수, 『헌법학개론』, 박영사, 2007, 115쪽; 정종섭, 앞의 책(2016), 200-201쪽; 성낙인, 앞의 책(2017), 79쪽.
38) 계희열, 위의 책(2005), 131쪽; 김철수, 위의 책(2007), 116쪽; 정종섭, 위의 책(2016), 201-202쪽; 성낙인, 위의 책(2017), 79쪽.

나. 헌정현실

대통령직선제를 골자로 하는 제1차 개정헌법이나 초대 대통령에 한하여 중임제한을 철폐한 제2차 개정헌법 모두는 이승만의 재선과 영구집권을 위한 것이었는바, 이 시기 헌정현실의 특징은 협의의 민주주의에 대한 본질적인 위협이라 할 수 있다.

제2차 개정헌법에 기초하여 치러진 정·부통령 선거에서 민주당의 장면 후보가 이기붕 후보를 누르고 당선되자, 위기에 몰린 이승만 정부는 민주당을 제외한 혁신계 정치인들에 대한 탄압에 나섰으며, 이는 진보당 등록취소(1958. 2. 25.), 보안법 파동(1958. 12. 24.), 경향신문 폐간(1959. 4. 30.), 조봉암의 사형(1959. 7. 31.) 등으로 이어졌다.[40] 야당과 언론에 대한 이 같은 탄압은, 규율된 경쟁 및 그것이 가능하도록 하는 정치적 표현의 자유가 부재한 당시의 상황을 말해준다.

또한 이 시기에는 민주주의의 최소한도 요건인 선거가 심각하게 오염되었다. 1950년 제2대 국회의원선거부터 1960년 제4대 정·부통령 선거에 이르기까지 금권과 관권의 개입은 점점 심각한 양상을 보였고, 매표(買票), 경찰과 내무 공무원의 선거과정 개입, 투·개표 부분 조작, 야당 측 선거운동 탄압, 후보의 등록포기나 사퇴 종용, 야당 참관인에 대한 매수·협박 등이 만연하였다.[41] 특히 제4대 정·부통령 선거는 이기붕 후보를 당선시키기 위한 대대적인 부정선거였으며, 4·19 혁명으로 이어졌다.[42]

---

39) 권영설, "이승만과 대한민국 헌법", 유영익 편, 『이승만 연구』, 연세대학교 출판부, 2000, 550쪽; 서중석, 『이승만과 제1공화국–해방에서 4월혁명까지』, 역사비평사, 2007, 130쪽.

40) 한영우, 앞의 책(2014), 539쪽.

41) 이정복, 앞의 책(2012), 526-527쪽.

42) 성낙인, 『대한민국헌법사』, 법문사, 2012, 102-103쪽; 한영우, 앞의 책(2014), 539-540쪽.

다. 검토

살피건대 제1차 개정헌법 및 제2차 개정헌법은 각각 이승만 대통령의 재선과 장기집권을 위한 것이었으며, 체계정합성 위반이나 절차상의 하자(1952년 헌법), 의결정족수 위반, 평등원칙 위반의 문제(1954년 헌법)로부터 자유롭지 못하다. 그러나 당시 헌정질서 내 방어적 민주주의의 채택을 긍정할 수 없는 것은, 헌법규범보다 헌정현실에 그 이유가 있다.

야당 및 야당인사들에 대한 대대적인 탄압과 극심한 부정선거는 선거민주주의의 원리가 전혀 기능하고 있지 못했음을 보여준다. 또한 장충단집회 방해사건(1957. 5. 25.)이나 경향신문 폐간, 4·19 혁명 당시 발포로 빚어진 유혈사태에 비추어볼 때, 당시에는 협의의 민주주의가 작동하기 위한 전제조건인 정치적 표현의 자유가 근본적으로 침해되고 있었다고 할 것이다. 결론적으로 이 시기에는 (자유)민주적 기본질서 자체가 구비되어 있지 못하였으며, 따라서 방어적 민주주의의 채택 내지 계수를 긍정할 수 없다(전제1).[43)]

3. 4·19 혁명부터 5·16 군사쿠데타까지

가. 헌법규범

(1) 제3차 개정헌법

(가) 규정 일반

헌정사상 처음으로 의원내각제를 채택한 제3차 개정헌법은 정당

43) 정체IV에 의하면 1950년부터 1960년까지 우리나라의 민주주의 지수는 −3 내지 −4이다. 민주주의 다양성 연구소에 따르면 동 기간 우리나라의 선거민주주의 지수는 0.2 내지 0.4이며, 자유민주주의 지수는 0.4에 미달한다.

의 보호 및 정당해산제도(제13조 제2항), 경찰 등 공무원의 정치적 중립성(제27조 제2항, 제75조 제2항), 양원제(제31조 제2항), 중앙선거관리위원회의 헌법기관화(제6장), 대법원장과 대법관의 선거제(제78조), 헌법재판소의 설치(제8장), 지방자치단체장의 선거(제97조 제2항) 등을 규정하였다. 또한 언론·출판·집회·결사의 자유에 대한 사전허가·검열금지(제28조 제2항 단서), 기본권의 본질적 내용 침해금지(제28조 제2항 단서)가 규정되었다.[44] 특히 정당에 대한 보호를 규정하고 (정치적) 표현의 자유에 대한 허가와 검열을 금지한 것은 협의의 민주주의에 한층 부합하는 방향으로의 변화를 보여준다고 하겠다.

(나) 정당해산제도

제3차 개정헌법이 위헌정당의 해산을 규정한 것이 방어적 민주주의의 채택으로 볼 수 있느냐가 문제된다. 전술한 것처럼, 독일과 상이한 도입배경 등을 고려할 때 정당보호의 성격이 부각되기는 하나 방어적 민주주의의 성격도 부정할 수 없다는 것이 다수의 견해이자 헌법재판소의 입장이다. 그러나 최근에는, 정당해산제도를 규정한 것을 두고 우리 헌법이 방어적 민주주의를 수용하였다고 볼 수 없다는 반론도 개진되고 있다.

다음의 이유에서, 정당해산제도의 도입이 방어적 민주주의와 전혀 무관한 것이었다고 하기는 어렵다. 첫째, 정당해산제도를 도입하면서 방어적 민주주의에 입각한 독일기본법을 참고하였다는 점이다. 당시 정헌주 헌법개정기초위원장은 "본 개헌안에 있어서 이태리헌법 및 서독헌법의 전례에 따라서 제13조 제2항에 정당에 관한 규정을 신설했습니다."라고 하였는바,[45] 특히 정당해산의 요건이나 절차 등 정당해산제도에 관한 부분은 독일기본법을 주로 참조하였다고

44) 양건 외,『헌법 주석서Ⅰ』, 법제처, 2010, 8-9쪽.
45) 국회도서관, 앞의 책(1968), 57쪽.

평가된다.[46] 둘째, 정당해산제도를 도입할 당시 민주주의 체제의 특유한 적을 구체적으로 상정하고 있었다는 점이다. 정헌주 위원장은 "공산당이나 일당독재를 꿈꾸는 파시스트당이나 왕정복고를 꾀하는 정당 등이 우리 헌법의 기본질서에 위반되는 정당으로 생각이 되는 것입니다."라고 하였는데,[47] 이러한 정당들은 민주주의에 대한 적응과 외견상의 합법성을 갖춘 존재라 할 수 있다(전제3).[48] 셋째, 동 제도를 통해 보호하려는 대상인 민주적 기본질서가 독일기본법의 자유민주적 기본질서와 같은 의미로 해석된다는 점이다.[49] 넷째, 정당이 민주주의를 파괴한 경험이 없다 하더라도 그것만으로 방어적 민주주의의 도입을 부정할 수 없다는 점이다. 일찍이 Loewenstein은 아직 파시즘에 의해 전복되지 않은 국가들로 하여금 방어적 민주주의에 입각한 조치를 취할 것을 촉구하였고, 1990년대 중·동유럽 국가들 또한 처음으로 획득한 민주주의를 유지하고자 방어적 민주주의 관련 제도를 도입하였다.

그러나 정당해산제도를 도입함으로써 방어적 민주주의를 채택하였음이 인정된다 하더라도, 그 역사적 배경이 독일에서와 크게 달랐다는 점을 간과해서는 안 된다. 정당(나치당)이 바이마르 공화국의 민주주의를 파괴한 것이 독일기본법상 정당해산조항의 도입배경인 반면, 우리의 경우 국가권력의 일방적·자의적인 행사로 정당(진보당)이 존립을 부정당한 것이 문제되었다.[50] 이 때문에 정헌주 위원장은

---

46) 반면 독자적인 정당조항을 두지 않고 정당에 관한 내용을 기본권조항에 규정하였다는 점에서, 체계상으로는 이탈리아 헌법의 예를 따랐다고 평가된다. 송석윤, 앞의 글(2010a), 36쪽.

47) 국회도서관, 앞의 책(1968), 58쪽.

48) 특히 파시스트 정당은 Loewenstein이 방어적 민주주의를 주창하게 한 계기였다.

49) 홍성방, 앞의 글(1993), 34-35쪽.

50) 양정윤, "헌법상 정당조항의 변천", 『안암법학』, 제44권, 안암법학회, 2014, 58쪽.

진보당 사건을 거론하면서, "정당의 자유를 일반 집회결사의 자유로부터 분리해 가지고 고도로 그것을 보장하도록 했습니다. 정당을 불법화하려고 할 때에는 그 목적이나 활동이 헌법의 민주적 기본질서에 위반되는 경우에 한하기로 하고 그 해산은 대통령의 승인을 얻은 정부의 소추에 의해서 헌법재판소만이 이것을 판결하도록 했습니다."라고 설명한 것이다.[51)]

이를 정리하면, 정당해산제도의 도입을 통해 방어적 민주주의를 채택한 것은 인정되나 그 방어적 성격이 독일에서와 같은 수준이었다고 보기는 어려우며, 그보다는 정당을 보호하는 수단으로서의 성격이 더 컸다는 것이 균형 잡힌 해석이 될 것이다.

(2) 제4차 개정헌법

1960. 11. 29. 개정·시행된 제4차 개정헌법은 3·15 부정선거의 주모자들과 부정선거에 항의하는 군중을 살상한 자들을 처벌하고, 현저한 반민주행위를 한 자의 공민권을 제한하며, 지위 또는 권력을 이용해 부정한 방법으로 재산을 축적한 자들에 대하여 행정상·형사상의 처리를 하기 위한 특별법 제정의 근거를 마련하였으며, 방어적 민주주의와 관련하여 특기할 것은 없다.

나. 헌정현실

1960. 7. 29. 치러진 제5대 국회의원선거 당시 일부 선거구에서 금권선거와 폭력사태가 있었으나, 당시 선거풍토는 대체로 공명하였다고 평가되며 특히 관권개입이 거의 없었다는 점은 주목할 만하다.[52)] 1960. 8. 23. 출범한 장면정부는 미국식 자유민주주의 정치운영을 수

51) 국회도서관, 앞의 책(1968), 58쪽.
52) 이정복, 앞의 책(2012), 528쪽.

행하였으며 언론도 활성화되었다. 정부의 각종 규제가 완화된 결과 여러 노동단체와 학생들의 요구와 시위가 증가하였고, 정당보호규정이 도입됨에 따라 혁신계 정당들이 보다 과감하게 활동할 수 있게 되었으며, 그 동안 위축되었던 통일논의와 진보적 정치활동이 재개되었다. 학생들이나 혁신계 정치인들의 통일론은 한 목소리가 아니어서, 중립화통일론, 남북협상론, 남북교류론 등 다양한 입장이 개진되었다.[53)]

이 시기는 정치적 표현의 자유가 폭넓게 보장되고 규율된 경쟁의 원리에 따라 선거가 치러졌다는 점에서, 방어적 민주주의의 전제조건인 민주적 기본질서의 존재가 인정된다(전제1).[54)]

다. 검토

비록 오래 지속되지는 못했지만 제2공화국은 민주주의 체제로서 방어적 민주주의의 전제조건을 충족하며, 정당해산제도의 도입은 방어적 민주주의의 성격도 일부 가지고 있었음이 인정된다. 다만 동 제도는 정당을 보호하는 수단으로서의 성격이 보다 강했으며, 이제 막 다양한 정견을 존중하며 민주주의를 확립하고자 한 시대적 배경에 비추어 보더라도 방어적 민주주의의 '전면적' 수용은 시기상조였던 것으로 생각된다.

---

53) 이정복, 위의 책(2012), 590쪽; 한영우, 앞의 책(2014), 544-545쪽.

54) 정체IV에 따르면 당시 우리나라의 민주주의 지수는 8이다. 민주주의 다양성연구소 또한 제2공화국이 단명하였으나 종전보다 민주적인 성격을 가졌다고 본다. Frida Andersson and Valeriya Mechkova, 앞의 글(2016), p. 5.

4. 5·16 군사쿠데타부터 제3공화국 출범까지

가. 헌법규범: 제5차 개정헌법

1961. 5. 16. 군사쿠데타 직후 군사혁명위원회는 6개항의 혁명공약을 발표하였으며, 이틀 뒤 개칭(改稱)한 국가재건최고회의는 포고령·계엄령으로 통치하던 중 1961. 6. 6. 국가재건비상조치법을 제정·시행하였다. 동법에 따라 정부가 총사퇴하고 국회는 해산되었으며,[55] 구성되지도 못한 헌법재판소의 기능이 정지되었다. 또한 제4차 개정헌법은 국가재건비상조치법에 위배되지 않는 범위 내에서만 효력을 갖게 되었다(국가재건비상조치법 제24조). 이후 헌법은 1962. 12. 26. 공포되어 1963. 12. 17. 시행되었다.

제5차 개정헌법은 헌법상의 개정절차를 따르지 아니하고 국가재건비상조치법이 규정한 국민투표에 의하여 개정되었다는 점에서, 입법과정상 정당성을 결여하였다고 평가된다.[56] 내용적인 측면에서는 언론·출판에 대한 허가나 검열과 집회·결사에 대한 허가를 금지하였으며(제18조 제2항), 국회의원과 대통령이 보통·평등·직접·비밀선거에 의하여 선출됨을 규정하고(제36조 제1항, 제64조 제1항) 그 임기를 한정하는 등(제37조, 제69조 제1항), 대체로 협의의 민주주의에 부합하는 내용을 담고 있었다.

---

55) 국가재건비상조치법 제2조는, 혁명과업이 완수된 후 시행될 총선거에 의하여 국회가 구성되고 정부가 수립될 때까지 국가재건최고회의가 최고 통치기관으로서의 지위를 가진다고 규정하였다.

56) 임종훈·박수철, 앞의 책(2006), 371쪽; 권영성, 앞의 책(2010), 93-94쪽; 정종섭, 앞의 책(2016), 206쪽.

나. 헌정현실

민주주의와 관련하여 이 시기 가장 큰 문제는 정치적 기본권의 광범위한 억압이었다. 군사혁명위원회는 모든 정당과 사회단체의 정치활동을 금지하였고(포고 제4호), 포고 제6호(1961. 5. 22.)에 의하여 이들을 모두 해체하였다. 이어 본격적인 군정이 실시되면서 국가재건비상조치법(1961. 6. 6.), 반공법(1961. 7. 3.), 집회에 관한 임시조치법(1961. 9. 9.), 정치활동정화법(1962. 3. 16.) 등이 잇달아 제정·시행되었다. 군정은 모든 구정치인들의 활동을 금지하고, 용공분자의 색출을 명분으로 진보 정치인이나 노조 및 학생 간부 3천여 명을 혁명재판에 회부하였다.[57] 1962. 12. 31. 제정된 집회 및 시위에 관한 법률은, 판결에 의하여 해산된 정당 또는 예속단체의 목적을 달성하기 위한 것이거나 민주적 기본질서에 위배되는 집회 또는 시위를 주관하거나 개최하는 것을 금하였다(제3조 제1항 제1호, 제3호).[58]

민주적 정당성을 결여한 군부가 내각을 총사퇴시키고 국회를 해산한 것은, 선거를 통해 형성된 집단적 동의를 형해화한 것이 아닐 수 없다. 또한 모든 정당과 사회단체가 해체되고 정치활동정화법에 의해 4,374명에 이르는 사람들의 정치활동이 금지된 것이나,[59] 옥내집회가 원칙적으로 허용되지 아니한 것은(집회에 관한 임시조치법 제1조), 이 시기 방어할 대상인 민주주의 자체가 존재하지 않았음을

57) 송석윤, 앞의 책(2007b), 83-84쪽; 한영우, 앞의 책(2014), 545-546쪽.

58) 헌법재판소는 구 집회 및 시위에 관한 법률 제3조 제1항 제3호가 집회의 자유를 사전적, 전면적으로 제한하면서 헌법상의 원리인 민주적 기본질서라는 개념을 그대로 사용하였을 뿐 그로 인한 기본권 제한의 한계를 설정할 수 있는 구체적 기준을 제시하지 않아, 과잉금지원칙을 위반하여 집회의 자유를 침해한 것이라고 하였다. 헌재 2016. 9. 29. 2014헌가3 등, 공보 제240호, 1449, 1456.

59) 송석윤, 앞의 책(2007b), 84쪽.

보여준다(전제1). 정체IV에 의하면 군정 당시 민주주의 지수는 -7에 불과하다. 한편 민주주의 다양성연구소는 선거민주주의의 수준을 가늠하는 지표인 결사의 자유 지수(freedom of association index)를 0.3으로 측정한바, 이는 제2공화국 당시의 절반에도 미치지 못하는 것이다.[60]

다. 검토

군사쿠데타 이후 국가재건비상조치법에 위배되지 않는 범위 내에서만 헌법의 효력을 인정하였던 것은 헌법파괴가 아닐 수 없다. 이후 제5차 개정헌법이 협의의 민주주의에 관한 규정들을 일부 담고 있었던 점은 인정된다. 그러나 선거로 구성된 국회를 해산하고 정치적 기본권을 전면적으로 억압하였던 당시의 헌정현실은, 방어적 민주주의의 전제요건인 민주적 기본질서 자체를 구비하지 못한 것이었다(전제1). 따라서 동 헌법이 정당해산제도를 유지하였고(제7조 제3항 단서) 구 집회 및 시위에 관한 법률이 민주적 기본질서에 위배되는 집회·시위를 금하였다 하여, 이를 방어적 민주주의에 입각한 것이라고 할 수 없다.

5. 제3공화국 출범부터 유신체제의 성립까지

가. 헌법규범

1969. 9. 14. 새벽 2시경 국회의사당이 아닌 곳(국회 제3별관)에서 여당의원들만 표결에 참석한 가운데 헌법개정안이 기습적으로 통과되었고, 이어 1969. 10. 17. 국민투표로 확정되었다. 제6차 개정헌법은

60) Frida Andersson and Valeriya Mechkova, 앞의 글(2016), p. 5.

대통령의 계속 재임은 3기에 한한다고 규정함으로써(제69조 제3항) 박정희 대통령의 계속 집권을 가능케 하여 '3선 개헌'이라고도 불리며, 헌법개정에 필요한 국민적인 합의의 형성과정과 국회의 정당한 의사진행절차를 무시한 불법적인 것이었다고 인식되고 있다.[61] 언론·출판·집회·결사의 자유에 대한 허가 내지 검열을 금지하고(제18조 제2항), 보통·평등·직접·비밀선거의 원칙을 규정한 것(제36조 제1항, 제64조 제1항)은 개정 전과 같다.

나. 헌정현실

먼저 선거에 관하여 살펴보면, 1963년 제5대 대통령선거는 군정이 관리하기는 하였으나 '비교적' 공명했다는 평가를 받는다. 이것은 유권자들이 3·15 부정선거의 기억을 생생하게 가지고 있었던 데다가, 쿠데타를 주도한 세력이 자유당시절 군의 부정선거 개입을 문제 삼은 인사들이어서 무리하게 선거에 개입할 수 없었기 때문이라고 풀이된다.[62] 그러나 제6·7대 대통령선거와 제7·8대 국회의원선거는 제1공화국 당시와 마찬가지로 부패한 것이었다. 특히 제7대 국회의원선거의 경우 금품제공·관권개입·중상모략·투개표 부정·야당 당원들에 대한 폭력사태가 만연하여, 사상 유례를 찾아볼 수 없는 부정타락선거였다고 평가받기도 한다.[63]

한편 변칙적으로 이루어진 헌법개정과 박정희 대통령의 세 번째 당선은 학생과 여론의 거센 반발을 초래하였다. 이에 정부는 1971. 12. 6. 국가비상사태를 선언하였고, 이어 국가보위에 관한 특별조치

---

61) 허영, 앞의 책(2017), 111쪽. 국민투표 과정에서도 공무원의 관여 등 절차적 하자가 심하였다. 양건 외, 앞의 책(2010), 11쪽.

62) 이정복, 앞의 책(2012), 528쪽.

63) 이정복, 위의 책(2012), 528-529쪽.

법을 제정·시행하였다. 동법에 따라 대통령은 국가비상사태를 선포하고(제2조), 공공의 안녕질서를 이유로 옥외집회 및 시위를 금지하거나(제7조) 언론 및 출판을 규제하기 위하여 특별한 조치를 할 수 있게 되었다(제8조).

1971년에는 중국이 국제연합에 가입하고 미국과 중국의 화해가 시작되었으며 베트남의 공산화가 가시화되는 등 대외적으로도 긴박한 상황이 전개되었다. 이러한 상황을 기회로 받아들인 정부는 1970년부터 남북교류를 제의하였고, 1972. 7. 4. 남북공동성명이 발표되었다. 이를 계기로, 정부는 남북대화를 뒷받침할 수 있는 국민총화와 능률의 극대화를 명분으로 유신체제를 준비하게 되었다.[64)]

요컨대 민주주의의 핵심인 선거과정이 근본적으로 오염되고 정치적 기본권에 대한 억압이 극심한 가운데 정부가 국제정세를 기화로 영구집권을 준비한 것이 당시의 헌정현실인바, 방어적 민주주의의 전제요건인 민주적 기본질서의 존재를 찾아볼 수 없다.[65)]

다. 검토

이 당시 헌법은 민주적 성격을 가졌으나 통치현실은 비민주적이었다고 하면서, 제3공화국을 반(半)민주주의 혹은 반(半)권위주의 체제로 분류하는 견해가 있다.[66)] 그러나 제6차 개정헌법은 국민적 합의의 형성과정과 국회의 의사진행절차를 무시한 것이었는바, 협의의 민주주의에 부합하는 일부 규정의 존재만으로 동 헌법이 민주적이라 하기는 힘들다. 여기에 정치적 기본권에 대한 전면적인 억압, 부

64) 한영우, 앞의 책(2014), 548-549쪽.

65) 이 시기 정체IV의 민주주의 지수는 −7에서 3을 오르내린다. 동 기간 V-Dem의 선거민주주의 지수는 0.2에 미달하며, 자유민주주의 지수는 0.3 수준이다.

66) 이정복, 앞의 책(2012), 185쪽.

정선거, 정부의 영구집권 준비 등의 헌정현실을 고려하면, 민주적 기본질서의 존재를 인정하기 어려울 것이다(전제1).

6. 유신체제부터 신군부의 쿠데타까지

가. 헌법규범: 제7차 개정헌법

1972. 10. 17. 박정희 대통령은 '남북대화의 적극적인 전개와 주변정세의 급변하는 사태에 대처하기 위한 체제개혁'을 명분으로, 전국에 비상계엄을 선포한 채 이른바 유신조치(10·17 비상조치)를 단행하였다. 이 조치는 국회해산과 정당·정치활동의 금지, 비상국무회의에 의한 국회권한 대체, 헌법개정안 공고와 국민투표의 실시, 개정헌법의 확정과 개정된 헌법 절차에 따른 헌정질서의 정상화를 그 내용으로 하였다.[67] 이후 비상국무회의의 헌법개정안 공고와 국민투표를 거쳐 1972. 12. 27. 제7차 개정헌법이 시행된바, 소위 '유신헌법'이다.

유신헌법은 기본권의 본질적 내용 침해 금지 조항(제6차 개정헌법 제32조 제2항)을 삭제하였으며, 거의 모든 기본권에 개별적 법률유보를 규정하였다. 평화적 통일을 추진하기 위한 국민의 주권적 수임기관으로 통일주체국민회의를 신설하였고(제3장), 여기서 대통령과 국회의원정수의 3분의 1에 해당하는 수의 국회의원을 선거하도록 하였다(제39조 제1항, 제40조 제1항). 대통령은 국회의 승인을 요하지 않는 긴급조치권(제53조)과 국회해산권(제59조 제1항)을 가졌으며, 국회의원 정수의 3분의 1에 해당하는 후보자를 일괄 추천하게 되었다(제40조 제2항). 대통령의 중임·연임을 제한하는 규정은 두지 않았고, 국회의 회기를 단축하는 한편(제82조 제2항 내지 제3항) 국정감

67) 박정희, "대통령 10월 17일 특별 선언-전문", 『중앙일보』, 1972. 10. 18, http://news.joins.com/article/1332789 (최종접근일 2018. 6. 13.)

사권을 폐지하였으며, 대법원장을 비롯한 모든 법관을 대통령이 임명토록 하였다(제103조 제1항 내지 제2항). 전문에 '자유민주적 기본질서'라는 표현이 등장한 것도 특기할 만하다.

오늘날 유신헌법이 반민주성을 부정하는 견해는 찾아보기 어려운바, 이 책 또한 다음의 이유에서 이러한 입장을 따른다.

첫째, 유신헌법은 개정안에 대한 찬반 논의가 금지된 가운데 국민투표를 통해 개정·시행되었으므로,[68] 실질적인 동의의 갱신에 따른 것이라 할 수 없다. 또한 동 헌법은 제6차 개정헌법이 예정하지 아니한 불법적인 비상조치로 촉발되었고,[69] 초헌법적인 기구인 비상국무회의에서 그 개정안을 마련하여 발의·공고한 것이었기에 절차적 정당성을 결여하고 있었다.[70] 일각에서는 이를 두고 헌법제정이라고 하지만, 비정상적 절차에 의한 개헌을 헌법의 제정으로 정당화할 수는 없을 것이다.[71]

둘째, 유신헌법은 협의의 민주주의를 인정하기 위한 전제인 국민주권을 본질적으로 침해하는 내용을 담고 있었다. 동 헌법은 주권이 국민에게 있음을 규정하였으나(제1조 제2항), 국민의 주권적 수임기관으로 통일주체국민회의를 상정하고[72] 민주국가에서 국민이 주권

68) 이정복, 앞의 책(2012), 604쪽.

69) 양건, "한국헌법Ⅲ: 제4공화국헌법 및 제5공화국헌법사의 개관", 『공법연구』, 제17집, 한국공법학회, 1989, 115쪽. 10·17 비상조치가 헌정질서를 파괴·정지한 일종의 쿠데타라는 평가로 김선택, "유신헌법의 불법성 논증", 『고려법학』, 제49호, 고려대학교 법학연구원, 2007, 178쪽.

70) 당시 제6차 개정헌법의 요건에 따른 개정안의 발의와 의결이 없었음을 지적한 연구로 임지봉, "유신헌법과 한국 민주주의", 『공법학연구』, 제13집 제1호, 한국비교공법학회, 2012, 183-201쪽.

71) 정종섭, 앞의 책(2016), 208쪽.

72) 국민이 국가기관으로 하여금 국가권력을 행사하도록 하는 것을 넘어, '주권적 수임기관'에 주권을 통째로 위임하는 것은 논리적·법리적으로 성립할 수 없으며, 주권의 불가양성에 반한다고 할 것이다. 김선택, 앞의 글(2007), 179쪽; 임지봉, 앞의 글(2012), 190쪽.

을 행사하는 방법인 선거권을 본질적으로 침해하고 있었다.[73]

셋째, 유신헌법 하에서는 선거를 통한 공동체의 의사결정과정이 보장되지 않았다. 대통령이 국회의원 정수의 3분의 1에 해당하는 후보자를 일괄 추천하고(제40조 제2항), 통일주체국민회의에서 찬성을 얻지 못한 경우 당선의 결정이 있을 때까지 계속해서 후보자명부를 작성·제출하여 선거를 요구하도록 한 것(제40조 제3항)이 그러하다. 설사 통일주체국민회의를 국민의 주권적 수임기관으로 인정한다 하더라도, 적어도 국회의원 정수의 3분의 1에 관한 한 '동의의 대상'은 시종 대통령에 의하여 주어지는 것이었다. 또한 대통령을 '토론 없이' 선거하도록 한 것은(제39조 제1항), 통일주체국민회의에서의 대통령선거가 규율된 경쟁에 따른 정치적 다수의 형성과정이 아니었음을 보여준다.[74]

넷째, 유신헌법은 민주주의가 기능하기 위하여 불가결한 정치적 표현의 자유를 본질적으로 침해하는 것이었다. 동 헌법은 언론·출판·집회·결사의 자유에 대한 허가 내지 검열을 금지한 규정(제6차 개정헌법 제18조 제2항)을 삭제하였으며, 표현의 자유는 개별적 법률유보의 대상이 되었다. 또한 유신헌법은 기본권의 본질적 내용 침해 금지 조항도 두지 않았고, 이에 따른 기본권위축효과는 심각한 것이었다.[75]

나. 헌정현실

정부는 자유민주주의가 낭비와 비능률의 체제라고 비난하고 유

---

73) 대통령선거의 경우 선거권 자체가 주어지지 않았고, 국회의원선거의 경우에도 의석구도를 결정하는 것이 크게 제약되었다. 김선택, 위의 글(2007), 179쪽.

74) 제8대 및 제9대 대통령선거에서는 박정희가 유일한 후보자로서 만장일치에 가까운 득표로 당선된바, 경쟁 자체가 있었는지도 의문이다.

75) 김선택, 앞의 글(2007), 182쪽.

신체제를 '한국적 민주주의'라고 선전하였으나 국민은 이를 민주정치로 받아들이지 않았다. 제4공화국 전 기간을 통하여 유신체제를 거부하는 운동이 지속된바, 학생들의 유신철폐운동으로 대학은 조기 방학과 휴교를 거듭하였다. 또한 기자들의 언론자유 수호운동으로 동아일보가 광고탄압을 받았으며 146명에 이르는 기자들이 해직되었다. 정부는 제3공화국 때부터 중앙정보부와 군에 정치적으로 의존하기 시작했으나, 제4공화국 들어 이러한 의존도는 더욱 높아졌다.[76)]

1973. 8. 8. 정부는 일본에 체류 중이던 김대중을 납치 후 자택에 연금하여 국내외에 큰 파문을 일으켰으며, 1974. 1. 8.부터 긴급조치를 잇달아 발동하여 교수, 학생, 언론인, 종교인, 문인 등 민주인사들을 투옥 또는 해직하였다. 1975. 8. 17.에는 개헌청원운동을 벌이던 장준하가 의문의 죽음을 당하기도 하였다. 이후 신민당의 김영삼 총재가 적극적인 민주화투쟁을 전개하자 국회는 1979. 10. 4. 그를 제명하였고, 이는 부마(釜馬)사태로 불리는 대규모 저항운동으로 이어졌다.[77)]

한편 제4공화국에서는 대통령선거가 사실상 존재하지 않은 것과 마찬가지였으며, 선거제도 자체가 집권연장을 보장하는 비민주적인 것이었기에 집권세력은 부정선거를 할 필요를 크게 느끼지 않았다. 그러나 여야 간 경쟁적 분위기가 되살아난 제10대 국회의원선거는 금권이 난무한 선거였다고 평가된다.[78)]

이와 같이 제4공화국 당시에는 정부 스스로도 자유민주주의 체제를 비난·거부하였고, 정치적 기본권의 행사가 광범위하게 억압된 데다, 규율된 경쟁으로서의 선거제도 자체가 정상적으로 기능하지 못한바, 방어적 민주주의의 전제조건인 민주적 기본질서를 인정하기 어렵다(전제1).

---

76) 이정복, 앞의 책(2012), 611-612쪽.
77) 한영우, 앞의 책(2014), 549-550쪽.
78) 이정복, 앞의 책(2012), 530-531쪽.

다. 검토

정리하면, 이 시기는 헌법규범과 헌정현실 모두 반민주적이었다고 평가된다. 유신체제 당시 민주주의 지수(정체IV)는 헌정사상 가장 낮은 −9 내지 −8이며,[79] 제3공화국 당시를 형식민주주의 내지 반(半)민주주의로 보는 입장에서도 유신체제를 비민주적 권위주의로의 퇴행이라고 받아들인다.[80] 따라서 유신헌법이 전문에서 '자유민주적 기본질서'라는 표현을 사용하고 정당해산제도(제7조 제3항 단서)를 규정하고 있었다 하더라도, 이를 두고 방어적 민주주의라 할 수 없다(전제1).

6. 신군부의 쿠데타부터 민주화에 이르기까지

가. 헌법규범: 제8차 개정헌법

1979. 10. 26. 박정희 대통령의 사망 이후 긴급조치 제9호가 해제(1979. 12. 8.)되어 헌법개정논의가 가능해졌으며, 헌법개정심의특별위원회가 구성되는 등 국회를 중심으로 개헌작업이 추진되었다. 그러나 1979. 12. 12. 군사쿠데타를 일으킨 신군부가 1980. 5. 17. 전국에 계엄령을 선포하고 일체의 정치활동을 정지시켜 모든 개헌논의가 중단되었다. 이후 1980. 8. 27. 제11대 대통령선거에서 전두환이 당선되었고, 정부주도로 개헌이 진행되었다. 대통령선거인단에 의한 간선제와 7년 단임의 대통령제를 골자로 한 개정안이 공고되어(1980. 9. 29.) 국민투표로 확정(1980. 10. 22.)되었으며, 1980. 10. 27.부터 시행되

---

79) V-Dem의 선거민주주의 지수와 자유민주주의 지수 또한 헌정사상 최저치이다.

80) 이정복, 앞의 책(2012), 51, 185-186쪽.

었다.[81]

제8차 개정헌법은 기본권의 본질적 내용 침해 금지를 다시 규정하고(제35조 제2항), 거주·이전의 자유(제13조), 직업선택의 자유(제14조), 언론·출판·집회·결사의 자유(제20조 제1항) 등에 대한 개별적 법률유보를 삭제하였으며, 구속적부심사를 부활하는 등(제11조 제5항) 기본권 보장의 실효성을 제고하였다. 또한 대통령의 비상조치권(제51조)과 국회해산권(제57조)을 제한하여 그 남용의 소지를 줄였으며, 국회의원 정수의 3분의 1에 해당하는 후보자를 추천하는 권한도 삭제되었다.

살피건대, 제8차 개정헌법이 유신헌법의 비민주적인 요소를 많이 완화한 것은 인정된다. 특히 표현의 자유에 대한 개별적 법률유보를 삭제하고 그 본질적인 내용을 침해할 수 없게 한 것이나 대통령의 국회의원 후보자 추천권을 삭제한 것은, 민주주의와 관련하여 중요한 진전이었다고 평가된다. 그러나 동 헌법은 국회의 권한을 정지시키고 비정상적인 상황에서 출범한 정부가 추진하여 민주적 정당성을 결여하고 있었다는 점에서 근본적인 한계를 지닌다. 또한 국민투표를 통해 형식상 민주적 정당성을 확보하였으나, 군사쿠데타 세력에 의해 조성된 강압적인 분위기를 고려할 때 이를 진정한 의미에서 '동의의 갱신'이라 보기 어렵다.[82]

나. 헌정현실

신군부의 쿠데타가 가지는 반민주성을 상술할 필요는 없을 것인바, "피의자들의 범행이 군권의 장악을 목적으로 불법한 병력동원과

81) 위 내용은 김백유, "제5공화국 헌법의 성립 및 헌법발전", 『일감법학』, 제34호, 건국대학교 법학연구소, 2016, 90-95쪽을 요약한 것이다.
82) 임종훈·박수철, 앞의 책(2006), 374쪽; 정종섭, 앞의 책(2016), 211쪽.

무력행사를 통하여 인명을 살상하고 저질러진 하극상의 군사반란으로서 국민들로 하여금 좌절감과 굴욕감을 느끼게 하였고, 우리 헌정사에는 왜곡과 퇴행의 오점을 남기게 한 범죄행위"라는 헌법재판소의 설시[83]로 갈음한다.

1980. 5. 17. 신군부는 전국에 계엄령을 선포하고 모든 정치활동을 정지시켰으며, 유력 정치인들이 체포·연금되었고, 5·18 민주화운동에 대한 과잉진압은 이후 전두환 정권에 정치적 부담이 되었다. 전두환 정권은 언론매체를 통폐합하고 반정부 성향의 기자를 대거 해직하여 언론을 장악했으며, 1984. 2. 29.까지 사복경찰이 대학에 상주하였다. 1980년대 중반부터는 학생, 정치권, 사회 각계에서 민주화운동을 전개하였고, 박종철 고문치사사건(1987. 1. 14.)과 4·13 호헌조치에 이은 이한열 사망사건(1987. 6. 9.)으로 시위가 전국으로 확산되어 6·29 선언으로 이어졌다.[84]

쿠데타와 민주화운동에 대한 무력진압 및 최규하 대통령의 사임에 이어 유신체제에서의 방식을 답습한 간접선거로 치러진 제11대 대통령선거나, 유력한 정치인들의 정치활동을 금지하고 민주정의당이 정치적 자원을 독점하는 구도에서 치러진 제11대 국회의원선거[85] 등은 선거민주주의 원리에 충실한 것이었다고 할 수 없다. 이후 전두환 정권에서 자행된 정치적 표현의 자유나 정치활동에 대한 전면적 억압 역시 자유민주주의 원리와는 요원한 것인바, 이 시기는 시종 민주적 기본질서라는 방어적 민주주의의 전제요건을 결여하였다고 하겠다(전제1).[86]

---

83) 헌재 1995. 1. 20. 94헌마246, 판례집 7-1, 15, 59.

84) 한영우, 앞의 책(2014), 556-558, 560-562쪽.

85) 위 두 선거에 대하여 자세히는 김백유, 앞의 글(2016), 121-125쪽 참조.

86) 정체Ⅳ에 따르면 당시 민주주의 지수는 −8 내지 −5이다. 같은 기간 V-Dem의 선거민주주의 지수는 0.4 내지 0.7에 분포하며, 자유민주주의 지수는 0.3 안팎에 불과하다.

다. 검토

제8차 개정헌법이 그 내용 면에서 유신헌법에 비해 기본권 보장의 실효성을 제고하고 비민주적 요소를 많이 제거한 것은 인정된다. 그러나 동 헌법 자체가 민주적·절차적 정당성을 결여한 점이나 위에서 본 헌정현실을 감안할 때, 이 시기에는 협의의 민주주의가 갖추어야 할 최소한의 내용이 구비되지 못하였다고 판단된다.

7. 민주화 이후

가. 헌법규범: 제9차 개정헌법

현행헌법인 제9차 개정헌법은 6·29 선언 이후 여야 합의로 개헌안을 마련하여 국민투표를 거쳐 시행된 것으로, 오늘날 그 민주적 정당성을 부정하는 견해는 찾아보기 어렵다.

이 책에서 현행헌법의 내용을 자세히 검토할 필요는 없을 것이다. 현행헌법의 가장 큰 특징은 대통령 직선제를 복원한 것(제67조 제1항)으로, 이는 당시 국민들의 가장 큰 관심사가 장기집권을 막고 민주적 정권교체를 이루려는 것이었기 때문이다.[87] 또한 현행헌법은 언론·출판·집회·결사에 대한 허가·검열을 금지하는 규정을 다시 도입하였으며(제21조 제2항), 헌법재판소를 설치(제6장)하였다.[88] 특히 헌정사상 처음으로 헌법소원제도를 둠으로써(제111조 제1항 제5호), 협의의 민주주의가 전제하는 정치적 기본권이 두텁게 보장될 수 있게 하였다. "조국의 민주개혁과 평화적 통일의 사명에 입각하여 (중

87) 이정복, 앞의 책(2012), 620쪽.

88) 제3차 개정헌법이 헌법재판소의 설치를 규정하였으나 실제로 헌법재판소가 구성되지는 못하였다.

략) 자유민주적 기본질서를 더욱 확고히"라는 헌법 전문은, 평화통일이 자유민주주의의 이름으로 권위주의체제를 유지하는 수단이 되었던 과거로부터 단절하려는 결연한 의지의 표현이라고 여겨지기도 한다.[89)]

전반적으로 현행헌법은 그 절차와 내용 모두 방어적 민주주의의 전제요건인 민주적 기본질서에 부합하는 것이었다고 할 수 있다(전제1).

나. 헌정현실

(1) 민주적 기본질서의 구비

헌법규범뿐만 아니라 헌정현실 또한 대체로 협의의 민주주의에 부합하며, 그 전제조건인 국민주권, (정치적) 표현의 자유, (피)선거권이 보장되고 있다고 할 수 있다. 세 차례에 걸쳐 평화적으로 정권이 교체된 것이나, 헌법재판소 및 각급 법원에 의하여 (정치적) 기본권의 침해가 널리 구제되고 있음은 이를 잘 보여준다. 제5공화국 당시 −8 내지 −5에 불과하였던 민주주의 지수(정체Ⅳ) 또한 수직상승하여, 90년대 초반부터는 6에 달하였으며 2000년 이후 지금까지 8을 기록하고 있다. V-Dem의 선거민주주의 지수 및 자유민주주의 지수도 0.7 이상으로 급등하였고, 이후 지금에 이르기까지 완만한 상승세를 보여주고 있다.

이처럼 현행헌법에 이르러 민주주의가 정상적으로 작동하게 됨에 따라(전제1), 정당해산제도도 민주주의를 수호하는 수단으로서의 의미를 가질 수 있게 되었다.[90)]

---

89) 송석윤, 앞의 글(2010a), 52쪽.

90) 이재희, 앞의 글(2015b), 251쪽. 다만 이 연구는, 이를 반영하는 조문상의 변화가 없었기 때문에 이러한 해석론을 적극 도출하는 것에는 한계가 있다는 입장이다.

(2) 방어적 민주주의가 강조될 헌정현실의 부존재

전술한 것처럼 민주화 이후에는 헌법규범 및 헌정현실 모두의 측면에서 방어적 민주주의의 전제인 민주적 기본질서가 갖추어졌다. 그러나 다음의 헌정현실에 비추어, 오늘날 우리의 헌정질서에서 민주주의의 방어적 성격이 강하게 인정된다고 보기는 어렵다고 판단된다.

첫째, 민주화 이후 한반도의 긴장이 완화되고 전향적인 대북정책이 추진되었다는 것이다. 1980년대 후반 소련의 개혁개방정책과 동구 공산권 국가들의 정치개혁이 급속하게 진행됨으로써 국제적 냉전질서가 해체되는 국면에 접어들었으며, 남북한 관계도 전기를 맞이하게 되었다.[91] 노태우 정부는 출범 직후 '민족자존과 번영을 위한 대통령특별선언(7·7 특별선언)'을 통해 남과 북이 함께 번영을 이룩하는 민족공동체로서 관계를 발전시켜 나갈 것을 천명하고, 남북동포 간 상호 교류, 남북한 간 교역의 문호개방 등 6개항의 원칙을 밝혔다.[92] 이어 북방정책은 헝가리와의 수교를 시작으로 소련, 중국과의 수교를 이루어내는 등의 성과를 거두었고,[93] 남북관계에서 남한이 절대적 우위를 확보하는 계기가 되어 한민족공동체통일방안의 제시로 이어졌다.[94] 물론 외부로부터 초래되는 안보상의 위협과 민주주의에 대한 위협은 구별할 필요가 있다(제3장 제3절 Ⅲ. 3. 나.). 그러나 동방정책으로 동독 및 동구권 국가들과의 관계가 개선된 1970년대 독일 연방정부가 공산독일당에 대한 해산심판을 청구하지 않은 것에서 알 수 있듯이, 외부적 위협의 감소와 전향적인 대외정

91) 이효원, 『남북교류협력의 규범체계』, 경인문화사, 2006, 53쪽

92) 이태환, "북방정책과 한중 관계의 변화", 하용출 외, 『북방정책: 기원, 전개, 영향』, 서울대학교출판부, 2003, 117쪽.

93) 북방외교의 성과와 한계에 관하여는 구영록, 『한국과 국제정치환경』, 서울대학교출판부, 1999, 697-700쪽 참조.

94) 한영우, 앞의 책(2014), 563쪽.

책은 방어적 민주주의의 발동을 자제하는 결과로 이어질 수 있다.

둘째, 민주적 기본질서를 포함한 헌정질서에 대한 위나 아래로부터의 위협이 현저히 감소하였다는 점이다. 1990년대 여러 신생 민주주의 국가들이 방어적 민주주의 관련 규정을 도입한 것은, 구체제 세력이 잔존하고 있었던 데다가 소수민족 분리주의, 종교적 근본주의와 같은 새로운 문제를 인식했기 때문이었다.[95] 그러나 우리나라에서는 하나회 숙청 이후 구체제 세력이 민주주의를 위협하는 것이 어렵게 되었고, 현실적인 집권가능성을 가진 반민주적 정당이 문제된 바도 없었으며, 국가정체성에 대한 도전 등의 현상이 부각되지도 않았다.

셋째, 냉전의 종식을 전후하여 국내외적으로 자유민주주의의 우월성과 지속가능성에 대한 자신감이 고취되었다는 점이다. 1989년 Francis Fukuyama는 우리가 서방의 자유민주주의가 보편화되는 역사의 종언 현상을 목도하고 있다고 하였으며,[96] 이러한 인식은 냉전이 종식된 이후 보다 강화되었다.[97] 국내에서도 자유민주주의가 공산주의보다 우월하며 공산주의의 위협이 사라졌다는 인식이 자리 잡았고, 이는 Fukuyama의 저서에 대한 안호상 초대 문교부장관의 추천사에서도 드러난다.[98] 제8차 개정 국가보안법이 공산계열의 노선에 따

---

95) 다만 국가정체성에 대한 도전은 방어적 민주주의의 적용대상이라 보기 어렵다(제3장 제4절 III.).

96) Francis Fukuyama, "The End of History?", *The National Interest*, Vol. 16, No. 3, 1989, pp. 1-2.

97) 예를 들어 Anthony Giddens는 "(전략) 사회민주주의 자체가 위기에 봉착한 이유는 매우 분명하다. (중략) (사회주의 경제이론의) 부적합성은 1970년대 초부터 범세계화와 기술 발전이 강화되는 과정에서 확실히 드러났다."고 하였다. 앤서니 기든스, 한상진·박찬욱 옮김, 『제3의 길』, 생각의 나무, 1998, 36쪽.

98) "더욱이나 그들이 말하는 계급투쟁이나, 한 사람이 백 사람을 착취해 먹고 산다는 이론은 중세기 이전의 농경사회에서나 상상할 수 있었을는지 모르

라 활동하는 국내외의 결사를 반국가단체로 본다는 규정을 삭제한 것도 마찬가지의 맥락이다.

이처럼 민주적 기본질서에 대한 위협이 감소하고 체제의 지속가능성에 대한 확신이 제고되었음을 고려할 때, 민주화 이후 방어적 민주주의가 강화될 만한 규범적 합의를 찾아보기 어렵다(전제4).

다. 검토

민주화 이후에는 방어적 민주주의가 작동하기 위한 전제조건인 민주적 기본질서가 존재하고 있었음이 헌법규범 및 헌정현실의 측면에서 모두 인정된다. 그러나 민주주의 체제에 대한 위협이 현저히 감소하고 자유민주주의의 우월성과 지속가능성에 대한 인식이 정착하였음을 고려할 때, 민주주의의 방어적 성격이 새삼 부각되어 강화될 만한 여건은 아니었다고 판단된다.

Ⅲ. 소결

지금까지 헌정사를 헌법규범 및 헌정질서의 측면에서 순차적으로 개괄하면서, 우리 헌정질서가 방어적 민주주의를 채택하였다고 할 수 있는지, 만약 그렇다면 그 도입 시기는 언제였는지, 이후 방어적 민주주의의 규범적 위상과 성격은 어떻게 변화하여 왔는지를 검토하였다. 논의의 결과는 이하와 같이 정리해볼 수 있다.

첫째, 6·25 동란 이전의 정부수립 초기에는 방어적 민주주의의 채

나 오늘날의 산업사회에서는 있을 수 없는 일이다. (중략) 우리는 자유민주주의가 공산주의보다 월등히 낫다는 것을 알 수 있다." 안호상, "산업사회에선 공산주의설 곳 없어", 프랜시스 후쿠야마, 함종빈 옮김, 『역사의 종언: 이후의 시대 공산주의는 끝났다.』, 헌정회, 1989, 14-15쪽.

택을 인정하기 어렵다. 민주주의 체제가 요하는 여러 사회적 조건이 구비되지 못했고, 방어적 민주주의의 필요에 대한 규범적 합의가 없었기 때문이다.

둘째, 6·25 동란부터 4·19 혁명에 이르는 시기에는 방어적 민주주의의 전제인 민주적 기본질서의 존재를 인정할 수 없다.

셋째, 제2공화국 당시 도입한 정당해산제도가 방어적 민주주의의 성격을 일부 가졌음은 인정된다. 그러나 독일과 상이한 도입배경을 고려할 때, 그 방어적 성격이 독일기본법과 같은 정도였다고 볼 수는 없으며, 그보다는 정당을 보호하는 수단으로서의 성격이 강했다고 평가된다.

넷째, 5·16 군사쿠데타부터 민주화에 이르는 긴 시기에는 협의의 민주주의가 작동하지 못하였으며, 따라서 정당해산제도를 유지하였다거나 헌법에 (자유)민주적 기본질서라는 표현을 사용하였다고 하여 이를 방어적 민주주의라 할 수 없다.

다섯째, 민주화 이후에는 방어적 민주주의가 전제하는 민주적 기본질서의 존재가 인정되나, 민주주의의 방어적 성격이 새삼 강화될 만한 규범적 합의나 필요를 찾아보기 어렵다. 요컨대, 오늘날 우리 헌정질서가 방어적 민주주의를 채택하였음은 인정되나, 그 규범적인 위상은 제한적인 것이다.

〈표 3-1〉은 우리나라의 시기별 민주주의 지수(정체IV)를 보여주고 있다. 〈표 3-2〉는 민주주의 다양성연구소가 측정한 여러 민주주의 지수의 변화를 망라한 것이다.

〈표 3-1〉 우리나라의 시기별 민주주의 지수(정체IV)[99]

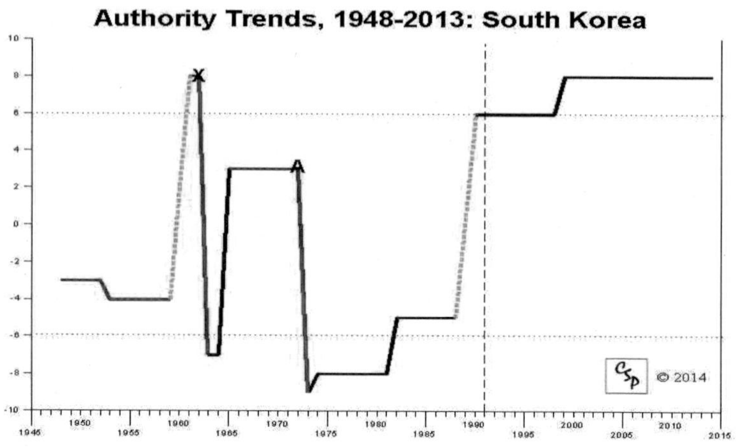

〈표 3-2〉 우리나라의 시기별 민주주의 다양성 지수(V-Dem)[100]

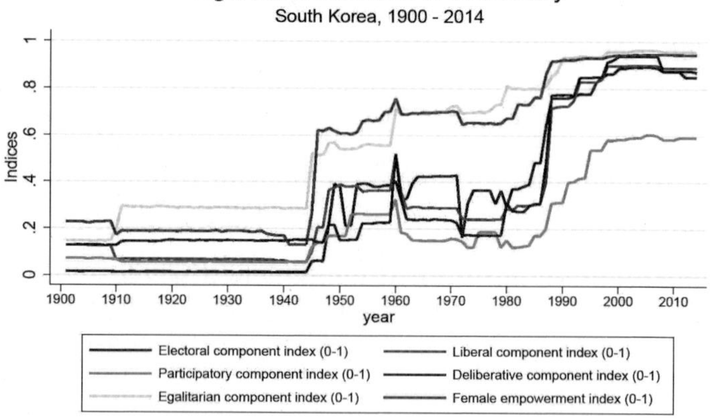

99) http://www.systemicpeace.org/polity/rok2.htm (최종접근일 2018. 6. 13.)
100) Frida Andersson and Valeriya Mechkova, 앞의 글(2016), p. 4.

제3절 방어적 민주주의와 개별 제도의 관련성 검토

Ⅰ. 방어적 민주주의와 국가보안법

제2절에서는 국가보안법의 '제정'이 방어적 민주주의에 입각한 것이라고 볼 수 없음을 간략히 언급하였다. 그러나 어떠한 법 규범의 성격이 항상 일정하게 유지되는 것은 아니며, 이후 법 개정이나 헌정현실에 따라 변화할 여지도 있다. 따라서 제정 국가보안법을 방어적 민주주의에 따른 것으로 볼 수 없다 하더라도, 이후 동법이 민주주의를 수호하는 제도로서의 성격을 가지게 되었는지 여부를 별도로 검토할 필요가 있다. 여기서는 먼저 국가보안법의 연혁을 살펴보고, 제정 국가보안법을 방어적 민주주의에 입각한 것으로 볼 수 있는지에 대한 논의를 다시 한 번 환기한 다음, 이후의 경우는 어떠한지를 다루기로 한다.

1. 국가보안법의 연혁

1948. 9. 20. 국가보안법의 모체가 된 내란행위특별조치법안이 발의되었으며, 동 법안은 내란행위의 처벌에 그 중점이 있었다. 이후 이렇다 할 진전이 없던 중 여수·순천 사건(1948. 10. 19.)이 발발하였고, 그 수습대책의 하나로 법안 작성이 급속하게 이루어져 적잖은 반대[1]에도 불구하고 1948. 12. 1. 국가보안법의 제정으로 이어졌다.

---

1) 당시 국가보안법 제정반대론을 분석한 연구로 박원순, 앞의 책(2004), 83쪽 이하.

다수의 연구는 여수·순천 사건이 동법의 급속한 제정을 촉진한 계기라고 보나,[2] 반민족행위처벌법을 무력화하려는 이승만계 의원들과 한국민주당 의원들의 공조가 그 못지않게 중요한 입법배경이었다는 지적도 있다.[3]

이후 국가보안법은 지금까지 총 13차례 개정된바, 방어적 민주주의와 관련하여 우선 살펴볼 것은 제4차 개정이다. 동 개정은 방어적 민주주의의 성격을 일부 가지고 정당해산제도를 도입한 제3차 개정헌법 시행 직전 이루어졌다. 다음으로는 방어적 민주주의의 전제조건인 민주적 기본질서가 회복된 이후 국가보안법이 방어적 민주주의에 입각한 제도로서 기능하게 되었는지가 문제된다. 특히 제8차 개정은 민주화 이후 처음으로 실질적인 내용상의 변화를 준 것으로, 자유민주적 기본질서라는 표현을 사용하였다는 점(제5조 내지 제8조) 등에 주목할 필요가 있다.

2. 1948년 국가보안법에 대한 검토

일각에서는 1948년 제정된 국가보안법이 방어적 민주주의의 성격을 가졌다고 본다. 그 논거로는 국가보안법이 안보와 함께 자유민주적 기본질서를 그 보호법익으로 하는 이른바 헌법보호형법이라는 점, 동법이 정부수립 직후 긴박한 상황에서 제정되어 공산주의 기타 파괴적인 사상을 불법화하였다는 점, 동법이 민주주의의 상대주의적 관용이 가지는 한계를 인식하고 언론의 자유에 대하여 광범위한 제한을 설정하였다는 점 등을 든다.[4]

---

2) 박원순, 위의 책(2004), 78-80쪽; 변동명, 앞의 글(2007), 95, 97쪽; 강성현, 앞의 글(2012), 93쪽.

3) 변동명, 위의 글(2007), 98-104쪽; 강성현, 위의 글(2012), 93-94쪽.

4) 박용상, 앞의 글(2012), 89-90, 111쪽.

그러나 제정 국가보안법의 규정이나 우리 헌정사에 비추어볼 때, 동법은 방어적 민주주의에 입각한 것이었다고 볼 수 없다.

첫째, 동법의 규율대상에서는 외견상 합법성을 가지는 민주주의 고유의 적이었던 파시즘과 같은 특징을 찾아볼 수 없다(전제3). 제정 국가보안법 제1조[5]가 처벌하는 것은 이른바 '반국가단체'[6]이다. 여기서 정부를 참칭한다고 함은 '합법적 절차에 의하지 않고' 임의로 정부를 조직하여 진정한 정부인 것처럼 사칭하는 것을 뜻하며, 국가를 변란한다는 것은 정부를 전복하여 새로운 정부를 구성한다는 의미이다.[7] 이처럼 반국가단체는 비합법성을 그 개념징표로 하며,[8] 정부를 사칭하거나 전복하려는 행태는 민주주의 체제에서만의 문제도 아니다. 또한 살인·방화·중요시설의 파괴 등을 목적으로 하는 결사의 조직(제2조)이나 총포·탄약·도검·금품의 공급 등을 통한 자진방조(제4조)의 명백한 가벌성은 다언을 요하지 않는다.

둘째, 동법이 제정된 배경은 민주주의의 활용이나 합법성과는 거리가 먼 무장봉기였으며, 그 모체 또한 '내란'행위특별조치법안이었다(전제3).

---

5) 제1조 국헌을 위배하여 정부를 참칭하거나 그에 부수하여 국가를 변란할 목적으로 결사 또는 집단을 구성한 자는 좌에 의하여 처벌한다.
  1. 수괴와 간부는 무기, 3년 이상의 징역 또는 금고에 처한다.
  2. 지도적 임무에 종사한 자는 1년 이상 10년 이하의 징역 또는 금고에 처한다.
  3. 그 정을 알고, 결사 또는 집단에 가입한 자는 3년 이하의 징역에 처한다.

6) 현행 국가보안법 제2조는 반국가단체를, 정부를 참칭하거나 국가를 변란할 것을 목적으로 하는 국내외의 결사 또는 집단으로서 지휘통솔체제를 갖춘 단체로 정의한다.

7) 대법원 2011. 1. 20. 선고 2008재도11 전원합의체 판결(공2011상, 508).

8) 반국가단체구성죄가 성립하려면 정부를 참칭하거나 국가를 변란할 목적이 있어야 하므로 '폭력적 수단으로' 정부를 전복할 것을 기도하고 또 정부 전복 후의 새로이 수립할 정부를 구체적으로 구상함을 요한다고 한 대법원 1983. 2. 8 선고 82도2672 판결 (공1983, 542) 참조.

셋째, 당시 우리는 독일처럼 민주주의 체제의 실패를 경험한 바 없었고, 민주주의가 적절히 기능하도록 하는 사회적 여건을 결여한 데다, 자유민주주의의 도입에 대한 규범적 합의도 존재하지 않았다(전제4). 이러한 현실에서 우리가 국가보안법의 제정을 통해 독일기본법(1949)보다도 앞서 방어적 민주주의를 채택하였다고 보기는 어렵다.

3. 개정 국가보안법에 대한 검토

1948년 제정된 국가보안법이 방어적 민주주의의 성격을 가지지 않았다 하더라도, 이후 헌정현실의 변화로 개정 국가보안법이 그러한 성격을 가지게 된 것은 아닌지가 문제된다.

가. 제4차 개정 국가보안법

국가보안법의 제4차 개정은 정당해산제도를 도입한 제3차 개정헌법 시행 직전인 1960. 6. 10. 이루어졌다. 전술하였듯 당시에는 민주적 기본질서의 존재가 인정되며, 정당해산제도는 방어적 민주주의의 성격도 일부 가진 것이었다. 따라서 국가보안법도 이 시기에 비로소 방어적 민주주의에 입각한 제도로 기능할 수 있게 된 것이 아닌지가 문제된다. 그러나 다음의 두 가지 이유에서, 제4차 개정 국가보안법이 방어적 민주주의의 성격을 가졌다고 보기는 어렵다.

첫째, 동법은 독소조항이라는 비판을 받아왔던 제3차 개정 국가보안법의 규정들[9]을 삭제하였고, 민주주의 체제의 수호보다는 국민의 자유와 권리 보호에 주안점을 두었다는 점이다. 이는 제3차 개정

9) 제12조(정보수집죄)와 제17조 제5항(인심혹란죄) 등을 말한다.

국가보안법 규정의 전부 또는 일부가 선량한 국민의 자유, 권리를 침해할 우려가 농후함을 지적한 조재천 국가보안법 개정안 기초특별위원장의 제안설명에서도 확인된다.[10] 요컨대 제4차 개정은 민주주의를 방어하기 위해 특단의 조치를 강구해야 한다는 규범적 합의에 따른 것이 아니었으며(전제4), 비자유주의적 제재수단의 완화·제거를 그 내용으로 하였다.

둘째, 동법이 규율한 것은 가벌성이 명백한 각종 범죄행위로, 외견상의 합법성이나 민주주의의 활용과 거리가 멀었으며 민주주의 국가만의 문제가 아니었다는 점이다(전제3). 구체적으로는 반국가단체의 구성(제1조), 반국가단체의 구성원 또는 그 지령을 받은 자가 군사목적 혹은 일반목적을 위하여 행한 각종의 범죄(제2조 내지 제3조), 반국가단체의 구성원 또는 그 지령을 받은 자로부터의 금품수수(제5조 제2항), 불법지역왕래(제6조)가 처벌의 대상이었다.

나. 민주화 이후의 국가보안법

방어적 민주주의는 그 정치공동체의 민주적 기본질서를 전제하는바(전제1), 단명한 제2공화국 이후 민주화에 이르기까지 국가보안법은 그 내용에 무관하게 방어적 민주주의의 수단으로 기능할 수 없었다고 보아야 한다. 반면 민주화 이후에는 국가보안법에 민주주의 수호라는 의미가 부여될 가능성이 있게 되었는바, 현행 국가보안법이 방어적 민주주의에 입각한 제도라거나, 법원과 헌법재판소가 동법 위반이 문제된 사건에서 방어적 민주주의의 법리를 적용하고 있다는 평가가 개진된다.[11] 여기서는 민주화 이후의 국가보안법이 방

---

10) 박원순, 앞의 책(2004), 159-160쪽에서 재인용.

11) 권영성, 앞의 책(2010), 87쪽; 정종섭, 앞의 책(2016), 161쪽; 성낙인, 앞의 책(2017), 152쪽.

어적 민주주의의 성격을 가지는지를 검토한다. 살피건대 이 문제는 일률적으로 답하기 어려우며, 국가보안법의 내용에 따라 달리 접근할 필요가 있다.

(1) 방어적 민주주의로 보기 어려운 측면

민주화 이후의 국가보안법 또한 방어적 민주주의의 성격을 인정하기 힘든 측면을 가지는바, 현행법을 중심으로 이를 살펴보면 다음과 같다.

첫째, 현행 국가보안법은 국가의 '안전'을 위태롭게 하는 '반국가활동'을 규제함으로써 국가의 안전과 국민의 생존 및 자유를 확보함을 목적으로 한다(제1조 제1항). 그런데 반국가활동은 민주주의 국가만의 문제라고 할 수 없으며, 민주주의 체제보다는 국가안보에 대한 위협으로서의 성격을 가진다(전제3).

둘째, 현행 국가보안법에 따르면 '반국가단체'는 정부를 참칭하거나 국가를 변란할 것을 목적으로 하는 국내외의 결사 또는 집단으로서 지휘통솔체제를 갖춘 단체를 말한다(제2조). 또한 동법은 제4차 개정 국가보안법과 유사하게 반국가단체의 구성(제3조), 목적수행(제4조), 자진지원·금품수수(제5조), 잠입·탈출(제6조) 등을 처벌한다. 동법이 규정한 반국가단체와 처벌대상인 행위들은, 민주주의에 대한 적응이나 합법성의 구비와는 거리가 먼 것이다(전제3). 특히 총포·탄약·화약 기타 무기의 제공(제9조 제1항), 범죄수사 또는 정보의 직무에 종사하는 공무원의 직무유기(제11조), 동법의 죄에 대한 무고, 위증, 증거의 날조·인멸·은닉(제12조 제1항) 등은 그 자체 가벌성이 명백한 범죄행위이다.

셋째, 민주화 이후 방어적 민주주의가 작동할 수 있는 전제가 구비되었으나, 민주주의의 방어적 성격이 새삼 강조될 여건이 아니었다는 점이다. 특히 국가보안법의 경우, 그 해석 및 적용이 전보다 엄격해졌다는 점에 주목할 필요가 있다. 헌법재판소는 "국가보안법 제7조 제1항 및 제5항은 각 그 소정행위가 국가의 존립·안전을 위태롭게 하거나 자유민주적 기본질서에 위해를 줄 명백한 위험성이 있는 경우에 적용된다고 할 것"이라 판시하였고,[12] 이후 동법을 해석·적용함에 있어서의 한계가 규정되어 지금에 이르고 있다(제1조 제2항).

(2) 방어적 민주주의의 제한적 적용여지

위의 사정에도 불구하고, 민주화 이후의 국가보안법에는 방어적 민주주의가 적용될 여지가 있음이 제한적으로 인정된다.

첫째, 국가의 존립이나 안전을 위태롭게 하지는 않으나, 자유민주적 기본질서에 위해를 줄 위험성이 있는 경우에도 국가보안법이 적용될 수 있다는 점이다. 앞서 본 것처럼 헌법재판소는 89헌가113 결정에서, 국가의 존립·안전을 위태롭게 '하거나' 자유민주적 기본질서에 위해를 줄 명백한 위험성이 있는 경우에 국가보안법 제7조 제1항 및 제5항이 적용될 수 있다고 보았다. 또한 제8차 개정 이후의 국가보안법은 자유민주적 기본질서를 위태롭게 한다는 정을 알면서 한 금품수수, 잠입·탈출, 찬양·고무, 회합·통신 등을 처벌한다(제5조 내지 제8조). 이제 국가보안법은 국가안보의 문제가 아닌 민주주의 체제에 대한 고유의 위협에도 적용될 여지가 있는 것이다(전제3). 국가의 존립·안전을 위태롭게 하는 행위는 민주주의 국가만의 문제가 아니지만, 어떤 행위가 자유민주적 기본질서에 위해를 주는 것은 그 국가가 민주주의 체제임을 전제해야만 가능하기 때문이다.

둘째, 이른바 '이적단체'[13]는 반국가단체와 달리 외견상의 합법성

12) 헌재 1990. 4. 2. 89헌가113, 판례집 2, 49, 66.

13) "국가보안법 제7조 제1항, 제3항이 규정하는 이른바 '이적단체'라 함은 국가의 존립·안전이나 자유민주적 기본질서를 위태롭게 한다는 정을 알면서 반국가단체나 그 구성원 또는 그 지령을 받은 자의 활동을 찬양·고무·선

과 민주주의의 활용이라는 개념징표를 가질 수 있다는 점이다. 대법원은 반국가단체와 이적단체는 그 처벌조항을 달리하고 있어 엄격하게 구분되어야 한다고 하면서, 양자의 구별기준을 제시하고 있다.[14] 그 단체가 정부참칭이나 국가의 변란 자체를 직접적이고도 1차적인 목적으로 삼고 있는 때에는 반국가단체에 해당되고, 별개의 반국가단체의 존재를 전제로 하여 그 반국가단체의 활동에 동조하는 것을 직접적, 1차적 목적으로 하는 경우에는 이적단체에 해당한다는 것이다.[15] 어떤 결사가 정부참칭과 같은 비합법적인 목적을 직접 추구하는 것이 아니라 단지 반국가단체에 동조하는 경우라면, 가벌성과 비합법성이 뚜렷하지 않은 경우도 있을 수 있다. 이러한 구별은 개념상의 것만이 아니어서, 최근 외견상 합법적 형태를 취하고 민주주의 체제에 적응하는 이적단체가 문제된 바 있다.[16]

(3) 검토

오늘날 국가보안법은 외견상의 합법성을 가지고 민주주의 체제를 활용하는 이적단체를 그 규율대상으로 하고 있으며, 이들이 국가안보가 아닌 자유민주적 기본질서에 위해를 줄 명백한 위험성이 있

전 또는 이에 동조하거나 국가변란을 선전·선동하는 행위를 목적으로 하여 특정 다수인이 결성한 계속적이고 독자적인 결합체를 가리킨다." 대법원 2008. 4. 17. 선고 2003도758 전원합의체 판결(공2008상, 718).

14) 자세히는 이효원, "남북한관계에 대한 판례 분석-국가보안법의 최근 변화동향과 남북교류협력에 관한 판례를 중심으로-", 『서울대학교 법학』, 제52권 제3호, 서울대학교 법학연구소, 2011, 10-11쪽 참조.

15) 대법원 1995. 5. 12. 선고 94도1813 판결(공1995상, 2149).

16) "표면적으로는 '정식 사회단체로 관청에 등록'하여 비영리민간단체지원법이 정한 형식적·절차적 요건까지 구비하여 '정부의 보조금'을 지원받은 적이 있다 하여도, 그 실질에 있어서는 반국가단체로서의 북한의 활동을 찬양·고무·선전하거나 이에 동조하는 행위를 목적으로 삼았고 (후략)" 대법원 2010. 7. 23. 선고 2010도1189 전원합의체 판결(공2010하, 1696).

는 경우 방어적 민주주의가 적용될 여지가 있다. 다만 국가보안법은 기본적으로 범죄의 처벌에 관한 법제이며, 그 적용 여부는 특정행위의 구성요건해당성에 따라 판단할 문제이다. 어떤 행위가 방어적 민주주의에 포섭될 수 있는지의 여부는 동법의 적용에 영향을 미치지 않는다. 다만 방어적 민주주의는, 이적단체가 국가의 존립·안전을 위태롭게 하지는 않으나 자유민주적 기본질서에 위해를 줄 명백한 위험성을 가진 경우 이를 처벌하는 것을 정당화하는 논거로 원용될 수 있다.

4. 소결

1948년 제정된 국가보안법은 방어적 민주주의에 입각한 것이었다고 할 수 없다. 동법은 무장봉기를 그 입법배경으로 하며, 일견 합법적인 형태로 민주주의를 활용하면서 바로 그 민주주의를 폐제하려는 세력을 규율하는 것이 아니었던 까닭이다. 민주주의의 방어보다는 각종 제재수단의 완화·제거에 주안점을 두고 가벌성이 명백한 행위를 규제한 제4차 개정 국가보안법 또한 방어적 민주주의의 성격을 가졌다고 보기는 어렵다. 민주화 이후의 국가보안법은 반국가단체와 함께 이적단체를 규율하는바, 이적단체가 외견상의 합법성을 갖추고 자유민주적 기본질서를 위협하는 경우라면 그 처벌을 정당화하는 논거로 방어적 민주주의가 원용될 여지가 있다.

Ⅱ. 방어적 민주주의와 테러방지법

테러방지법 등 우리의 반테러 관련법제가 방어적 민주주의에 입각한 것인지 여부가 문제된다. 반테러리즘과 방어적 민주주의의 관련성은 제3장 제4절 Ⅱ.에서 자세히 검토한바, 여기서는 우리나라의 종전 법제 및 테러방지법의 내용을 간략히 살펴보고, 방어적 민주주의의 적용 여부를 다룬다.

1. 종전 관련법제

테러방지법 제정이 테러리즘에 대한 규범적 대응의 시작은 아니다. 1982. 1. 22. 제정·시행된 국가대테러활동지침은 국가안보 또는 공공의 안전을 위태롭게 할 목적으로 행하는 여러 행위를 테러로 규정하고(제2조), 범국가적인 종합대책의 수립, 테러대책기구 및 사건대응조직을 통한 신속한 대응조치의 강구, 국제적인 대테러 협력체제의 유지, 전문 인력 및 장비확보 등의 기본지침을 정하였다(제3조). 동 지침은 이후 다섯 차례 개정되었으며 2016. 6. 20. 폐지되었다.

1994. 1. 5. 개정·시행된 국가안전기획부법은 안전기획부의 직무 가운데 대테러 관련 국내보안정보의 수집·작성 및 배포를 규정하였고(제3조 제1항 제1호), 이것은 현행 국가정보원법(제3조 제1항 제1호)으로 이어져오고 있다. 동법은 테러방지법이 제정되기 전까지 테러에 대한 정보 수집에 관한 가장 중심적인 법률이었다고 평가된다.[17)]

한편 테러자금 조달의 억제를 위한 국제협약(International Convention for the Suppression of the Financing of Terrorism: ICSFT)을 이행하기 위하여, 공중 등 협박목적을 위한 자금조달행위의 금지에 관한 법률이 제정되어 2008. 12. 22.부터 시행되고 있다. 동법은 '공중 등 협박목적을 위한 자금(공중협박자금)'의 개념을 정의하고(제2조 제1호), 금융위원회가 '금융거래등제한대상자'를 지정하여 고시할 수 있도록 하며(제4조 제1항), 공중협박자금 조달행위에 대한 처벌을 명시(제6조)하고 있다.

17) 오태곤, 앞의 글(2016), 597쪽.

2. 테러방지법의 개괄

이하에서는 테러방지법에 관하여, 특히 동법 제정에 이르기까지의 경과 및 현행 테러방지법의 주요 내용을 중심으로 살펴보기로 한다.

가. 테러방지법의 제정

우리나라에서 테러방지에 관한 논의가 본격적으로 이루어지기 시작한 것은 1980년대의 일이다. 올림픽을 개최하게 되면서 테러방지가 현안으로 떠올랐고, 그 결과 전술한 국가대테러활동지침이 만들어졌다.

9·11 테러는 주요 국가들이 테러방지법을 제정하거나 기존의 관련법을 강화하는 결과로 이어졌으며,[18] 2001년 우리 정부도 테러방지법안을 국회에 제출한 바 있다. 이후 제16대 국회부터 제19대 국회에 이르기까지 총 10건의 테러방지법안이 제출되었지만 법률 제정으로 이어지지는 못하였다. 그러나 오랜 논란 끝에 제19대 국회 임기 말 192시간 27분의 필리버스터(무제한 토론)를 거쳐, 2016. 3. 3. 테러방지법이 제정되었다.[19]

나. 테러방지법의 주요 내용

테러방지법은 테러의 예방 및 대응 활동 등에 관하여 필요한 사

18) 9·11 테러 이후 테러방지법의 추진 및 제정은 주요 국가들에서 나타난 하나의 흐름이었다. 정상호, “「국민보호와 공공안전을 위한 테러방지법」의 쟁점과 전망 분석”, 『의정연구』, 제22권 제2호, 한국의회발전연구회, 2016, 208-209쪽.

19) 동법의 자세한 입법경과는 김상겸·이지형, “테러방지법에 관한 헌법적 연구”, 『유럽헌법연구』, 제22호, 유럽헌법학회, 2016, 401-404쪽 참조.

항과 테러로 인한 피해보전 등을 규정함으로써, 테러로부터 국민의 생명과 재산을 보호하고 국가 및 공공의 안전을 확보하는 것을 목적으로 한다(제1조). 동법의 주요 내용은 다음과 같다.

첫째, 테러가 국가·지방자치단체 또는 외국 정부의 권한행사를 방해하거나 의무 없는 일을 하게 할 목적 또는 공중을 협박할 목적으로 하는 행위라 하면서 그 구체적인 유형을 열거하였다. 또한 테러단체, 테러위험인물, 외국인테러전투원, 테러자금, 대테러활동 등을 정의하였다(제2조).

둘째, 대테러활동에 관한 정책의 중요사항을 심의·의결하기 위한 국가테러대책위원회(제5조), 국가 대테러활동 관련 임무분담이나 테러경보 발령 등을 수행하기 위한 대테러센터(제6조), 대테러활동으로 인한 국민의 기본권 침해 방지를 위한 대테러 인권보호관(제7조) 등을 두었다.

셋째, 국가정보원장이 테러위험인물에 대하여 출입국·금융거래 및 통신이용 등 관련 정보를 수집할 수 있도록 하였다(제9조). 그리고 관계기관의 장이 테러선동·선전물에 대한 긴급 삭제를 요청하거나(제12조) 외국인테러전투원으로 출국하려 한다고 의심할 만한 상당한 이유가 있는 내·외국인에 대한 일시 출국금지를 요청할 수 있게 하였다(제13조 제1항).

넷째, 테러에 관한 신고자를 보호하고 포상금을 지급할 수 있게 하였다(제14조). 또한 테러로 인하여 신체 또는 재산의 피해를 입은 사람에 대하여 치료 및 복구에 필요한 비용을 지원할 수 있으며(제15조), 생명의 피해를 입은 사람의 유족 또는 신체상의 장애 및 장기치료를 요하는 피해를 입은 사람에게 특별위로금을 지급할 수 있도록 하였다(제16조).

다섯째, 테러단체를 구성하거나 구성원으로 가입한 사람 등을 처벌하며(제17조), 타인으로 하여금 형사처분을 받게 할 목적으로 동법

제17조의 죄에 대하여 무고 또는 위증을 하거나 증거를 날조·인멸·은닉한 자는 가중하여 처벌하도록 하였다(제18조).

3. 방어적 민주주의의 적용 여부

제3장 제4절 Ⅱ.에서는 테러리즘이 방어적 민주주의의 적용 대상이 아니라는 점을 논구하였다. 다음의 이유에서, 현행 테러방지법 또한 방어적 민주주의의 성격을 가진다고 보기는 어려울 것이라 판단된다.

첫째, 동법이 규율하는 '테러'는 민주주의에 대한 적응 및 외견상의 합법성을 결여한, 파시즘과는 본질적으로 다른 성격의 문제라는 점이다. 동법은 이철우 의원이 대표발의한 '국민보호와 공공안전을 위한 테러방지법안'이 수정가결된 것인바, 동 법률안은 "테러의 개념을 국내 관련법에서 '범죄로 규정한 행위'를 중심으로 적시"한 것이었다.[20] 또한 동법 제2조 제1호에서 열거한 행위들, 예컨대 사람을 살해하거나 사람의 신체를 상해하여 생명에 대한 위험을 발생하게 하는 행위(가목), 항공기를 추락시키거나 전복·파괴하는 행위(나목) 등은 그 자체로 가벌성이 뚜렷한 범죄행위이다.[21]

둘째, 테러는 민주주의에 대한 위협이라기보다는 국가안보의 문제라는 점이다. '국민보호와 공공안전을 위한 테러방지법안'이나 이전에 발의되었던 여러 관련 법률안들은, 동법이 보호하려는 것이 국가의 안보 및 공공의 안전이라는 점을 분명히 하고 있다.[22] 방어적

---

20) 「국민보호와 공공안전을 위한 테러방지법안」(의안번호: 1918582, 제안일자 2016. 2. 22, 대표발의: 이철우, 2016. 3. 2, 수정가결) 의안원문, 2쪽.

21) 일각에서는 테러방지법을 제정하지 않더라도 기존의 형법만으로 테러범을 충분히 처벌할 수 있었다고 지적하는바, 이는 테러가 가벌성이 뚜렷한 범죄임을 전제한 주장이다. 홍선기, "현행 테러방지법의 비판적 고찰", 『비교법연구』, 제17권 제1호, 동국대학교 비교법문화연구원, 2017, 152쪽.

민주주의의 보호법익인 민주주의가 체제 및 국가안보와 준별되는 개념이라는 점은 제3장 제3절 Ⅲ. 3.에서 살펴보았다.

Ⅲ. 소결

무장봉기를 입법배경으로 하여 반국가단체를 규율한 제정 국가보안법이나, 국민의 자유와 권리 보호에 주력한 제4차 개정 국가보안법은 방어적 민주주의에 입각한 것이었다고 보기 어렵다. 그러나 오늘날 합법적인 외양의 이적단체가 자유민주적 기본질서를 위협하는 경우 그 처벌을 정당화하는 논거로 방어적 민주주의가 원용될 수 있다.

한편 테러리즘은 중대한 범죄행위로서 민주주의가 아닌 국가안보의 문제이므로, 테러방지법은 방어적 민주주의의 성격을 가진다고 할 수 없다.

22) 「국민보호와 공공안전을 위한 테러방지법안」(의안번호: 1918582, 제안일자 2016. 2. 22, 대표발의: 이철우, 2016. 3. 2, 수정가결) 의안원문, 2쪽; 「국가대테러활동에 관한 기본법안」(의안번호: 1801620, 제안일자 2008. 10. 28, 대표발의: 공성진, 2016. 3. 2, 임기만료 폐기) 의안원문, 2쪽.

제4절 방어적 민주주의와 통합진보당 해산결정

제2절에서는 우리 헌정질서가 정당해산심판제도를 통해 방어적 민주주의를 채택하기는 하였으나 그 규범적인 위상은 제한적이라는 결론을 도출하였다. 제4절에서는 이를 상기하면서, 통합진보당 해산결정을 검토한다. 동 결정은 정당해산심판 일반 및 방어적 민주주의에 대한 학계의 관심을 크게 제고한바, 관련 주요 평석은 앞서 선행연구로서 개괄하였다. 이하에서는 선행연구와 중첩되지 않는 범위에서, 통합진보당 해산결정을 특히 방어적 민주주의의 관점에서 분석해 보고자 한다. 우선 방어적 민주주의의 보호법익이기도 한 '민주적 기본질서'에 대한 설시를 통해, 헌법재판소가 방어적 민주주의를 어떻게 인식하고 있는지 살펴본다(Ⅰ.). 다음으로 헌법재판소가 방어적 민주주의의 요건을 사안에 적절히 적용하였는지 평가한다(Ⅱ.). 마지막으로는 해산정당 소속 국회의원들의 의원직 상실결정이 타당한 것이었는지, 그리고 헌법재판소가 이를 뒷받침하는 충분한 논거를 제시하였는지 비판적으로 검토한다(Ⅲ.).

Ⅰ. 방어적 민주주의에 대한 헌법재판소의 인식

방어적 민주주의는, 민주주의를 활용하여 바로 그 민주주의를 파괴하려는 자들의 위험에 맞서 비자유주의적인 예방조치를 불사하는 민주주의 체제를 뜻한다. 따라서 헌법재판소가 민주주의(방어적 민주주의의 보호대상) 및 그에 대한 위험(방어적 민주주의의 적용요건)을 어떻게 이해하고 있는지 살펴봄으로써, 방어적 민주주의에 관한 헌법재판소의 입장을 추론할 수 있다.

1. 민주적 기본질서의 의미

헌법재판소에 따르면, 헌법 제8조 제4항 소정의 민주적 기본질서는 개인의 자율적 이성을 신뢰하고 모든 정치적 견해들이 각각 상대적 진리성과 합리성을 지닌다고 전제하는 다원적 세계관에 입각한 것으로서, 모든 폭력적·자의적 지배를 배제하고, 다수를 존중하면서도 소수를 배려하는 민주적 의사결정과 자유·평등을 기본원리로 하여 구성되고 운영되는 정치적 질서다. 또한 현행 헌법상 그 주요한 요소로는 국민주권의 원리, 기본적 인권의 존중, 권력분립제도, 복수정당제도 등이 있다.[1)]

앞서 살펴본 것처럼, 이것은 사유재산과 시장경제를 골간으로 한 경제질서까지 (자유)민주적 기본질서의 내용에 포함시켰던 종전의 입장[2)]보다 민주적 기본질서의 의미를 좁게 새기는 것이다. 특히 소수자에 대한 존중을 전제로 한 다수결의 의사결정방식이나 복수정당제를 언급한 것은, 헌법재판소가 선거민주주의를 민주적 기본질서의 요체로 이해하고 있음을 보여준다. 또한 기본적 인권을 존중하며 폭력적·자의적 지배를 배제하는 정치질서란 자유민주주의 원리에 상응하는 것이다. 이를 정리하면, 민주적 기본질서에 대한 헌법재판소의 인식은 앞서 살펴본 협의의 민주주의(제3장 제3절 Ⅲ.)와 다르지 않다고 보인다.

이처럼 민주적 기본질서는 최대한 엄격하고 협소한 의미로 이해해야 하는데, 이것은 정당의 자유가 민주 사회에서 중대한 함의를 가지며 정당해산심판제도가 남용될 수 있기 때문이다.[3)] 헌법재판소는 정당해산심판제도가 방어적 민주주의에 입각한 것이라고 보는바,

---

1) 헌재 2014. 12. 19. 2013헌다1, 판례집 26-2하, 1, 22-23.
2) 헌재 1990. 4. 2. 89헌가113, 판례집 2, 49, 59, 64.
3) 헌재 2014. 12. 19. 2013헌다1, 판례집 26-2하, 1, 23.

위의 설시를 통해 헌법재판소가 방어적 민주주의의 정치적 오·남용 가능성을 인식하고 이를 경계하고 있음을 알 수 있다.

2. 민주적 기본질서에 "위배될 때"의 해석

헌법 제8조 제4항은 정당해산심판의 사유를 "정당의 목적이나 활동이 민주적 기본질서에 위배될 때"로 규정하는데, 헌법재판소는 민주적 기본질서에 대한 단순한 위반이나 저촉은 여기서의 '위배'에 포함되지 않는다고 본다. 정당해산결정은 당해 정당의 이념을 우리 사회의 정치적 공론의 장에서 영구적으로 추방하는 극단적인 조치이므로, 매우 제한된 상황 속에서만 활용되어야 한다는 이유에서다. 이어 헌법재판소는, 민주적 기본질서의 위배란 그 정당의 목적이나 활동이 우리 사회의 민주적 기본질서에 대하여 '실질적인 해악을 끼칠 수 있는 구체적 위험성을 초래하는 경우'라고 하였다.[4)]

제3장 제3절에서는 고전적인 방어적 민주주의에 가해지는 여러 비판을 극복할 수 있는 오늘날 방어적 민주주의의 규범적 원리를 살펴보았다. 특히 방어적 민주주의에 따른 개입은 반민주주의자들이 (구성원들이 가지는 정치적 권리를 침해하거나) 민주주의를 파괴할 구체적인 위험이 있는 경우에만 예외적으로 이루어져야 한다는 점을 강조하였다. 정당해산의 사유를 헌법 제8조 제4항의 문언보다 엄격하게 새기는 위의 설시는, 비자유주의적인 조치가 엄격한 요건에 따라 예외적으로 강구되어야 한다는 방어적 민주주의의 규범적 요청에 부응하는 것이라고 평가된다. 또한 이것은, 정당을 금지하거나 해산하기에 앞서 그 정당이 진정으로 자유민주적 정치질서 또는 개인의 권리에 위험을 제기하는지 여부를 평가해야 한다고 한 베니스

---

4) 헌재 2014. 12. 19. 2013헌다1, 판례집 26-2하, 1, 23-24.

위원회의 입장[5]과도 부합한다.

한편, 민주적 기본질서에 대한 구체적인 위험이 초래되었을 경우에만 정당해산의 요건이 충족될 수 있다는 취지의 위 설시가 방어적 민주주의의 예방적인 성격을 간과한 부적절한 것은 아닌지 문제된다. 관련하여 최근 독일연방헌법재판소는, 정당을 해산하기 위해서는 당해 정당의 헌법적대적인 활동이 성공할 가능성이 있어야 하지만, 그러한 활동이 민주적 기본질서에 구체적인 위협을 초래할 필요는 없다고 하였다. 그러나 정당해산은 특정 정당을 공론의 장에서 '영구적'으로 추방하며, 정당의 활동뿐 아니라 '존립'마저 부정하는, 가장 강력한 형태의 정당금지이다. 또한 우리의 법제 하에서 해산된 정당의 목적을 달성하기 위한 집회나 시위가 금지되며(집회 및 시위에 관한 법률 제5조 제1항 제1호), 해산된 정당의 잔여재산도 국고로 귀속되는바(정당법 제48조 제2항), 정당해산은 민주주의를 수호하기 위한 조치들 중에서도 특히 큰 규범적 비용을 수반한다. 이러한 점을 고려할 때, 위헌적인 목적이나 활동을 이유로 정당해산을 결정하기 위해서는 민주적 기본질서에 대한 위협이 어느 정도 구체성을 가질 것을 요한다고 한 헌법재판소의 입장은 수긍할 수 있는 것이다. 다만 방어적 민주주의가 가지는 예방적인 성격에 비추어, 민주주의에 대한 위협이 이미 현실화되었거나 목전에 다다를 정도로 임박할 필요는 없다고 하겠다.

3. 정당의 위험성 판단기준

이처럼 헌법재판소는 민주주의의 의미 및 정당해산의 사유를 좁게 새김으로써, 오늘날 방어적 민주주의의 요건에 부합하는 인식을

5) European Commission for Democracy through Law(Venice Commission), "Guidelines on Prohibition and Dissolution of Political Parties and Analogous Measures", p. 5.

보여주었다. 그러나 정당이 초래할 수 있는 위험성 일반에 대한 재판소의 설시는 위의 관점과 일관성을 찾아보기 어려운 것이었으며, 또한 결과적으로 정당해산이 쉽게 이루어질 여지를 남기는 것이었다고 생각된다.

다수의견에 따르면, 정권의 획득이나 권력의 장악을 추구하는 정당의 개념본질적인 표지로 인해, 정당의 목적은 항상 실천적 성격과 현실적 지향성을 가진다. 정당의 목적이나 정치적 이념은 단순한 관념이 아니라 실물적인 힘과 의지를 내포하며, 따라서 정당의 위헌적 목적은 그 정당이 제도적으로 존재하는 한 현실적인 측면에서 상당한 위험성을 인정할 충분한 이유가 된다는 것이다.[6]

헌법 제8조 제4항은 정당의 목적이나 '활동'이 민주적 기본질서에 위배될 때 정부가 헌법재판소에 그 해산을 제소할 수 있다고 규정한다. 이에 다수의견은 정당의 활동이 무엇을 뜻하는지, 누구의 어떠한 행위가 정당의 활동으로 귀속될 수 있는지에 관하여 자세히 언급한 것이다.[7] 다수의견은 정당의 목적이나 활동 중 어느 하나라도 민주적 기본질서에 위배된다면 정당해산의 사유가 될 수 있다고 해석하기는 하였다.[8] 그러나 또한 다수의견은 여기서 '위배될 때'란 민주적 기본질서에 실질적인 해악을 끼칠 구체적 위험성을 말한다고 하였는바, 유의미한 활동이 없음에도 정당의 목적만으로 민주주의에 '구체적인', '상당한' 위험이 초래되는 상황은 생각하기 어렵다.[9] 그리고 정당의 목적만으로 민주주의에 대한 상당한 위험성이 인정된

6) 헌재 2014. 12. 19. 2013헌다1, 판례집 26-2하, 1, 106.
7) 헌재 2014. 12. 19. 2013헌다1, 판례집 26-2하, 1, 22-23.
8) 헌재 2014. 12. 19. 2013헌다1, 판례집 26-2하, 1, 22.
9) 활동을 수반하지 아니한 정당의 목적은 법익(자유민주주적 기본질서)을 침해할 위험성이 없기 때문에 헌법수호의 관점에서 무의미하다는 평가로 한수웅, "자유민주주의에서 정당해산심판의 헌법적 문제점", 『헌법재판연구』, 제3권 제2호, 헌법재판소 헌법재판연구원, 2016, 198쪽.

다면, 내란관련 사건, 비례대표 부정경선 사건, 중앙위원회 폭력 사건 등을 통해 통합진보당의 활동이 민주적 기본질서에 저촉된다는 판단에 이른 재판소의 긴 논증[10)]은 불필요한 작업이었던 셈이 된다.

결론적으로, 정당의 위헌적 목적이 곧 상당한 위험성을 인정할 충분한 근거가 된다는 다수의견의 설시는, 방어적 민주주의의 남용가능성을 인식하고 정당해산사유를 엄격하게 제한하고자 하는 스스로의 입장과 일관성을 찾아보기 어려운 것이었다. Loewenstein이 방어적 민주주의를 주창하게 된 계기가 제복과 상징물의 착용, 대중선동과 이념공세, (준군사적 조직의 동원을 수반하는) 시위 등의 '활동'을 통해 민주주의를 파괴하려 한 파시즘이었다는 점을 상기할 필요가 있다. 최근 독일 연방헌법재판소는 민족민주당에 대한 해산심판청구를 기각하면서, 정당해산제도가 어떤 주의(Gesinnung)나 세계관을 금지하는 제도가 아니라고 하였다.

4. 소결

헌법재판소는 방어적 민주주의의 남용가능성을 경계하는 가운데 민주주의의 의미를 엄격하게 이해하고 있는 것으로 보인다. 또한 정당해산의 사유를 민주적 기본질서에 실질적인 해악을 끼칠 수 있는 구체적 위험성이 있는 경우로 한정한 것은, 오늘날 방어적 민주주의의 규범적 원리와도 상통한다. 그러나 다수의견은 위헌적인 목적만으로 그 정당의 상당한 위험성을 인정할 수 있다고 함으로써 정당해산이 쉽게 이루어질 여지를 남겼으며, 이러한 입장은 방어적 민주주의가 엄격한 요건 하에 예외적으로 관철되어야 한다는 요청에도 부응하지 못한다.

10) 헌재 2014. 12. 19. 2013헌다1, 판례집 26-2하, 1, 83-104, 105-106.

Ⅱ. 방어적 민주주의의 적절한 적용 여부

헌법재판소가 방어적 민주주의의 의미 및 적용요건을 대체로 엄격하게 인식하였다 하더라도, 그것이 곧 헌법재판소가 개별사안에 방어적 민주주의를 적절히 적용하였음을 뜻하지는 않는다.[11] 이하에서는 통합진보당이 주장했던 '진보적 민주주의'의 한 내용인 민중주권주의에 대한 해석과 통합진보당의 위험성에 대한 판단을 통해, 헌법재판소가 방어적 민주주의를 적절하게 적용하였는지 여부를 검토한다.

1. 민중주권주의에 대한 해석

헌법재판소는 통합진보당을 주도해온 이들[12]이 오늘날 우리 사회에 대한 대안체제로 진보적 민주주의 사회를 제시하였다고 하면서, '진보적 민주주의'의 내용으로 '민중주권주의'를 언급하였다.[13]

다수의견은 민중주권주의가 일반적 의미로서의 국민주권주의와 다르다고 보았는데, 이것은 주권자의 범위를 민중에 한정하고 민중에 대비되는 일부 특정 집단을 적대적인 관계로 설정하고 있다는 이유에서였다.[14] 보충의견 또한, 특정 계층만의 이익 보호를 종국적인 목적으로 삼고 나머지 국민에 대하여 적대적 태도를 보이는 것은 국

---

11) 법정의견이 (원론적으로 타당하게도) 정당해산의 사유로 민주적 기본질서에 실질적 해악을 끼칠 수 있는 구체적 위험성을 요구하였으나, 그 위험을 구체적으로 증명하지 못했다는 비판으로 송기춘, "피음사둔(披淫邪遁)의 통합진보당 해산결정문", 『민주법학』, 제57호, 민주주의법학연구회, 2015, 272-273쪽.

12) 헌법재판소의 표현에 따라, 이하 '피청구인 주도세력'이라 한다.

13) 헌재 2014. 12. 19. 2013헌다1, 판례집 26-2하, 1, 55-58.

14) 헌재 2014. 12. 19. 2013헌다1, 판례집 26-2하, 1, 60.

민주권주의와 일치하지 않는다고 하였다.[15] 반면 반대의견은, 피청구인이 특권적 지배계급을 문자 그대로 적(敵)으로 이해하여 그들의 국가의사결정 과정 참여를 배제하고, 그러한 상태에서 이루어진 국가의사결정이 정당하다는 주장을 하고 있다고 보기 어렵다는 입장이다. 이에 따르면 피청구인이 적대적으로 대립한다고 본 것은 민중의 주권과 소수의 '정치경제적 특권'이며, 피청구인의 주장은 소수의 특권을 배제하여 국민주권의 이념이 충실하게 구현되지 못하고 있는 현실을 바로잡겠다는 것이다.[16]

제3장 제3절 Ⅱ.에서는, 오늘날 방어적 민주주의의 중요한 적용사유 가운데 하나로 '민주주의 정치과정에 참여할 수 있는 타인의 권리 침해'를 제시하였다. 만일 피청구인이 내세우는 민중주권주의가 소수 지배세력은 우리나라의 주권자가 아니며 따라서 공동체의 의사결정과정에 참여할 수 없다는 취지라면, 이것은 타인(지배세력)의 정치적 권리 침해로 이어져 방어적 민주주의가 적용될 여지가 있다. 그러나 반대의견이 본 것처럼 민중주권주의가 단지 지배계급의 '특권'을 타파하려는 것에 불과하다면, 이것이 곧 구성원 누구나가 가지는 정치적 권리에 대한 침해라 할 수는 없으므로, 방어적 민주주의의 적용요건이 충족되기는 힘들다.

아쉽게도, 다수의견과 보충의견, 그리고 반대의견 모두는 피청구인의 주장이 다른 구성원의 참정권을 침해하는 것인지에 대한 정치한 논증으로 나아가지 못한 것으로 보인다. 적어도 피청구인이 소수 지배계급의 특권을 배제하고자 한다는 점은 재판관들 모두가 인정하고 있는바,[17] 그렇다면 '특권을 박탈당한 지배계급'에 대하여 피청

15) 헌재 2014. 12. 19. 2013헌다1, 판례집 26-2하, 1, 244.

16) 헌재 2014. 12. 19. 2013헌다1, 판례집 26-2하, 1, 157.

17) 다수의견은 민중주권주의가 지배계급의 주권을 부인(박탈)하려는 것이라고 해석하는바, 주권의 부인 내지 박탈은 지배계급의 특권 배제를 당연히

구인(피청구인 주도세력)이 어떠한 입장을 가지고 있는지 검토할 필요가 있었다.[18] 가령 민중주권주의에 의할 때 기득권을 상실한 전(前) 지배계급이 (주권자인) 민중으로서의 지위를 부여받는다면, 이는 타인의 정치적 권리 침해에는 이르지 않는 주장으로 볼 수 있을 것이다.[19]

2. 통합진보당의 위험성에 대한 판단

민주적 기본질서의 위배란 정당의 목적이나 활동이 민주적 기본질서에 실질적인 해악을 끼칠 수 있는 구체적 위험성을 초래하는 경우를 뜻하며, 민주적 기본질서에 대한 단순한 위반 내지 저촉은 여기에 포함되지 않는다는 것이 다수의견의 입장이다. 그리고 이것은 자유와 권리의 제한을 수반하는 예방수단이 엄격한 요건 하에서만 취해져야 한다는 방어적 민주주의의 규범적 요청에 부합한다. 그러나 이하의 이유에서, 헌법재판소는 구체적 위험성의 존재를 통해 방어적 민주주의의 적용요건이 충족되었음을 설득력 있게 논증하지

전제하는 것으로 풀이된다.

18) 예컨대 다수의견은 "진보적 민주주의는 낡은 기득권 세력인 특권적 지배계급과는 공존할 수 없으므로 그들이 장악한 권력을 빼앗아 민중에게 돌려준다는 것"이라 하면서도, '권력을 빼앗긴' 지배계급의 처우에 관한 피청구인 주도세력의 입장이 어떠한지 설시하지 않고 있다. 헌재 2014. 12. 19. 2013헌다1, 판례집 26-2하, 1, 60.

19) 물론 다수의견, 보충의견과 반대의견 모두는 민중주권주의에 대한 저마다의 인식을 뒷받침할 수 있는 나름의 논거를 제시하고 있다. 그러나 그 중 어느 것에 의하더라도, 민중주권주의가 특권을 상실한 지배집단의 정치참여를 인정하는지 여부가 분명하게 드러나지 않는다. 이상의 논의는 김종현, "통합진보당 해산결정의 몇 가지 쟁점에 대한 연구–결정서에 대한 비판적 독해를 중심으로–", 『헌법학연구』, 제21권 제3호, 한국헌법학회, 2015, 372-376쪽에서의 논증을 특히 방어적 민주주의의 요건과 관련하여 수정·요약한 것이다.

못하였다고 생각된다.

다수의견은 피해의 최소성을 검토하는 과정에서, "두 차례의 분당을 거치면서 피청구인이 종북주의에 매몰되었다는 일반 국민들의 인식과 내란관련 사건 등으로 인하여 그 정치적 기반이 축소된 것은 사실"이라고 썼다. 특히 피청구인이 2014. 6. 4. 시행된 제6회 지방선거에서 (직전 지방선거보다) 부진하였고, 피청구인에 대한 지지율이 현저히 떨어졌으며, 피청구인의 진성당원도 급감하였음을 언급하였다.[20] 이러한 일련의 정황은 민주적 기본질서에 실질적 해악을 끼칠 '구체적 위험성'과는 요원한 것이라 할 수 있다.

그럼에도 불구하고 다수의견은 피청구인의 위험성을 인정하였는데, 이는 정치적 상황과 환경의 변화에 따라서는 언제든지 정치적 기반의 확대를 가져올 가능성이 있다는 이유에서였다. 특히 이와 관련하여, 4년 만에 2.6%의 지지율에 그쳤던 군소정당에서 37.2%의 득표에 성공한 제1당으로 변모한 독일 나치당의 전례가 시사하는 바가 적지 않다고 하였다.[21]

그러나 '정치적 상황과 환경의 변화에 따라' 피청구인의 정치적 기반이 확대될 개연성이란, 특정한 여건에서만 나타날 수 있는 추상적·이론적·가정적인 위험에 불과하다.[22] 만일 다수의견이 나치당의 사례를 통해 통합진보당의 구체적 위험성을 논증하고자 하였다면, 군소정당이었던 나치당이 집권하여 민주주의를 파괴하기까지의 독일에서와 유사한 정황[23]을 제시했어야 했다. 그러나 다수의견은 지지율과 의석수가 급등했던 지난날의 나치당과 오히려 대비되는 상

20) 헌재 2014. 12. 19. 2013헌다1, 판례집 26-2하, 1, 110.
21) 헌재 2014. 12. 19. 2013헌다1, 판례집 26-2하, 1, 110.
22) 김종현, 앞의 글(2015), 377쪽.
23) 이 당시 바이마르 공화국의 불안정한 헌정현실은 제2장 제1절 Ⅰ.에서 개괄하였다.

황만을 언급하고 있을 뿐이다. 특히 "비록 이를 흔한 일로 볼 수는 없을지라도, 현실정치의 역동적인 성격에 비추어 볼 때 (나치당의 예와 같은 일이) 향후에 결코 다시 발생하지 않을 일이라고 단언할 수도 없다."는 설시는 구체적 위험성의 존재에 대한 논증 자체를 포기한 느낌마저 준다.[24] '향후에 결코 다시 발생하지 않을 일'이란 쉽게 말해 '0%'의 발생가능성을 뜻하는바, 위 문장은 "나치당과 같은 일이 재발할 가능성이 0%가 아닌 한 (구체적) 위험성이 인정된다."는 의미로도 읽힐 여지가 없지 않다.

3. 소결

민중주권주의에 관한 다수의견과 보충의견, 반대의견의 설시는, 그것이 특권계급의 정치적 권리를 침해하는 것인지 여부를 설득력 있게 논구하지 못했다는 한계가 있다. 또한 다수의견은 정당해산의 요건으로 민주적 기본질서에 대한 구체적인 위험성을 언급하면서도, 통합진보당이 이러한 위험을 초래하였다는 정황을 제시하지 못하였다. 결론적으로 다수의견은 방어적 민주주의를 엄격하게 이해하여야 한다는 규범적 요청에 부합하는 인식을 보여주었으나, 이를 사안에 적절히 적용하였다고 보기 어렵다.

Ⅲ. 의원직 상실결정

헌법재판소는 통합진보당의 해산과 함께 소속 국회의원들의 의원직 상실을 결정하면서, 그 논거로 정당해산제도의 취지와 본질적 효력을 들고 있다. "어떠한 정당을 엄격한 요건 아래 위헌정당으로

24) 이를 안이한 법익형량의 태도라고 비판한 연구로 김종철, 앞의 글(2015), 55쪽.

판단하여 해산을 명하는 것은 헌법을 수호한다는 방어적 민주주의 관점에서 비롯되는 것이고, 이러한 비상상황에서는 국회의원의 국민대표성은 부득이 희생될 수밖에 없다."는 것이다. 해산되는 정당 소속 국회의원의 의원직 상실은 정당해산제도의 본질(방어적 민주주의)로부터 인정되는 기본적 효력이므로 이에 관한 명문의 규정이 있는지 여부는 고려의 대상이 되지 아니하고, 지역구 의원이든 비례대표 의원이든 모두 그 의원직이 상실되어야 한다는 것이 다수의견의 결론이다.[25] 이하에서는 의원직 상실결정에 대한 헌법재판소의 논거제시가 충실히 이루어졌는지 살펴보고, 의원직 상실결정과 방어적 민주주의의 관련성을 논구한다.

1. 의원직 상실결정에 대한 논거제시

우선 의원직 상실결정의 당부는 차치하더라도, 다수의견이 방어적 민주주의 이외에 이렇다 할 논거를 제시하지 아니한 점에는 비판의 소지가 적지 않음을 지적하고자 한다. 1960년 정당해산제도가 방어적 민주주의의 성격도 일부 가지며 도입된 것은 인정되나, 이후 민주화에 이르기까지 우리의 헌정질서는 방어적 민주주의가 작동할 수 있는 전제를 구비하지 못하였으며, 민주화 이후에도 민주주의의 방어적 성격이 새삼 강화될 만한 사정이 있었다고는 보기 어려운 까닭이다.

위헌정당 소속 국회의원의 의원직을 상실시키는 것은 자유위임의 원리나 국민대표성에 대한 중대한 예외를 이루는 결정이다. 따라서 명문의 규정이 없음에도 이러한 결정을 내리기 위해서는,[26] 우리

25) 헌재 2014. 12. 19. 2013헌다1, 판례집 26-2하, 1, 112-114.
26) 보다 정확히 말한다면 관련 명문의 규정이 삭제된 것이다. 제5차 개정헌법 제38조는 소속정당이 해산된 경우 국회의원의 자격이 상실됨을 규정하고

의 헌정질서에서 그 규범적 위상이 제한적으로만 인정되는 방어적 민주주의만을 논거로 제시할 것이 아니라, 주요 학설 및 외국의 제도와 결정 사례를 폭넓게 검토하여 설시하는 것이 바람직했다.[27)]

학계에서는 크게 방어적 민주주의의 이념 및 정당해산결정의 실효성에 근거한 의원직 상실설[28)]과, 국민대표성, 자유위임의 원리, 명문규정의 부존재, 국회의 자율권 등을 논거로 한 의원직 유지설[29)]이 대립한다. 정당기속성의 차이를 고려할 때 비례대표 의원의 경우에만 의원직이 상실된다는 견해,[30)] 정당의 위헌적 활동에 적극적으로 동조하거나 그러한 활동을 방조한 의원들의 의원직만을 상실시켜야 한다는 견해[31)]도 있다. 방어적 민주주의에 따라 국민대표성을 희생시켜야 한다는 논리는 타당하지만 실정법적 근거가 없음에도 의원직 상실을 결정하는 것은 월권이라는 견해,[32)] 헌법기관인 국회의 부분기관인 국회의원의 지위를 박탈하기 위해서는 반드시 헌법에 근거규정이 있어야 한다는 견해[33)]도 개진된다. 독일 연방헌법재판소는

있었다.

27) 김종현, 앞의 글(2015), 381-382쪽.

28) 정종섭, 『헌법소송법』, 박영사, 2014, 492쪽; 박찬주, "정당해산결정에 부수하는 의원지위상실결정의 허용성", 『헌법논총』, 제27집, 헌법재판소, 2016, 345-347쪽; 성낙인, 앞의 책(2017), 251쪽; 한수웅, 『헌법학』, 법문사, 2017, 1549-1550쪽 등 다수.

29) 이성환 외, 앞의 책(2004), 265-266쪽; 임지봉, "헌법재판소의 통합진보당 해산결정에 대한 분석과 평가", 『법학논총』, 제33집, 숭실대학교 법학연구소, 2015, 379-381쪽; 양건, 『헌법강의』, 법문사, 2016, 207쪽; 이재희, "정당해산과 해산정당 소속 의원의 의원직 상실", 『헌법연구』, 제3권 제1호, 헌법이론실무학회, 2016, 266-273쪽 등 다수.

30) 이한태, 앞의 글(2014), 137쪽.

31) 장영수, "통합진보당 해산결정과 소속 국회의원의 의원직상실 문제", 『고려법학』, 제76호, 고려대학교 법학연구원, 2015a, 140쪽.

32) 정만희, 앞의 글(2015), 153-157쪽.

33) 이 견해는 설사 법률로 의원직 상실을 규정하더라도 그러한 법률에 위헌성이 있다고 본다. 전민형, "정당해산심판결정의 유형과 법적 효과", 『안암

사회주의제국당 사건 당시 명문의 규정이 없었음에도 소속의원들의 의원직 상실을 결정하였고,[34] 이후 연방선거법에 관련 근거규정이 마련되었다. 유럽인권재판소는 개별적인 활동을 고려하지 않고 자동적으로 의원직을 상실시키는 것이 비례원칙에 부합하지 않는다는 취지로 판시한 바 있다.[35] 터키 헌법재판소는 복지당을 해산하면서 소속의원 157인 중 5인의 의원직만을 상실시켰다.[36]

2. 의원직 상실결정과 방어적 민주주의의 관련성

방어적 민주주의의 관점에서 위헌정당 소속 국회의원들의 의원직을 상실시킬 수 있는가? 살피건대, 민주주의를 수호할 목적으로 헌법이나 법률에 관련규정을 둔 경우 그것이 허용되는가는 별론으로 하더라도, 의원직 상실이 (특히 우리의) 정당해산제도의 본질로부터 인정되는 '기본적 효력'이라고 보기는 힘들다고 판단된다.

첫째, 이러한 논리로는 독일 연방의회가 사회주의제국당 해산결정 이후 새삼 연방선거법을 개정하여 의원직 상실에 관한 명문의 규정을 마련한 사실을 설명하기 어렵다. 의원직 상실이 제도의 본질상 '당연히' 인정되는 '기본적' 효력이라면, 이러한 법 개정은 불필요했을 것이다.[37] 동법의 개정은 의원직 상실여부에 관한 논란의 소지를 없이 하려는 취지였다고 할 것인바, 이는 의원직 상실이 정당해산결

법학』, 제44권, 안암법학회, 2014, 506-507쪽.

34) BVerfGE 2, 1, 2.

35) Sadak and Others v. Turkey(No. 2), ECtHR, Application nos. 25144/94, 26149/95 to 26154/95, 27100/95 and 27101/95, judgment of 11 June 2002 (Fourth Section), paras. 37-40.

36) Refah Partisi (The Welfare Party) and Others v. Turkey, para. 133.

37) 김종현, 앞의 글(2015), 382쪽. 독일 연방헌법재판소는 정당해산제도가 방어적 민주주의에 입각한 것이라는 입장이다.

정의 본질에 따른 당연한 귀결이라기보다는 논쟁이 가능한 사안이라는 점을 말해준다.

둘째, 이 같은 해석은 우리 헌법 및 정당법의 규정과 조화를 이루지 못한다. 물론 우리의 정당해산심판제도가 방어적 민주주의의 성격을 가진다는 점은 인정된다. 그러나 헌법 제8조 제4항에 따라 해산사유가 되는 것은 '정당의' 목적이나 활동이지 소속 의원들의 그것이 아니다. 한편 정당법은 정당해산결정의 효력으로 대체'정당'의 창설금지(제40조)와 '정당의' 잔여재산 국고 귀속(제48조 제2항) 등을 정하고 있으나, 의원직 상실에 관한 규정은 찾아볼 수 없다. 요컨대, 헌법과 정당법은 민주주의를 위협할 수 있는 존재이자 해산결정의 효력이 미치는 대상으로 정당을 상정한 것이다. 그럼에도 위헌정당 소속 국회의원들의 의원직 상실이 정당해산제도의 당연한 효과라고 하는 것은, 정당해산의 요건과 효과를 상세히 규정하면서도 이 문제를 언급하지 아니한 헌법과 정당법에 충실한 해석이라 할 수 없다. 또한 다수의견에 따르면, 우리 헌법은 제5차 개정 당시 의원직 상실이라는 당연한 효과에 관하여 굳이 확인적·선언적인 규정을 두었다가 이를 삭제한 셈인데, 이는 헌법 조문의 변화에 따른 입법자의 의사에 부합하는 해석이라 하기 힘들다.[38)]

셋째, 공직선거법 제192조 제4항에 따르면, 정당의 합당·해산 또는 제명 '외의 사유'로 당적이 변경된 경우 '비례대표의원'은 퇴직한다. 동 규정을 반대해석하면 비례대표 국회의원도 정당이 해산된 경우 퇴직하지 않는다는 결론에 이르게 된다. 또한 유독 비례대표 국회의원의 의원직 상실 여부만을 규정한 점에 비추어볼 때, 지역구 국회의원은 퇴직하는 경우가 없다는 것이 자연스러운 해석이라 할

38) 동 규정이 삭제된 사실로부터, 입법자의 의사가 이전의 명문규정과는 반대로 바뀐 것이라 해석할 수 있다는 견해로 이성환 외, 앞의 책(2004), 265쪽; 김선수 외, 앞의 책(2015), 230쪽.

수 있다.[39] 만일 의원직 상실이 정당해산제도의 본질에 따른 당연한 효과라면, 의원의 퇴직에 관한 위 공직선거법 규정은 정당해산제도의 본질에 반하는 것이 된다. 다수의견은 동 규정에서의 '해산'이 '자진해산'만을 의미한다고 하였으나,[40] 이는 권리박탈자의 이익에 반하는 축소해석이라는 점에서 받아들이기 어려운 해석이다.[41]

Ⅳ. 소결

지금까지 특히 방어적 민주주의의 관점에서 통합진보당 해산결정을 검토하였다. 헌법재판소가 민주적 기본질서의 의미를 좁게 파악하고, 정당해산의 사유를 민주적 기본질서에 대한 구체적인 위험성이 존재하는 경우로 한정한 것은 방어적 민주주의의 규범적 요청에 부합한다. 그러나 재판소는 정당의 목적이 곧 상당한 위험성을 인정할 충분한 이유가 된다고 함으로써, 결과적으로 정당해산이 쉽게 이루어질 여지를 남겼다. 또한 동 결정은 통합진보당이 초래하는 구체적 위험성의 존재를 정치하게 논증하지 못함으로써, 방어적 민주주의를 사안에 적절히 적용하지 못하였다는 한계도 드러내었다.

한편 의원직 상실결정은 정당해산제도의 본질로부터 인정되는 기본적 효력이라고 보기는 힘들다. 그리고 우리 헌정질서에서 방어적 민주주의가 가지는 제한적인 위상을 고려할 때, 다수의견은 방어적 민주주의 이외에 의원직 상실을 뒷받침하는 추가적인 논거를 제시하는 것이 바람직했다.

---

39) 이성환 외, 위의 책(2004), 265-266쪽; 이재희, 앞의 글(2016), 249쪽.
40) 헌재 2014. 12. 19. 2013헌다1, 판례집 26-2하, 1, 113.
41) 김선수 외, 앞의 책(2015), 231쪽.

제5절 결어

이 장 제2절에서는 우리 헌정질서가 방어적 민주주의를 채택하였다고 볼 수 있는지, 만약 그렇다면 방어적 민주주의의 규범적 성격은 어떻게 변화하여 왔는지를 헌정사를 중심으로 검토하였다. 정부수립 초기에는 방어적 민주주의의 필요에 대한 규범적 합의의 존재를 인정하기 어려우며, 6·25 동란 이후 4·19혁명에 이르기까지는 방어적 민주주의의 전제인 민주적 기본질서가 갖추어지지 못하였다. 1960년 정당해산제도의 도입은 방어적 민주주의에 입각한 것이었음이 제한적으로 인정되나, 5·16 군사쿠데타 이후 민주화 이전까지는 방어할 대상인 민주주의 자체가 결여되어 있었다. 민주화 이후의 헌법규범 및 헌정현실은 모두 협의의 민주주의에 부합하는 것으로 인정되나, 민주주의의 방어적 성격이 새삼 강조될 만한 규범적 합의나 여건은 찾아보기 어렵다. 요컨대, 우리 헌정질서가 방어적 민주주의를 채택하였다는 것은 인정되나, 그 규범적 위상은 제한적이다.

제3절에서는 방어적 민주주의의 성격을 가지는지 여부에 관하여 견해가 대립하는 국가보안법 및 테러방지법을 각각 살펴보았다.

제정 국가보안법은 비합법성을 개념징표로 하는 반국가단체를 규율대상으로 하며, 무장봉기를 그 입법배경으로 한다는 점에서 방어적 민주주의에 입각한 제도로 볼 수 없다. 1960년 제4차 개정 국가보안법은 민주주의의 수호보다는 국민의 자유와 권리를 보호하는 데 주안점이 있었으며, 가벌성이 명백한 범죄행위를 규율하는 것이었기에 방어적 민주주의의 성격을 가진다고 보기 어렵다. 오늘날의 국가보안법은 국가의 존립이나 안전을 위태롭게 하지는 않으나 자유민주적 기본질서에 위해를 가하는 경우를 상정하고 있어, 일견 합법적인 형태를 취하는 이적단체의 규제를 정당화하는 논거로 방어적 민주주의가 원용될 여지가 있다.

한편 테러는 민주주의 체제에서만의 문제가 아니며 민주주의를 활용하거나 합법적인 형태를 취하지도 아니하는바, 테러방지법이 방어적 민주주의의 성격을 가진다고 할 수는 없다.

이어 제4절에서는 특히 방어적 민주주의의 관점에서 통합진보당 해산결정을 평석하였다. 헌법재판소는 민주적 기본질서의 의미를 좁게 파악하고, 정당해산의 사유를 민주적 기본질서에 대한 구체적인 위험성이 존재하는 경우로 한정한바, 이는 방어적 민주주의의 규범적 요청에 부합한다. 그러나 재판소는 정당의 목적이 곧 상당한 위험성을 인정할 충분한 이유가 된다고 함으로써, 결과적으로 정당해산이 쉽게 이루어질 여지를 남겼다. 또한 동 결정은 통합진보당이 초래하는 구체적 위험성의 존재를 정치하게 논증하지 못하였으며, 따라서 방어적 민주주의를 사안에 적절히 적용하였다고 보기 어렵다.

한편, 의원직 상실결정은 정당해산제도의 본질로부터 인정되는 기본적 효력이라고 보기는 힘들다. 그리고 우리 헌정질서에서 방어적 민주주의가 가지는 제한적인 위상을 고려할 때, 다수의견은 방어적 민주주의 이외에 의원직 상실을 뒷받침하는 추가적인 논거를 제시할 필요가 있었다.

제5장
결 론

1. 방어적 민주주의에 대한 우리 사회의 관심이 크게 제고된 것은 2014년 통합진보당 해산결정을 전후해서였으며, 국내의 연구도 동 결정 및 정당해산제도 전반을 중심으로 이루어져왔다. 처음 이 책의 구상 또한 이와 크게 다르지 않았다. 먼저 우리의 정당해산제도와 통합진보당 해산결정을 살펴보고, 이를 방어적 민주주의의 틀에 따라 외국의 제도 및 주요 사례와 비교법적으로 논의하고자 하였다.

그러나 오늘날 방어적 민주주의가 정당해산 뿐만 아니라 많은 영역에서 문제되고 있음을 확인할 수 있었고, 방어적 민주주의에 내재한 위험성을 고려할 때 그러한 '확대'가 적절한 것인지 검토할 필요가 있다고 판단하게 되었다. 또한 정당해산 외에도 여러 형태의 정당금지가 존재하며 금지의 사유 또한 다양함을 생각할 때, "정당해산=방어적 민주주의"라는 도식에도 재고가 필요하다고 보았다. 그 밖에 방어적 민주주의가 보편적인 현상인 것인지, 우리 헌정질서가 방어적 민주주의를 채택하였다고 볼 수 있는지에 대하여도 견해가 나뉨을 알 수 있었다.

2. 제2장에서는 방어적 민주주의에 대한 논의가 어떻게 역사적으로 전개되었는지 살펴봄으로써 이 같은 문제에 답하고자 하였다. Loewenstein의 방어적 민주주의는 1930년대 유럽 각국의 민주주의를 위협한 파시즘에 맞서기 위한 규범적 대응방안으로 제시되었다. 그것은 ①외견상 합법성을 갖추고 민주주의를 활용하면서 민주주의 체제를 파괴하려는 세력에 맞서 ②비자유주의적인 예방수단을 불사하는 ③민주주의 체제라는 의미를 가졌다. 제2차 세계대전 직후 독일에서 두 차례 정당해산을 통해 조심스럽게 적용되었던 방어적 민주주의는 1970년대 다양한 영역에서 기본권제한의 원리로 활용되었다. 1990년대에는 중·동유럽 등지의 불완전한 신생 민주주의 국가들이

방어적 민주주의 관련 규정을 도입하였으나, 이들은 실제 정당해산과 같은 비자유주의적인 조치를 취하는 것에 소극적이었다. 오늘날에는 종교적 극단주의, 소수민족 분리주의, 혐오표현 등 새로운 영역이 방어적 민주주의와 관련하여 논의되며, 9·11 테러는 방어적 민주주의의 부흥을 가져왔다고 평가되기도 한다. 일부 민주주의 국가들이 권위주의로 퇴행하면서, 국제적인 차원에서 방어적 민주주의의 가능성과 정당성을 모색하는 논자들도 있다.

3. 방어적 민주주의에 관한 논의는 정치공동체가 어떠한 위험을 인식한 이후 활성화되는 경향이 있으며, 방어적 민주주의가 전 세계 민주주의 국가들에서 예외 없이 받아들여지는 보편적인 개념이라고 할 수는 없다. 또한 민주주의의 공고화 정도와 방어적 민주주의의 관련성에 대한 일관된 설명은 어려우며, 다수의 예외적인 사례가 발견된다. 국제규범이 가지는 구속력의 한계나 개별 국가들의 주저로 인해, 향후 국제적인 차원에서 방어적 민주주의가 적용될 가능성을 예단하기는 어렵다. 그러나 정당금지의 실무에 있어서는, 유럽인권협약 당사국 내지 베니스위원회 회원국들 간 일정한 기준의 수렴이 있으리라 예상된다. 또한 방어적 민주주의는 Loewenstein이 인식했던 적 이외의 여러 대상으로 확대되고 있다.

4. 제3장에서는 우선 고전적인 방어적 민주주의 이론을 규범적인 관점에서 평가하였다(제2절). 방어적 민주주의에 대하여는 그것이 바이마르 공화국의 실패원인에 대한 잘못된 인식에 근거하고 있으며, 민주주의의 본질을 약화할 우려가 있는데다, 규범적 효용에도 여러 난관이 따른다는 지적이 있어왔다. 그러나 민주주의가 민주적 근본주의로 인식될 우려, 민주주의 체제를 활용하는 특유한 적의 존재, 동 이론이 제시될 당시의 위기상황, 일부 방어적 조치의 성공사례에

비추어볼 때, 방어적 민주주의의 규범적 정당성과 시의성 및 효율성을 인정할 수 있다.

5. 제3장 제3절에서는 여러 비판론을 극복할 수 있는 대안으로서 오늘날 방어적 민주주의의 규범적인 원리를 모색하였다. 구체적으로는 반민주주의자들을 포함한 모든 구성원들이 정치과정에 참여할 권리를 가진다는 것을 인정하고, 이러한 권리가 침해되거나 민주주의 체제에 대한 구체적인 위험이 초래된 경우에만 개입하며, 방어의 대상인 민주주의의 의미를 엄격하게 이해해야 한다고 보았다. 또한 방어적 민주주의가 수반하는 비용과 위험성을 벌충하고자 하며, 사법부를 통해 정치적 오·남용을 통제하고, 최후수단성·예외성·한시성·비례원칙 등의 요건을 준수해야 함을 주장하였다.

6. 제3장 제4절에서는 방어적 민주주의가 테러리즘, 국가정체성에 대한 도전, 혐오표현, 위협적인 정당의 결성 및 활동에 적용될 수 있는지 여부를 각각 검토하였다. 이것은 방어적 민주주의가 적잖은 비용을 수반하며 정치적으로 오·남용될 수 있기에, 그 적절한 적용 범주를 설정할 필요가 있다는 판단에 따른 것이었다. 논의에 앞서 다음의 몇 가지를 전제하였다. 방어적 민주주의는 그 정치공동체의 민주주의를 전제하며(전제1), 여기서 방어의 대상인 민주주의는 협의로 이해해야 한다(전제2). 방어적 민주주의는 파시즘이라는 특유한 적에 대한 규범적 대응방안이었는바(전제3), 방어적 민주주의가 새로운 대상에 확대되기 위해서는 종전의 적용대상과 본질적인 유사성이 인정되어야 한다(전제4). 또한 실천적인 차원에서도 방어적 민주주의의 확대적용은 가급적 지양해야 한다(전제5).

7. 테러리즘은 민주주의 국가만의 문제가 아니며, 민주주의에 적

응하거나 외견상의 합법성을 구비하지 못했다는 점에서 파시즘과 근본적으로 다르기에 방어적 민주주의의 적용대상이라고 할 수 없다. 국가정체성은 협의의 민주주의에 포함되지 않으며, 따라서 그에 대한 도전을 제재하는 것은 방어적 민주주의로 정당화될 수 없다. 그러나 이것이 국가정체성에 대한 도전을 전혀 규제할 수 없음을 뜻하지는 않는다. 혐오표현에 방어적 민주주의가 적용될 수 있는지의 여부는, 구성원들의 정치적 권리가 침해되거나 민주주의 체제가 전복될 위험이 있는지의 여부에 따라 판단하여야 한다. 다만, 가벌성이 명백하며 표현행위라 할 수 없는 제노사이드나 증오범죄는 처음부터 적용대상에서 제외된다. 위협적인 정당의 결성 및 활동은 방어적 민주주의 이론이 등장하게 한 중요한 배경이었으나, 그에 대한 규제로서의 정당금지 모두가 방어적 민주주의에 입각한 것이라 할 수는 없다. 각국이 민주주의 체제에 대한 위협에 직면한 경우에만 정당을 금지하는 것은 아니며, 비민주적 국가에서 정당이 금지된다고 하여 이를 방어적 민주주의에 따른 것이라고 볼 수 없기 때문이다.

8. 제4장에서는 헌정사를 살펴봄으로써, 우리 헌정질서가 방어적 민주주의를 채택하였다고 볼 수 있는지, 그렇다면 그 규범적인 성격은 어떠한 것인지를 논구하였다. 논의에 앞서 다음의 몇 가지를 전제하였다. 첫째, 어떤 정치공동체가 방어적 민주주의를 채택하였다고 할 수 있으려면 당해 공동체 내에 민주적 기본질서의 존재가 인정되어야 한다. 둘째, 동일·유사한 제도라 하더라도 그 도입배경에 따라 서로 다른 성격을 가질 수 있다. 셋째, 방어적 민주주의는 민주주의의 특유한 적에 대한 처방으로, 국가일반의 자기방어체제와 동일시할 수 없다. 넷째, 방어적 민주주의는 그 나라의 역사적 경험에 따른 규범적 필요에 의하여 자생하거나 도입되며, 이후 강화되거나 약화될 수 있다.

9. 정부수립 초기에는 민주주의 체제가 요하는 여러 사회적 조건이 구비되지 못했고, 방어적 민주주의의 필요에 대한 규범적 합의도 찾아보기 어렵다. 6·25 동란부터 4·19 혁명에 이르는 시기에는 방어적 민주주의의 전제인 민주적 기본질서의 존재를 인정할 수 없다. 1960년 도입된 정당해산제도가 방어적 민주주의의 성격을 가졌음은 인정된다. 그러나 독일과 상이한 도입배경을 고려할 때, 민주주의를 수호하기 위한 제도라기보다는 정당을 보호하는 수단으로서의 성격이 강했다고 평가된다. 5·16 군사쿠데타 이후 민주화 이전까지는 민주주의가 작동했다고 볼 수 없으며, 헌법이 정당해산제도를 두고 자유민주적 기본질서라는 표현을 사용하였다고 하여 이를 방어적 민주주의라 할 수 없다. 민주화 이후에는 방어적 민주주의가 작동할 수 있는 여건이 갖추어졌으나, 민주주의의 방어적 성격이 새삼 강화될 만한 규범적 합의를 찾아보기 어렵다. 요컨대, 우리 헌정질서가 방어적 민주주의를 채택하였음은 인정되지만 그 규범적 위상은 제한적이다.

10. 1948년 제정된 국가보안법은 방어적 민주주의의 성격을 가진다고 할 수 없다. 동법은 무장봉기를 그 입법배경으로 하며, 합법적인 형태를 취하고 민주주의를 활용하는 반민주적 세력을 규율하는 것이 아니었기 때문이다. 민주주의의 수호보다는 국민의 자유와 권리 보호에 주안점을 두고 가벌성이 명백한 행위를 규율하였던 제4차 개정 국가보안법 또한, 방어적 민주주의에 입각한 것으로 보기는 힘들다. 오늘날 국가보안법은 반국가단체와 함께 이적단체를 규제하는바, 이적단체가 외견상 합법성을 갖춘 채 자유민주적 기본질서를 위협하는 경우라면 그 처벌을 정당화하는 논거로 방어적 민주주의가 원용될 여지가 있다.

최근 테러로부터 국민의 생명과 재산을 보호하고 국가 및 공공의 안전을 확보할 목적으로 테러방지법이 제정되었다. 그러나 테러는 민주주의를 활용하거나 합법적인 형태를 취하지 않으며 민주주의 국가만의 문제도 아니므로, 동법이 방어적 민주주의의 성격을 가진다고 보기는 어렵다.

11. 통합진보당 해산결정이 방어적 민주주의의 관점에서 적절한 것이었는지가 문제된다. 헌법재판소가 민주적 기본질서의 의미를 좁게 파악하고, 정당해산의 사유를 민주적 기본질서에 대한 구체적인 위험성이 존재하는 경우로 한정한 것은 방어적 민주주의의 규범적 요청에 부합한다. 그러나 재판소는 정당의 목적이 곧 상당한 위험성을 인정할 충분한 이유가 된다고 함으로써, 결과적으로 정당해산이 쉽게 이루어질 여지를 남겼다. 또한 동 결정은 통합진보당이 초래하는 구체적 위험성의 존재를 정치하게 논증하지 못함으로써, 방어적 민주주의를 사안에 적절히 적용하지 못하였다는 한계도 드러내었다.

한편 우리 헌정질서에서 방어적 민주주의가 가지는 제한적인 위상을 고려할 때, 방어적 민주주의 이외에 의원직 상실을 뒷받침하는 추가적인 논거를 제시할 필요가 있었다. 또한 명문의 규정을 둔 경우는 차치하더라도, 의원직 상실이 정당해산심판제도의 본질로부터 당연히 도출되는 기본적인 효력이라고 보기는 어렵다.

참고문헌

1. 단행본

강원택·조홍식, 『하나의 유럽』, 푸른길, 2009.
계희열, 『헌법학(상)』, 박영사, 2005.
구영록, 『한국과 국제정치환경』, 서울대학교출판부, 1999.
국회도서관 법률정보실, 『세계의 헌법: 35개국 헌법 전문Ⅱ』, 동서문화사, 2013.
권영성, 『헌법학원론』, 법문사, 2010.
김민배, 『전투적 민주주의와 국가보안법』, 인하대학교출판부, 2004.
김선수 외, 『통합진보당 해산결정, 무엇이 문제인가?』, 도서출판 말, 2015.
김승대, 『헌법학강론』, 법문사, 2017.
김철수, 『헌법학개론』, 박영사, 2007.
박기륜, 『국제범죄론』, 비전캐릭터, 2004.
박원순, 『국가보안법연구1 - 국가보안법 변천사』, 학문사, 2004.
서울대학교 정치학과 교수 공저, 『정치학의 이해』, 박영사, 2002.
서중석, 『이승만과 제1공화국 - 해방에서 4월혁명까지』, 역사비평사, 2007.
성낙인, 『대한민국헌법사』, 법문사, 2012.
______, 『헌법학』, 법문사, 2017.
송석윤, 『헌법과 사회변동』, 경인문화사, 2007a.
______, 『헌법과 정치』, 경인문화사, 2007b.
양건, 『헌법강의』, 법문사, 2016.
양건 외, 『헌법 주석서Ⅰ』, 법제처, 2010.
이성환 외, 『정당해산심판제도에 관한 연구』, 헌법재판소, 2004.
이정복, 『한국정치의 분석과 이해』, 서울대학교출판문화원, 2012.
이효원, 『남북교류협력의 규범체계』, 경인문화사, 2006.
임종훈·박수철, 『입법과정론』, 박영사, 2006.
장문석, 『민족주의 길들이기: 로마 몰락에서 유럽 통합까지 다시 쓰는 민족주의의 역사』, 지식의 풍경, 2007.
장영수, 『헌법학』, 홍문사, 2017.
전광석, 『한국헌법론』, 집현재, 2017.

정만희, 『헌법과 통치구조』, 법문사, 2003.
정인섭 편역, 『국제인권조약집』, 사람생각, 2000.
정종섭, 『헌법소송법』, 박영사, 2014.
______, 『헌법학원론』, 박영사, 2016.
조홍식, 『사법통치의 정당성과 한계』, 박영사, 2010.
차병직 외, 『지금 다시, 헌법』, 로고폴리스, 2016.
채형복, 『유럽연합법』, 한국학술정보, 2005.
최종고, 『한국법사상사』, 서울대학교출판부, 2004.
추홍희, 『국회의원을 심판하다! 정당국가의 문제점 해부』, 세계법제연구원, 2015a.
______, 『독일의 정당해산심판』, 세계법제연구원, 2015b.
______, 『법이란 무엇인가?』, 세계법제연구원, 2015c.
______ 편역, 『유럽의 법과 정치: 정당해산심판』, 세계법제연구원, 2015.
한수웅, 『헌법학』, 법문사, 2017.
한수웅 외, 『주석 헌법재판소법』, 헌법재판소 헌법재판연구원, 2015.
한영우, 『다시 찾는 우리역사』, 경세원, 2014.
허영, 『한국헌법론』, 박영사, 2017.

로버트 O. 팩스턴, 손명희 · 최희영 옮김, 『파시즘: 열정과 광기의 정치혁명』, 2005.
(Paxton, Robert O., *The Anatomy of Fascism*, New York: Knopf, 2004.)
앤서니 기든스, 한상진 · 박찬욱 옮김, 『제3의 길』, 생각의 나무, 1998.
(Giddens, Anthony, *The Third Way: The Renewal of Social Democracy*, Cambridge: Polity Press, 1998.)
존 스튜어트 밀, 서병훈 옮김, 『자유론』, 책세상, 2013.
(Mill, John Stuart, ed. Currin V. Shields, *On Liberty*, Indianapolis: Bobbs-Merrill Educational Publishing, 1982.)
클로드 르포르, 홍태영 옮김, 『19~20세기 정치적인 것에 대한 시론』, 그린비, 2015.
(Lefort, Claud, *Essais sur le politique: XIXe et XXe siècles*, Paris: Le Seuil, 1986.)
폴 케네디, 이일주 외 옮김, 『강대국의 흥망』, 한국경제신문사, 1997.
(Kennedy, Paul M., *The Rise and Fall of the Great Powers: Economic Change and Military Conflict from 1500 to 2000*, New York: Random House, 1987.)

Allan, James, *Democracy in Decline: Steps in the Wrong Direction,* Montreal: McGill-Queen's University Press, 2014.

Barendt, Eric, *Freedom of Speech*, Oxford: Oxford University Press, 2005.

Brown, Alexander, *Hate Speech Law: A Philosophical Examination*, New York: Routledge, 2015.

Capoccia, Giovanni, *Defending Democracy: Reactions to Extremism in Interwar Europe*, Baltimore: Johns Hopkins University Press, 2005.

Chou, Mark, *Democracy Against Itself: Sustaining an Unsustainable Idea,* Edinburgh: Edinburgh University Press, 2014.

Dahl, Robert A., *Polyarchy: Participation and Opposition,* New Haven: Yale University Press, 1971.

Finn, John E., *Constitutions in Crisis: Political Violence and the Rule of Law,* Oxford: Oxford University Press, 1991.

Frey, Raymond G. and Christopher W. Morris eds., *Violence, Terrorism, and Justice,* Cambridge: Cambridge University Press, 1991.

Gurr, Nadine and Benjamin Cole, *The New Face of Terrorism: Threats from Weapons of Mass Destruction,* London: I.B. Tauris, 2000.

Habeck, Mary R., *Knowing the Enemy: Jihadist Ideology and the War on Terror,* New Haven: Yale University Press, 2006.

Henig, Ruth, *The Weimar Republic 1919-1933,* Hoboken: Taylor and Francis, 2002.

Huntington, Samuel P., T*he Third Wave: Democratization in the Late Twentieth Century,* Norman: University of Oklahoma Press, 1991.

Kahn, Robert A., *Holocaust Denial and the Law: A Comparative Study,* New York: Palgrave Macmillan, 2004.

Kelsen, Hans, *Verteidigung der Demokratie: Abhandlungen zur Demokratietheorie,* Tübingen: Mohr Siebeck, 2006.

______, *Was ist Gerechtigkeit?,* Wien: F. Deuticke, 1953.

Kirshner, Alexander S., *A Theory of Militant Democracy: the Ethics of Combatting Political Extremism*, New Haven: Yale University Press, 2014.

Kommers, Donald P., *The Constitutional Jurisprudence of the Federal Republic of Germany,* Durham: Duke University Press, 1997.

Kraus, Herbert, *The Crisis of German Democracy: A Study of the Spirit of the Constitution of Weimar,* Princeton: Princeton University Press, 1932.

Mannheim, Karl, *Diagnosis of Our Time: Wartime Essays of a Sociologist,* London:

Kegan Paul, Trench, Trubner & Co. Ltd., 1943.

Michalowski, Sabine and Lorna Woods, *German Constitutional Law: The Protection of Civil Liberties,* Aldershot: Ashgate, 1999.

Mosse, George L., *The Fascist Revolution: Toward a General Theory of Fascism,* New York: Howard Fertig, 1999.

Rosenblum, Nancy L., *On the Side of the Angels: An Appreciation of Parties and Partisanship,* Princeton: Princeton University Press, 2008.

Rosenfeld, Michel, *Law, Justice, Democracy and the Clash of Cultures: A Pluralist Account,* Cambridge: Cambridge University Press, 2011.

Runciman, David, *The Confidence Trap: A History of Democracy in Crisis from World War I to the Present,* Princeton: Princeton University Press, 2013.

Schumpeter, Joseph A., *Capitalism, Socialism and Democracy,* London: Routledge, 2010.

Singer, Peter, *Democracy and Disobedience,* Oxford: Clarendon Press, 1973.

Sollors, Werner, T*he Temptation of Despair: Tales of the 1940s*, Cambridge: Harvard University Press, 2014.

Stepan, Alfred ed., *Democracies in Danger,* Baltimore: Johns Hopkins University Press, 2009.

Suits, Bernard, T*he Grasshopper: Games, Life and Utopia,* Toronto: University of Toronto Press, 1978.

Tyulkina, Svetlana, *Militant Democracy: Undemocratic Political Parties and Beyond,* London: Routledge, 2015.

Urbinati, Nadia, *Democracy Disfigured: Opinion, Truth, and the People,* Cambridge: Harvard University Press, 2014.

Waldron, Jeremy, *Law and Disagreement,* Oxford: Clarendon Press, 1999.

Duverger, Maurice, trans. Barbara North and Robert North, *Political Parties: Their Organization and Activity in the Modern State,* London: Methuen, 1954.

(Duverger, Maurice, *Les partis politiques,* Paris: Armond Colin, 1951.)

Todorov, Tzvetan, trans. Andrew Brown, *The Inner Enemies of Democracy,* Cambridge: Polity Press, 2014.

(Todorov, Tzvetan, *Les ennemis intimes de la démocratie,* Paris: Robert Laffont, 2012.)

2. 논문

강상규·이혜정, "근대 국제정치질서와 한국의 만남", 하영선·남궁곤 편, 『변환의 세계정치』, 을유문화사, 2007, 35-64쪽.

강성현, "한국의 국가 형성기 '예외상태 상례'의 법적 구조-국가보안법(1948·1949·1950)과 계엄법(1949)을 중심으로", 『사회와 역사』, 제94집, 한국사회사학회, 2012, 87-128쪽.

강원택, "정치적 기대수준과 저항투표: 단순다수제 하에서 제3당에 대한 지지의 논리", 『한국정치학회보』, 제32집 제2호, 한국정치학회, 1998, 191-210쪽.

국순옥, "자유민주적 기본질서란 무엇인가", 『민주법학』, 제8호, 민주주의법학연구회, 1994, 125-165쪽.

권영설, "이승만과 대한민국 헌법", 유영익 편, 『이승만 연구』, 연세대학교출판부, 2000, 481-555쪽.

김대성, "터키 정의발전당의 창당과 집권에 대한 연구-2002년 총선을 중심으로", 『지중해지역연구』 제10권 제4호, 부산외국어대학교 지중해지역원, 2008, 1-29쪽.

김대환, "독일에서 과잉금지원칙의 성립과정과 내용", 『세계헌법연구』 제11권 제2호, 국제헌법학회 한국학회, 2005, 69-86쪽.

김명재, "정당의 자유와 민주적 기본질서-헌법 제8조의 해석을 중심으로-", 『헌법학연구』, 제13권 제1호, 한국헌법학회, 2007, 285-323쪽.

김문현, "정당해산심판에 관한 소고", 『성균관법학』, 제19권 제2호, 성균관대학교 비교법연구소, 2007, 1-14쪽.

김민배, "지배이데올로기로서의 '전투적 민주주의'의 논리와 그 비판", 『민주법학』, 제4호, 민주주의법학연구회, 1990, 8-51쪽.

김백유, "제5공화국 헌법의 성립 및 헌법발전", 『일감법학』, 제34호, 건국대학교 법학연구소, 2016, 87-148쪽.

______, "헌법수호-평상적 헌법수호제도(정태적·동태적) 이론을 중심으로", 『성균관법학』, 제18권 제3호, 성균관대학교 비교법연구소, 2006, 19-62쪽.

김상겸·이지형, "테러방지법에 관한 헌법적 연구", 『유럽헌법연구』, 제22호, 유럽헌법학회, 2016, 389-422쪽.

김선택, "유신헌법의 불법성 논증", 『고려법학』, 제49호, 고려대학교 법학연구원, 2007, 175-207쪽.

______, "정당해산의 실체적 요건의 규범적합적 해석", 『헌법연구』, 제1권 제1호, 헌법이론실무학회, 2014, 141-175쪽.

김선희, "종교의 자유와 종교적 다원주의를 위한 국가의 중립–유럽인권재판소 판결을 중심으로–", 『헌법이론과 실무』, 2016-A-1, 헌법재판소 헌법재판연구원, 2016, 1-144쪽.

김성진, "유럽인권재판소를 통해 살펴본 지역인권보장체계", 『헌법학연구』, 제21권 제1호, 한국헌법학회, 2015, 1-48쪽.

김승대, "테러와의 전쟁과 입헌주의의 위기에 관한 헌법적 연구", 『법학연구』, 제55권 제4호, 부산대학교 법학연구소, 2014, 91-121쪽.

김용직, "자유민주주의와 방어적 국가형성–대한민국 초기국가형성 재고, 1945~1950", 『한국정치외교사논총』, 제35집 제2호, 한국정치외교사학회, 2014, 5-42쪽.

김종서, "정당해산에 관한 베니스위원회의 기준과 그 적용–통합진보당 해산심판청구를 계기로–", 『민주법학』, 제56호, 민주주의법학연구회, 2014, 57-96쪽.

김종철, "민주공화국과 정당해산제도–통합진보당 해산심판청구를 소재로–", 『공법학연구』, 제15권 제1호, 한국비교공법학회, 2014, 35-66쪽.

______, "헌법재판소는 주권적 수임기관인가?–대한민국의 헌법적 정체성과 통합진보당 해산결정", 『저스티스』, 통권 제151호, 한국법학원, 2015, 29-71쪽.

김종현, "방어적 민주주의에 대한 헌법학적 연구–반(反)테러리즘과의 관련성을 중심으로–", 『헌법학연구』, 제22권 제2호, 한국헌법학회, 2016a, 147-179쪽.

______, "방어적 민주주의에 대한 헌법학적 연구–정당금지의 패러다임 변화에 대한 논의를 중심으로–", 『저스티스』, 통권 제155호, 한국법학원, 2016b, 98-123쪽.

______, "통합진보당 해산결정의 몇 가지 쟁점에 대한 연구–결정서에 대한 비판적 독해를 중심으로–", 『헌법학연구』, 제21권 제3호, 한국헌법학회, 2015, 363-405쪽.

김지영, "대테러 입법의 헌법적 문제–미국 애국법(PATRIOT ACT)을 중심으로–", 『비교헌법재판연구』, 2014-B-3, 헌법재판소 헌법재판연구원, 2014, 1-83쪽.

김현귀, "표현의 자유와 혐오표현규제", 『헌법이론과 실무』, 2016-A-3, 헌법재판소 헌법재판연구원, 2016, 1-109쪽.

김현철, "정당해산심판의 목적 및 해산사유-헌재 2014. 12. 19. 2013헌다1 결정에 대한 평석을 겸하여-", 『헌법학연구』, 제22권 제2호, 한국헌법학회, 2016, 361-403쪽.

도회근, "통일헌법의 기본원리", 『법조』, 제64권 제10호, 법조협회, 2015, 5-45쪽.

문현진, "스페인 「정당기본법」에 관한 연구: 정당해산절차를 중심으로", 『법제』, 통권 제665호, 법제처, 2014, 161-185쪽.

박규하, "자유민주적 기본질서와 투쟁적 민주주의의 원리", 『고시연구』, 제45권, 고시연구사, 1977, 124-133쪽.

박규환, "정당해산 심판기준에 관한 연구: 해산기준 명확화를 위한 기본권이론 도입에 관한 제언", 『헌법학연구』, 제14권 제4호, 한국헌법학회, 2008, 479-508쪽.

박병섭, "정당해산제도에 대한 헌법적 고찰: 독일기본법을 중심으로", 『민주법학』, 제9호, 민주주의법학연구회, 1995, 223-238쪽.

박용상, "국가안보와 표현의 자유-국가보안법을 중심으로", 『저스티스』, 통권 제128호, 한국법학원, 2012, 87-131쪽.

박진완, "유럽인권법원의 Leyla Şahin v. Turkey사건에서의 헌법적 원리로서의 세속주의(secularism)에 대한 검토", 『동아법학』, 제62호, 동아대학교 법학연구소, 2014, 55-87쪽.

박찬주, "정당해산결정에 부수하는 의원지위상실결정의 허용성", 『헌법논총』, 제27집, 헌법재판소, 2016, 245-357쪽.

박해영, "혐오표현(Hate Speech)에 관한 헌법적 고찰", 『공법학연구』, 제16권 제3호, 한국비교공법학회, 2015, 137-169쪽.

변동명, "제1공화국 초기의 국가보안법 제정과 개정", 『민주주의와 인권』, 제7권 제1호, 전남대학교 5·18연구소, 2007, 85-121쪽.

성낙인, "한국헌법사에 있어서 공화국의 순차(서수)", 『서울대학교 법학』, 제46권 제1호, 서울대학교 법학연구소, 2005, 134-154쪽.

손병석, "플라톤과 민주주의", 『범한철학』, 제78집, 범한철학회, 2015, 39-69쪽.

송기춘, "통합진보당 정당해산심판 사건에 대한 비판적 분석", 『민주법학』, 제56호, 민주주의법학연구회, 2014, 97-135쪽.

______, "피음사둔(詖淫邪遁)의 통합진보당 해산결정문", 『민주법학』, 제57호, 민주주의법학연구회, 2015, 269-279쪽.

송석윤, "정당해산심판의 실체적 요건-정당해산심판제도의 좌표와 관련하여-”, 『서울대학교 법학』, 제51권 제1호, 서울대학교 법학연구소, 2010a, 27-65쪽.

______, “정당해산제도의 딜레마”, 『세계헌법연구』, 제16권 제3호, 국제헌법학회 한국학회, 2010b, 59-90쪽.

신옥주, “유럽차원에서의 인권보호를 위한 유럽인권재판소(EGMR)의 역할 고찰-‘사생활 및 가족생활존중권’ 판례를 중심으로-”, 『헌법학연구』, 제16권 제1호, 한국헌법학회, 2008, 379-407쪽.

양건, “한국헌법III: 제4공화국헌법 및 제5공화국헌법사의 개관”, 『공법연구』, 제17집, 한국공법학회, 1989, 113-142쪽.

양삼석·장병연, “통합진보당 문제를 통해 본 위헌정당해산심판과 의원의 자격”, 『대한정치학회보』, 제22집 제4호, 대한정치학회, 2014, 317-334쪽.

양정윤, “헌법상 정당조항의 변천”, 『안암법학』, 제44권, 안암법학회, 2014, 43-79쪽.

오동석, “20세기 전반 미국 국가보안법제의 형성과 과제”, 『공법학연구』, 제9권 제3호, 한국비교공법학회, 2008, 381-400쪽.

오태곤, “국민보호와 공공안전을 위한 테러방지법의 제정과 시사점”, 『인문사회 21』, 제7권 제2호, 아시아문화학술원, 2016, 591-608쪽.

오향미, “독일 기본법의 “방어적 민주주의” 원리: 그 헌법이론적 논거의 배경”, 『의정연구』, 제33권, 한국의회발전연구회, 2011, 111-139쪽.

______, “독일 민주주의의 실험과 정착: 바이마르(Weimar) 공화국과 본(Bonn) 공화국의 의회민주주의”, 『한국과 국제정치』, 제21권 제4호, 경남대학교 극동문제연구소, 2005, 113-153쪽.

윤정인·김선택, “유럽인권재판소의 정당해산 심판기준”, 『공법학연구』, 제15권 제3호, 한국비교공법학회, 2014a, 45-77쪽.

____________, “유럽인권재판소의 정당해산심판 사례 분석”, 『세계헌법연구』, 제20권 제2호, 세계헌법학회 한국학회, 2014b, 211-248쪽.

이덕연, “판단의 정오(正誤)가 아니라 ‘수사’(rhetoric)로 본 통합진보당 해산결정”, 『헌법재판연구』, 제2권 제1호, 헌법재판소 헌법재판연구원, 2015, 67-115쪽.

이부하, “독일 기본법상 헌법충실과 헌법재판”, 『세계헌법연구』, 제13권 제2호, 국제헌법학회 한국학회, 2007, 101-118쪽.

이상경, “방어적 민주주의와 위헌정당해산심판제도에 대한 비판적 고찰”, 『법과사회』, 제46권, 법과사회이론학회, 2014, 107-144쪽.

이성환, “현행 정당해산심판절차의 문제점과 개선방향”, 『세계헌법연구』, 제

10호, 국제헌법학회 한국학회, 2004, 191-210쪽.
이우영, “대의제민주주의에서 소수자 보호의 헌법적 의의와 구조”, 『서울대학교 법학』, 제48권 제3호, 서울대학교 법학연구소, 2007, 162-196쪽.
이재희, “전투적 민주주의(Militant Democracy)로부터의 민주주의 수호”, 『공법학연구』, 제15권 제2호, 한국비교공법학회, 2015a, 105-141쪽.
______, “정당해산과 해산정당 소속 의원의 의원직 상실”, 『헌법연구』, 제3권 제1호, 헌법이론실무학회, 2016, 229-280쪽.
______, “정당해산제도의 예외적 적용가능성과 한계”, 『헌법연구』, 제2권 제2호, 헌법이론실무학회, 2015b, 235-277쪽.
이종수, “우리 헌법상 ‘방어적 민주주의’의 수용 부인론”, 『법과사회』, 제48권, 법과사회이론학회, 2015, 217-248쪽.
______, “헌법충실원칙(Verfassungstreue)에 관한 독일연방헌법재판소의 해석론과 그 비판-특히 급진주의자결정(Radikalen-Beschluβ)을 중심으로”, 한국헌법판례연구학회 편, 『헌법판례연구[2]』, 박영사, 2000, 89-114쪽.
이주영, “혐오표현에 대한 국제인권법적 고찰-증오선동을 중심으로-”, 『국제법학회논총』, 제60권 제3호, 대한국제법학회, 2015, 195-227쪽.
이주윤, “유럽인권협약의 헌법적 기능”, 『법학연구』, 제39집, 한국법학회, 2010, 359-379쪽.
이태환, “북방정책과 한중 관계의 변화”, 하용출 외, 『북방정책: 기원, 전개, 영향』, 서울대학교출판부, 2003, 113-139쪽.
이한태, “위헌정당해산제도에 관한 소고-통합진보당 사건을 중심으로-”, 『법학연구』, 제25권 제2호, 충남대학교 법학연구소, 2014, 117-145쪽.
이황희, “‘민주적 기본질서 위배’의 의미-헌법재판소의 해석(2013헌다1)에 관한 분석-”, 『법조』, 제65권 제5호, 법조협회, 2016, 5-56쪽.
이효원, “남북한관계에 대한 판례 분석-국가보안법의 최근 변화 동향과 남북교류협력에 관한 판례를 중심으로-”, 『서울대학교 법학』, 제52권 제3호, 서울대학교 법학연구소, 2011, 1-36쪽.
임지봉, “유신헌법과 한국 민주주의”, 『공법학연구』, 제13집 제1호, 한국비교공법학회, 2012, 183-201쪽.
______, “헌법재판소의 통합진보당 해산결정에 대한 분석과 평가”, 『법학논총』, 제33집, 숭실대학교 법학연구소, 2015, 369-387쪽.
장영수, “정당해산 요건에 대한 독일 연방헌법재판소의 판단기준에 관한 연구”, 『헌법학연구』, 제20권 제4호, 한국헌법학회, 2014a, 295-335쪽.
______, “통일 이후의 한국 사회와 방어적 민주주의”, 『통일과 법률』, 통권 제

28호, 법무부, 2016, 1-32쪽.

______, "통합진보당 해산결정과 소속 국회의원의 의원직상실 문제", 『고려법학』, 제76호, 고려대학교 법학연구원, 2015a, 111-148쪽.

______, "통합진보당 해산결정의 주요 쟁점-헌재 2014. 12. 19. 2013헌다1 결정에 대한 평석-", 『법조』, 제63권 제3호, 법조협회, 2015b, 109-193쪽.

______, "통합진보당과 독일공산당의 비교", 『고려법학』, 제72호, 고려대학교 법학연구원, 2014b, 141-175쪽.

장은주, "통합진보당 이후의 진보: '민주적 공화주의'의 시각", 『사회와 철학』, 제30집, 사회와 철학 연구회, 2015, 39-70쪽.

전민형, "정당해산심판결정의 유형과 법적 효과", 『안암법학』, 제44권, 안암법학회, 2014, 473-515쪽.

정극원, "독일의 헌법수호제도", 『세계헌법연구』, 제14권 제3호, 국제헌법학회 한국학회, 2008, 473-494쪽.

정만희, "국회의원의 정당기속과 자유위임", 『헌법재판연구』, 제2권 제1호, 헌법재판소 헌법재판연구원, 2015, 117-164쪽.

______, "정당해산심판의 헌법적 쟁점: 정당해산심판의 요건과 효과를 중심으로", 『공법연구』, 제42집 제3호, 한국공법학회, 2014, 105-140쪽.

정상우, "1948년헌법 제정과 국가공동체의 통합", 『헌법학연구』, 제21권 제3호, 한국헌법학회, 2015, 133-159쪽.

정상호, "「국민보호와 공공안전을 위한 테러방지법」의 쟁점과 전망 분석", 『의정연구』, 제22권 제2호, 한국의회발전연구회, 2016, 207-213쪽.

정유선, "이슬람 원리주의 테러조직의 급진화와 온건화-헤즈볼라의 사례를 중심으로", 『사회과학연구』, 제28집 제1호, 경성대학교 사회과학연구소, 2012, 247-274쪽.

정태호, "헌법 제8조 제4항의 정당해산사유에 관한 관견", 『경희법학』, 제49권 제3호, 경희대학교 법학연구소, 2014, 269-306쪽.

정희라, "2006년 영국의 인종 및 종교적 혐오 방지법: 무슬림과 종교적 소수자 보호를 위한 정책", 『EU연구』, 제35호, 한국외국어대학교 EU연구소, 2013, 193-215쪽.

조홍식, "법에서의 가치와 가치판단", 『서울대학교 법학』, 제48권 제1호, 서울대학교 법학연구소, 2007, 160-203쪽.

차진아, "독일의 정당해산심판의 요건과 판단기준에 대한 연구", 『고려법학』, 제72호, 고려대학교 법학연구원, 2014, 91-140쪽.

채진원, "정당민주주의 수호를 위한 공화주의적 방어-독일과 한국의 위헌정당해산 비교논의", 『한국정치학회보』, 제49집 제4호, 한국정치학회, 2015, 241-266쪽.

최대권, "헌법학방법론의 문제-그 합리성 모색을 위한 담론-", 『서울대학교 법학』, 제43권 제1호, 서울대학교 법학연구소, 2002, 42-80쪽.

한상익·김진영, "통합진보당 해산에 대한 이론적 접근: 전투적 민주주의론을 중심으로", 『동북아연구』, 제30권 제2호, 조선대학교 동북아연구소, 2015, 63-92쪽.

한상희, "위헌정당해산심판제도, 그 의미와 문제점: 통합진보당 사건과 관련하여", 『민주법학』, 제54호, 민주주의법학연구회, 2014, 369-430쪽.

______, "통합진보당 해산 결정, 이래서 문제다", 『시민과 세계』, 제26호, 참여연대 참여사회연구소, 2015, 74-83쪽.

한수웅, "자유민주주의에서 정당해산심판의 헌법적 문제점", 『헌법재판연구』, 제3권 제2호, 헌법재판소 헌법재판연구원, 2016, 177-223쪽.

한희원, "초국가적안보위협세력에의 법규범적 대응 법제연구", 『중앙법학』, 제14집 제2호, 중앙법학회, 2012, 91-125쪽.

______, "국민보호와 공공안전을 위한 테러방지법에 대한 소고", 『법학연구』, 제16권 제4호, 한국법학회, 2016, 347-373쪽.

헌법재판소 헌법재판연구원, 『세계헌법재판동향』, 2017-F-1, 헌법재판소 헌법재판연구원, 2017, 1-157쪽.

홍선기, "독일공산당(KPD) 해산결정의 비판적 검토", 『국가법연구』, 제10집 제1호, 한국국가법학회, 2014, 145-164쪽.

______, "현행 테러방지법의 비판적 고찰", 『비교법연구』, 제17권 제1호, 동국대학교 비교법문화연구원, 2017, 131-158쪽.

홍성방, "자유민주적 기본질서", 『한림법학 FORUM』, 제2권, 한림대학교 법학연구소, 1993, 1-40쪽.

홍성수, "혐오표현의 규제: 표현의 자유와 소수자 보호를 위한 규제대안의 모색", 『법과사회』, 제50권, 법과사회이론학회, 2015, 287-336쪽.

고타니 준코, 송지은·백원우 옮김, "표현의 자유의 한계", 『공익과 인권』, 통권 제15호, 서울대학교 공익인권법센터, 2015, 399-420쪽.

(小谷順子, "第5章 表現の自由の限界", 金尚均編, 『ヘイト·スピーチの法的研究』, 法律文化社, 2014, 74-89頁.)

Accetti, Carlo Invernizzi and Ian Zuckerman, "What's Wrong with Militant Democracy?", *Political Studies*, Vol. 64, Issue 1, 2016, pp. 1-18.

Auerbach, Carl A., "The Communist Control Act of 1954: A Proposed Legal-Political Theory of Free Speech", *The University of Chicago Law Review*, Vol. 23, No. 2, 1956, pp. 173-220.

Belavusau, Uladzislau, "Hate Speech and Constitutional Democracy in Eastern Europe: Transitional and Militant?(Czech Republic, Hungary and Poland), *Israel Law Review*, Vol. 47, Issue 1, 2014, pp. 27-61.

Biezen, Ingrid van, "Political Parties as Public Utilities", *Party Politics*, Vol. 10, No. 6, 2004, pp. 701-722.

Bligh, Gur, "Defending Democracy: A New Understanding of the Party-Banning Phenomenon", *Vanderbilt Journal of Transnational Law*, Vol. 46, No. 5, 2013, pp. 1321-1379.

Bourne, Angela K., "Democratization and the Illegalization of Political Parties in Europe", *Democratization*, Vol. 19, No. 6, 2012, pp. 1065-1085.

______, "Why ban Batasuna? Terrorism, Political Parties and Democracy", *Comparative European Politics*, Vol. 13, No. 3, 2015, pp. 325-344.

Braun, Aurel, "On Promoting Democracy and Security", in Valentin Naumescu ed., *Democracy and Security in the 21st Century: Perspectives on a Changing World*, Newcastle upon Tyne: Cambridge Scholars Publishing, 2014.

Capoccia, Giovanni, "Militant Democracy: The Institutional Bases of Democratic Self-Preservation", *Annual Review of Law and Social Science*, Vol. 9, 2013, pp. 207-226.

Chou, Mark, "When Democracies Fail", *Political Studies Review*, Vol. 9, No. 3, 2011, pp. 344-356.

Cliteur, Paul and Bastiaan Rijpkema, "The Foundation of Militant Democracy", in Afshin Ellian and Gelijn Molier eds., *The State of Exception and Militant Democracy in a Time of Terror*, Dordrecht: Republic of Letters Publishing, 2012, pp. 227-272.

Cram, Ian, "Constitutional Responses to Extremist Political Associations–ETA, Batasuna and Democratic Norms", *Legal Studies*, Vol. 28, No. 1, 2008, pp. 68-95.

Cronin, Audrey Kurth, "Behind the Curve: Globalization and International Terrorism", *International Security*, Vol. 27, No. 3, 2002, pp. 30-58.

Engelmann, Sabrina, "Barking Up the Wrong Tree: Why Counterterrorism Cannot Be a Defense of Democracy", *Democracy and Security*, Vol. 8, No. 2, 2012, pp. 164-174.

Erk, Jan, "From Vlaams Blok to Vlaams Belang: The Belgian Far-Right Renames Itself", *West European Politics*, Vol. 28, No. 3, 2005, pp. 493-502.

Fox, Gregory H. and Georg Nolte, "Intolerant Democracies", *Harvard International Law Journal*, Vol. 36, No. 1, 1995, pp. 1-70.

Fukuyama, Francis, "The End of History?", *The National Interest*, Vol. 16, No. 3, 1989, pp. 1-18.

Häberle, Peter, "Die Abhörentscheidung des Bundesverfassungsgerichts vom 15. 12. 1970–Analyse und Kritik des Urteils sowie des Minderheitsvotums vom 4. Januar 1971", *JuristenZeitung*, Bd. 26, Hft. 5/6, 1971, S. 145-156.

Harvey, Paul, "Militant Democracy and the European Convention on Human Rights", *European Law Review*, Vol. 29, No. 3, 2004, pp. 407-420.

Issacharoff, Samuel, "Fragile Democracies", *Harvard Law Review*, Vol. 120, No. 6, 2007, pp. 1405-1467.

Jesse, Eckhard, "Der gescheiterte Verbotsantrag gegen die NPD–Die streitbare Demokratie ist beschädigt worden", *Politische Vierteljahresschrift*, Bd. 44, Hft. 3, 2003, S. 292-301.

Jovanović, Miodrag, "How to Justify 'Militant Democracy': Meta-Ethics and the Game-Like Character of Democracy", P*hilosophy and Social Criticism*, Vol. 42, No. 8, 2016, pp. 745-762.

Kemmerzell, Jörg K., "Why There is no Party Ban in the South African Constitution", *Democratization*, Vol. 17, No. 4, 2010, pp. 687-708.

Kershaw, Ian, "Introduction: Perspectives of Weimar", in Ian Kershaw ed., *Weimar: Why did German Democracy Fail?* London: Weidenfeld and Nicolson, 1990, pp. 1-29.

Kirshner, Alexander S., "Proceduralism and Popular Threats to Democracy", *The Journal of Political Philosophy*, Vol. 18, No. 4, 2010, pp. 405-424.

Krotoszynski, Jr., Ronald J., "A Comparative Perspective on the First Amendment: Free Speech, Militant Democracy, and the Primacy of Dignity as a Preferred Constitutional Value in Germany", *Tulane Law Review*, Vol. 78, 2004, pp. 1549-1609.

Linz, Juan J. and Alfred C. Stepan, "Toward Consolidated Democracies", *Journal of Democracy*, Vol. 7, No. 2, 1996, pp. 14-33.

Loewenstein, Karl, "Autocracy versus Democracy in Contemporary Europe, I", *The American Political Science Review*, Vol. 29, No. 4, 1935a, pp. 571-593.

__________, "Autocracy versus Democracy in Contemporary Europe, II", *The American Political Science Review*, Vol. 29, No. 5, 1935b, pp. 755-784.

__________, "Legislative Control of Political Extremism in European Democracies I", *Columbia Law Review*, Vol. 38, No. 4, 1938a, pp. 591-622.

__________, "Legislative Control of Political Extremism in European Democracies II", *Columbia Law Review*, Vol. 38, No. 5, 1938b, pp. 725-774.

__________, "Militant Democracy and Fundamental Rights, I", T*he American Political Science Review*, Vol. 31, No. 3, 1937a, pp. 417-432.

__________, "Militant Democracy and Fundamental Rights, II", T*he American Political Science Review*, Vol. 31, No. 4, 1937b, pp. 638-658.

Lorentz, Stephan, "Bans on Political Parties－The Limitation of Free Political Competition by the German Federal Constitutional Court", *Ritsumeikan Law Review*, No. 31, 2014, pp. 181-192.

Macklem, Patrick, "Guarding the Perimeter: Militant Democracy and Religious Freedom in Europe", *Constellations*, Vol. 19, No. 4, 2012, pp. 575-590.

_______, "Militant Democracy, Legal Pluralism, and the Paradox of Self-Determination", *International Journal of Constitutional Law*, Vol. 4, No. 3, 2006, pp. 488-516.

Malkopoulou, Anthoula, "De-presentation Rights as a Response to Extremism", *Critical Review of International Social and Political Philosophy*, Vol. 19, No. 3, 2016, pp. 301-319.

Minkenberg, Michael, "Repression and Reaction: Militant Democracy and the Radical Right in Germany and France", *Patterns of Prejudice*, Vol. 40, No. 1, 2006, pp. 25-44.

Möllers, Christoph, "'We are (afraid of) the people': Constituent Power in German Constitutionalism", in Martin Loughlin and Neil Walker eds., *The Paradox of Constitutionalism: Constituent Power and Constitutional Form*, Oxford: Oxford University Press, 2007, pp. 87-105.

Morlok, Martin, "Das Parteiverbot", *Juristische Ausbildung*, Bd. 35, Hft. 4, 2013, S. 317-325.

______, "Parteiverbot als Verfassungsschutz－Ein unauflösbarer Widerspruch?", *Neue Juristische Wochenschrift*, 2001, S. 2931-2942.

Mosse, George L., "Introduction: Toward a General Theory of Fascism", in George L. Mosse, *International Fascism: New Thoughts and New Approaches*, London: Sage Publications, 1979, pp. 1-41.

Müller, Jan-Werner, "A "Practical Dilemma Which Philosophy Alone Cannot Resolve?" Rethinking Militant Democracy: An Introduction", *Constellations*, Vol. 19, No. 4, 2012a, pp. 536-539.

________, "Beyond Militant Democracy?", *New Left Review*, Vol. 73, 2012b, pp. 39-47.

________, "Protecting Self-Government from the People? New Normative Perspectives on Militant Democracy", *Annual Review of Political Science*, Vol. 19, 2016, pp. 249-265.

________, "Should the EU Protect Democracy and the Rule of Law inside Member States?", *European Law Journal*, Vol. 21, No. 2, 2015, pp. 141-160.

Näsström, Sofia, "The Challenge of the All-Affected Principle", *Political Studies*, Vol. 59, Issue 1, 2011, pp. 116-134.

Navot, Suzie, "Fighting Terrorism in the Political Arena: The Banning of Political Parties", *Party Politics*, Vol. 14, No. 6, 2008, pp. 745-762.

Özbundun, Ergun, "Party Prohibition Cases: Different Approach by the Turkish Constitutional Court and the European Court of Human Rights, *Democratization*, Vol. 17, No. 1, 2010, pp. 125-142.

Papier, Hans-Jürgen and Wolfgang Durner, "Streitbare Demokratie", *Archiv des oeffentlichen Rechts*, Bd. 128, Hft. 3, 2003, S. 340-371.

Pfersmann, Otto, "Shaping Militant Democracy: Legal Limits to Democratic Stability", in András Sajó ed., *Militant Democracy*, Utrecht: Eleven International Publishing, 2004, pp. 47-68.

Plotke, David, "Democratic Polities and Anti-democratic Politics", *Theoria*, Vol. 53, No. 111, 2006, pp. 6-45.

Priban, Jiri and Wojciech Sadurski, "The Role of Political Rights in the Democratization of Central and Eastern Europe", in Wojciech Sadurski ed., *Political Rights Under Stress in the 21st century Europe*, Oxford: Oxford University Press, 2006, pp. 196-238.

Rapoport, David C., "The Fourth Wave: September 11 in the History of Terrorism", *Current History*, Vol. 100, No. 650, 2001, pp. 419-424.

Rensmann, Thilo, "Procedural Fairness in a Militant Democracy: The "Uprising of the Decent" Fails Before the Federal Constitutional Court", *German Law Journal*, Vol. 4, No. 11, 2003, pp. 1117-1136.

Rosenblum, Nancy L., "Banning Parties: Religious and Ethnic Partisanship in Multicultural Democracies", *Law and Ethics of Human Rights*, Vol. 1, No. 1,

2007, pp. 17-75.

________, ""Extremism" and Anti-Extremism in American Party Politics", *The Journal of Contemporary Legal Issues*, Vol. 12, No. 2, 2002, pp. 843-885.

Rosenfeld, Alan, "Militant Democracy: The Legacy of West Germany's War on Terror in the 1970s", *The European Legacy*, Vol. 19, No. 5, 2014, pp. 568-589.

Rosenfeld, Michel, "Book Review: Extremist Speech and the Paradox of Tolerance", *Harvard Law Review*, Vol. 100, No. 6, 1987, pp. 1457-1481.

Sajó, András, "From Militant Democracy to the Preventive State?", *Cardozo Law Review*, Vol. 27, No. 5, 2006, pp. 2255-2294.

________, "Militant Democracy and Emotional Politics", *Constellations*, Vol. 19, No. 4, 2012, pp. 562-574.

________, "Militant Democracy and Transition Towards Democracy", in András Sajó ed., *Militant Democracy*, Utrecht: Eleven Publishing, 2004, pp. 209-230.

Salamey, Amid, "Post-Arab Spring: Changes and Challenges", *Third World Quarterly*, Vol. 36, No. 1, 2015, pp. 111-129.

Santos, José-Antonio, "Constitutionalism, Resistance and Militant Democracy", *Ratio Juris*, Vol. 28, No. 3, 2015, pp. 392-407.

Shirvani, Foroud, "Parteiverbot und Verhältnismäβigkeitsgrundsatz", *JuristenZeitung*, Bd. 69, Hft. 22, 2014, S. 1074-1083.

Suits, Bernard, "What is a Game?", *Philosophy of Science*, Vol. 34, No. 2, 1967, pp. 148-156.

Teitel, Ruti, "Militating Democracy: Comparative Constitutional Perspectives", *Michigan Journal of International Law*, Vol. 29, No. 1, 2007, pp. 49-70.

Thiel, Markus, "Comparative Aspects", in Markus Thiel ed., *The Militant Democracy's Principle in Modern Democracies*, Farnham: Ashgate Publishing Ltd., 2009a, pp. 379-424.

________, "Germany", in Markus Thiel ed., *The Militant Democracy's Principle in Modern Democracies*, Farnham: Ashgate Publishing Ltd., 2009b, pp. 109-145.

________, "Introduction", in Markus Thiel ed., *The Militant Democracy's Principle in Modern Democracies,* Farnham: Ashgate Publishing Ltd., 2009c, pp. 1-13.

Tushnet, Mark V., "United States of America", in Markus Thiel ed., *The Militant Democracy's Principle in Modern Democracies*, Farnham: Ashgate Publishing Ltd., 2009, pp. 357-377.

Tyulkina, Svetlana, "Prohibition of Political Parties: Effective Tool to Square the Circle in the Business of Protecting Democracy?", *Journal of Law and Social Sciences*, Vol. 2, No. 1, 2012, pp. 44-49.

Uerpmann-Wittzack, Robert, "Die Bedeutung der EMRK für den deutschen und den unionalen Grundrechtsschutz", *Juristische Ausbildung*, Bd. 36, Hft 9, 2014, S. 916-925.

Urbinati, Nadia, "Peace and Democracy: Which Ends Justify Which Means?", *New Political Science*. Vol. 32, No. 1, 2010, pp. 91-97.

3. 학위논문

신제철, "한국의 대테러 관련 입법정책에 관한 연구", 동국대학교 대학원 경찰행정학과 경찰학박사학위논문, 2009.

염지애, "다문화사회에서의 종교의 자유에 관한 비교법적 연구", 고려대학교 대학원 법학과 법학석사학위논문, 2014.

이승현, "혐오표현(Hate Speech)에 대한 헌법적 고찰", 연세대학교 대학원 법학과 법학박사학위논문, 2016.

장영수, "방어적 민주주의", 고려대학교 대학원 법학과 법학석사학위논문, 1983.

Bligh, Gur, "Democracy Challenged: Limitations on Extremist Participation in the Electoral Arena", J.S.D. Dissertation, Columbia University, 2010.

Kirshner, Alexander S., "A Theory of Militant Democracy", Ph.D. Dissertation, Yale University, 2011.

Tyulkina, Svetlana, "Militant Democracy", J.S.D. Dissertation, Central European University, 2011.

4. 언론보도내역

박정희, "대통령 10월 17일 특별 선언-전문", 『중앙일보』, 1972. 10. 18.

이승환, "한·독일 헌법재판관 공동 세미나", 『법률신문』, 2016. 3. 22.

Feldman, Noah R., "Ballots and Bullets", New York Times, 21 July 2006.

5. 논평, 서평, 토론회 자료집

안호상, "산업사회에선 공산주의설 곳 없어", 프랜시스 후쿠야마, 함종빈 옮김, 『역사의 종언: 이후의 시대 공산주의는 끝났다.』, 헌정회, 1989, 14-15쪽.

전영식, "헌법재판소의 2013헌다1 사건 결정문에 나타난 법리의 문제점", 『헌법재판소 통합진보당 해산 결정 등에 따른 긴급토론회 자료집』, 민주사회를 위한 변호사 모임·민주주의법학연구회·민주화를 위한 전국교수협의회·법과사회이론학회, 2014. 12. 23, 4-26쪽.

6. 기타 자료

국회도서관, 『헌법개정회의록: 제4대 국회』, 국회도서관 입법조사국, 1968.

유진오, "대한민국 헌법의 제안이유", 국회도서관, 『헌법제정회의록: 제헌국회』, 국회도서관 입법조사국, 1967, 102-111쪽.

Andersson, Frida and Valeriya Mechkova, "Country Brief: South Korea", Varieties of Democracy Institute at the University of Gothenburg, *Country Brief*, No. 10, 2016.

British National Party, "Constitution of the British National Party: Eighth Edition", Hertfordshire EN8 8ZU: BNP, November 2004.

Committee on the Elimination of Discrimination against Women, "Concluding Observations on the Seventh Periodic Report of Finland", CEDAW/C/FIN/CO/7, 28 February 2014.

Committee on the Rights of Persons with Disabilities, "Concluding Observations on the Initial Report of New Zealand", CRPD/C/NZL/CO/1, 31 October 2014.

Committee on the Rights of the Child, "Concluding Observations on the Combined Second to Fourth Periodic Report of Switzerland", CRC/C/CHE/CO/2-4, 4 February 2015.

Council of Europe, "Additional Protocol to the Convention on Cybercrime, Concerning the Criminalisation of Acts of a Racist and Xenophobic Nature Committed Through Computer Systems", ETS No. 189, 28 January 2003.

Council of Europe's Committee of Ministers, "Recommendation 97(20) Of The

Committee Of Ministers To Member States On "Hate Speech"", 30 October 1997.

European Commission against Racism and Intolerance, "ECRI Report on the Czech Republic (Fourth Monitoring Cycle)", CRI(2009)30, 15 September 2009.

European Commission for Democracy through Law(Venice Commission), "Code of Good Practice in the Field of Political Parties", CDL-AD(2009)021, 3 June 2009.

________, "Guidelines on Political Party Regulation", CDL-AD(2010)024, 25 October 2010.

________, "Guidelines on Prohibition and Dissolution of Political Parties and Analogous Measures", CDL-INF(2000)001, 10 January 2000.

________, "Opinion on the Constitutional and Legal Provisions to the Prohibition of Political Parties in Turkey", CDL-AD(2009)006, 13 March 2009.

Institute for Economics and Peace, *Global Terrorism Index 2015: Understanding the Impact of Terrorism*, IEP Report 36, 17 November 2015. (http://economicsandpeace.org/reports)

Michnik, Adam, "Maggots and Angels", in Adam Michnik, *Letters from Prison and Other Essays*, Berkeley: University of California Press, 1985, pp. 169-198.

United Nations Human Rights Committee, "Concluding Observations on Poland", CCPR/C/POL/CO/6, 15 November 2010.

________, "Concluding Observations on the Fourth Periodic Report of the Republic of Korea", CCPR/C/SR.3226, 3 November 2015.

부 록

※ 방어적 민주주의 관련 주요 사건 일람

	대한민국	유럽	영미	기타
1933		·수권법 제정 ·Loewenstein 망명		
1948	·국가보안법 제정			
1949		·독일기본법 제정		
1951			·호주 공산당 판결 ·Dennis 판결	
1952		·사회주의제국당 해산		
1953		·유럽인권협약 발효		
1956		·독일공산당 해산		
1958	·진보당 등록취소			
1960	·정당해산제도 도입			
1970		·군인판결 ·도청판결		
1972	·유신헌법 시행			
1975		·급진주의자 판결		
1987	·6·29 선언			
1988				·카흐 총선 참여 금지(이스라엘)
1991				·알제리 사태
1992				·카흐 총선 참여 금지(이스라엘)
1993		·민족주의명부/자유독일노동자당 해산시도		
1998		·터키연합공산당 판결		

2000		·정당의 금지와 해산 및 유사조치에 관한 지침 채택		
2001		·미덕당 해산	·9·11 테러 ·패트리어트법 제정	
2003		·민족민주당 해산심판 절차종결 ·복지당 판결		
2005		·Şahin v. Turkey 판결		
2008		·정의발전당 해산 무산 ·Dogru v. France 판결		
2009		·Batasuna 판결 ·헝가리호위대 해산	·브리튼국민당의 당헌수정	
2013			·Saskatchewan v. Whatcott 판결	
2014	·통합진보당 해산			·자유정의당 해산 (이집트)
2016	·테러방지법 제정			
2017		·민족민주당(2차) 판결(청구기각)		

찾아보기

▣ 김종현

서울대학교 사회과학대학 정치학사 (2008)
서울대학교 법학전문대학원 법학전문석사 (2012)
서울대학교 법과대학 법학박사 (2017)

경력
변호사(제1회 변호사시험, 2012)
고용노동부 변호사 (2012~2015)
(현재) 헌법재판소 헌법재판연구원 책임연구관 (2017~)

주요논문
"국민참여재판에 대한 헌법적 관점에서의 일고", 한국법학회 법학연구 제57집(2015)
"간통죄 위헌결정에 대한 연구", 법과사회 제50호(2015)
"통합진보당 해산결정의 몇 가지 쟁점에 대한 연구", 헌법학연구 제21권 제3호(2015)
"부당해고 피해자의 임금채권 보장", 공익과 인권 통권 제15호(2015)
"헌법재판소법 제47조 제3항 단서의 위헌성에 대한 연구", 저스티스, 통권 제160호(2017)
"방어적 민주주의에 관한 연구", 서울대학교 대학원 법학박사학위논문(2017)

방어적 민주주의

초판 인쇄 | 2018년 07월 25일
초판 발행 | 2018년 07월 31일

지 은 이 김종현

발 행 인 한정희
발 행 처 경인문화사
총괄이사 김환기
편 집 김지선 박수진 유지혜 한명진
마 케 팅 김선규 하재일 유인순
출판번호 제406-1973-000003호
주 소 경기도 파주시 회동길 445-1 경인빌딩 B동 4층
전 화 031-955-9300 팩 스 031-955-9310
홈페이지 www.kyunginp.co.kr
이 메 일 kyungin@kyunginp.co.kr

ISBN 978-89-499-4763-1 93360
값 25,000원